Hartmut Böttcher

Das Glaubensbekenntnis im Landrecht Magnus Lagabøters

Münchener Universitätsschriften · Juristische Fakultät

Abhandlungen zur rechtswissenschaftlichen Grundlagenforschung

herausgegeben im Auftrag der Juristischen Fakultät

von

Sten Gagnér

Arthur Kaufmann

Dieter Nörr

Band 1

1971

J. Schweitzer Verlag · Berlin

Hartmut Böttcher

Das Glaubensbekenntnis im Landrecht Magnus Lagabøters

1971

J. Schweitzer Verlag · Berlin

Gedruckt mit Unterstützung aus den Mitteln der Münchener Universitätsschriften

ISBN 3 8059 0223 9

Satz: Studio Feldafing – Druck: W. Hildebrand, Berlin

VORWORT

Die Arbeit entstand aus einer längeren Beschäftigung mit dem Landrecht Magnus Lagabøters, jenes Königs, der in der zweiten Hälfte des dreizehnten Jahrhunderts Norwegen die Rechtseinheit schenkte und damit einen Zustand schuf, der in anderen europäischen Ländern erst viel später folgen sollte. Dabei wurde vor allem das Vorhandensein von Spezialuntersuchungen vermißt, abgesehen davon, daß eine Gesamtuntersuchung zu diesem Gesetzwerk immer noch aussteht. Die vorliegende Arbeit nimmt das am Anfang des Gesetzes stehende Glaubensbekenntnis als Ausgangspunkt und versucht, von dieser Warte aus einen Einstieg in das Gesetzwerk und die Gesetzgebungsarbeit des Königs zu gewinnen. Das Glaubensbekenntnis leitet den Abschnitt über das Christenrecht ein, der seinem Inhalt nach diesen Namen zu Unrecht trägt. Als Beginn eines weltlichen Gesetzes ist es als solches einzig und fordert eine nähere Untersuchung geradezu heraus.

Im Verlaufe derselben hat es sich dann als notwendig erwiesen, eine breitere Darstellung des Bekenntnisses – seiner Eigenart und seiner Abhängigkeit von anderen Symbolen – zu geben, bevor überhaupt auf die möglichen Gründe einer Einstellung in das Gesetz eingegangen werden konnte. Dies führte aber auch zu manchen Erkenntnissen, die bisher nicht oder zumindest nicht in der geschehenen Art gesehen wurden, insbesondere, was den Einfluß der deutschen Kirche auf die norwegische anbelangt.

Die Arbeit hat im Wintersemester 1969/70 der Juristischen Fakultät der Ludwig-Maximilians-Universität in München als Dissertation vorgelegen. Sie ist seitdem nur in geringem Umfang geändert worden. Ich möchte an dieser Stelle meinem verehrten akademischen Lehrer, Herrn Professor Dr. Sten Gagnér, für die hilfreiche Förderung danken, mit der er den Gang der Arbeit begleitete. Auch den Teilnehmern seines Doktorandenseminars bin ich für Anregungen und förderliche Kritik zu Dank verbunden.

Während meines Aufenthaltes in Oslo haben mich die Damen und Herren der Universitätsbibliothek und des Reichsarchives in so liebenswürdiger Weise unterstützt, daß auch ihnen hier mein Dank gilt. Ferner danke ich den Herausgebern, den Herren Professoren Dres. Sten Gagnér, Arthur Kaufmann und Dieter Nörr, für die Aufnahme als ersten Band dieser Reihe, sowie der Universität München für die Gewährung eines namhaften Druckkostenzuschusses und eines Stipendiums für den Aufenthalt in Oslo.

Nicht zuletzt gilt der Dank meiner lieben Frau Waltraud für ihr Verständnis, ihre Geduld und ihre mannigfache Hilfe. Ihr sei daher dieses Buch gewidmet.

Dachau, im April 1971 Hartmut Böttcher

INHALTSVERZEICHNIS

LITERATURVERZEICHNIS

A. Quellen

a) Gesetze u.a.

Ancient Laws and Institutes of England — Vol. II, Monumenta Ecclesiastica Anglicana and the Latin version of the Angla-Saxon Laws. London 1840

Assmann, Bruno — Angelsächsische Homilien und Heiligenleben, Kassel 1889. Bibliothek der angelsächsischen Prosa, begr. v. Chr. W.M. Grein, fortgef. v. R.P. Wülker, Bd. III

Bullarium Danicum — Pavelige aktstykker vedrørende Danmark 1198–1316, utg. af Alfr. Krarup København 1932

Cartularium Saxonicum — A collection of Charters relating to Anglo-Saxon History, ed. by Walter de Gray Birch, Vol. II, London 1887

Corpus Codicum Norvegicorum Medii Aevi — utg. ved D.A. Seip. Folio Serie Vol. II. Norske Diplomer til og med år 1300, red. av Finn Hødnebø. Selskapet til utgivelse av gamle norske Håndskrifter. Oslo 1960 (zit. Hødnebø, Diplomer)

Corpus Iuris Canonici — Editio Lipsiensis secunda post Aemilii Ludouici Richteri curas ... instruxit Aemilius Friedberg. Pars secunda: Decretalium Collectiones, Lipsiae 1881

Corpus Iuris Sueo-Gotorum Antiqui — Samling af Sweriges Gamla Lagar, Bd. I–XII, hrsgg. v. C.J. Schlyter (Bd. I u. II zusammen mit H.S. Collin) Stockholm, Lund 1827–1877

Diplomatarium Arna-Magnæanum — exhibens Monumenta Diplomatica, quae collegit et Universitate Havnieni Testamento reliquit Arnas Magnæus Historiam atque jura Daniae, Norwegiae et vicinarum regionum illustrantia. Ex Bibliotheca legati Arna-Magnæani ed. Grimus Johannis Thorkelin. Tom I u. II. Havniae 1786

Diplomatarium Danicum — udg. af Det Dansk Sprog og Litteraturselskab ved F. Blatt og G. Hermansen, u. medvirkning af C.A. Christensen; 2. Række, 1. Bd. 1250–1265, København 1938

Diplomatarium Færoense — Føroyskt Fodnbrævasavn I, Miðaldarbrøv upp til trúbótarskeið ið, við søguligun rannsóknun av Jakob Jakobsen, Tórshavn, Kjøbenhavn 1907

Diplomatarium Islandicum — Íslenzkt Fornbrèfasafn, sem hefir inni ad halda brèf og gjörnínga, dóma og máldaga of aðrar skrar, er snerta Ísland eða Islenzka menn. Utg. af Hinu Íslenzka Bókmentafélagi, Bd. 1–15, Kaupmannahöfn, Reykjavík 1857–1950

Diplomatarium Norvegicum — Oldbreve til Kundskab om Norges indre og ydre Forhold, Sprog, Slaegter, Sæder, Lovgivning og Rettergang i Middelalderen. Hrsgg. v. C.A. Lange, C.R. Unger u.a. Bd. 1–20, Christiania 1849 ff.

Eckhardt, Karl August — Die Gesetze des Karolingerreiches, 714–911 Germanenrechte Bd. 2, II: Alemannen und Bayern. Weimar 1934

Fæhn, Helge (Hrsg.) — Fire norske messeordninger fra middelalderen. Skrifter utg. av Det norske Videnskaps-Akademi í Oslo, II. Hist. Filos. Klasse, 1952 No. 5, Oslo 1953

Fæhn, Helge (Hrsg.) — Libri Liturgici Provinciae Nidrosiensis Medii Aevi, Vol. I. Manuale Norvegicum (Presta Handbók) ex tribus codicibus saec. XII–XIV.
Norsk Historisk Kjeldeskrift Institutt, Den Retshistoriske Kommisjon, Oslo 1962
(zitiert: Manuale Norvegicum)

Gammelnorske membranfragment i Riksarkivet — Bd. I. Lovtekster. Med ei innleiing av Thorsten Eken. Utg.: Riksarkivet og Selskapet til Utgivelse av gamle Norske handskrifter, Oslo 1963

Grágás — efter det Arnamagnæanske Haandskrift Nr. 334 fol. Stadarhólsbók,
udg. af Kommissionen for det Arnamagnæanske Legat (besorgt v. Vilhjalmur Finsen) Kjøbenhavn 1879

Grágás — Islændernes Lovbog i Fristatens Tid, udgivet efter det kongelige Bibliotheks Haandskrift af Vilhjalmur Finsen
Teil I u. II (Text), Kjøbenhavn 1852 (Codex regius)

Grágás — Stykker som findes i det Arnamagnæanske Haandskrift Nr. 351 fol. Skálholtsbók og en Række andre Haandskrifter, Kjøbenhavn 1883

Gulathingslag — Magnus Konongs Laga-Bæters Gula-Things-Laug. Regis Magni Legum reformatoris Leges Gula-Thingenses sive Jus Commune Norvegicum. Ex Manuscriptis Legati Arna Magnæani cum interpretatione Latina et Danica
Havniae 1817

Indrebø, Gustav (Hrsg.) — Gamal norsk Homiliebok
(Cod. AM 619 4to), Oslo 1966
Unveränderter Nachdruck der Ausgabe von 1931

Islandske Annaler indtil 1578 — utg. av Gustav Storm, Christiania 1888

Jarnsíða — Hin forna lögbók íslendínga sem nefnist
Járnsíða eðr Hákonarbók
Codex iuris Islandorum antiquuus qui nominatur Jarnsida seu Liber Haconis ex manuscripto pergameno ... legati Arnæmagnæani editus ... a Th. Sveinbjörnsson
Havniae 1847

Jeitteles, Adalbert (Hrsg.) — Altdeutsche Predigten aus dem Benedictinerstifte St. Paul in Kärnten, Innsbruck 1878
Bd. I der Altdeutschen Handschriften aus Österreich, hrsg. v. A. Jeitteles

Joannes Clein — Homilie Preclarorum doctorum in evangelia festiva: una cum sermonibus exquisitissimis in sanctorum ... a solertissimo doctore Alchunio Divi Carol. magni Asecretis ...
Lugduni 1520

Jónsbók — Kong Magnus Hakonssons Lovbog for Island vedtaget paa Altinget 1281, og Réttarbœtr de for Island givne Retterbøder af 1294, 1305 of 1314. Utg. ved Olafur Halldórsson, Kjøbenhavn 1904

Koburger, Anthonius — Homeliarius Doctorum Homeliarium opus egregium plurimorum sanctorum aliorum ve famosissimorum doctorum ...
Nürnberg 1494

Kolsrud, Oluf (Hrsg.) — Messuskýringar. Liturgisk symbolik frå den norsk-islandske Kyrkja i millomalderen.

Utgjevne for Kjeldeskriftfondet, Fyrste Heftet Norsk Historisk Kjeldeskrift Institutt, Oslo 1952

Konge-Speilet — Et Philosophisk-didaktisk Skrift, forfatted i Norge mod Sludningen af det tolfte Aarhundrede (Speculum Regale – Konungs-Skuggsjá)
Utg. efter Foranstaltning af det akademiske Collegium ved det kongelige norske Frederiks-Universitet (Bearb. v. R. Keyser, P.A. Munch, C.R. Unger), Christiania 1848

Monumenta Germaniae Historica — Legum Sectio III.
Concilia Tomus II. Concilia Aevi Karolini I. Pars I
Hannover u. Leipzig 1906
(zitiert MGH Conc. II)

Müllenhoff, K. u. Scherer, W. (Hrsg.) — Denkmäler deutscher Poesie und Prosa aus dem VIII.–XII. Jahrhundert, Bd. I u. II. 3. Aufl. bes. v. E. Steinmeyer, Berlin 1892 (zitiert MSD) Bd. I Texte, Bd. II Erläuterungen

Norges gamle Love indtil 1387 — Hrsgg. von R. Keyser, P.A. Munch, G. Storm u. E. Hertzberg
Bd. I–V, Christiania 1846–95

Paasche, Fredrik (Hrsg.) — Homiliu-Bók. (Icelandic Sermons) Perg. 4to No. 15 in the Royal Library Stockholm, with an Introduction by. F. Paasche. Corpus Codicum Islandicorum Medii Aevi, Vol. VIII, København 1935

Paus, Hans — Samling af Gamle Norske Love .. af det gamle Norske i det nu brugelige Danske Sprog oversatte, Tom. I u. II, Kjøbenhavn 1751, 1752

Paus, Hans — Gamle Kongelige Forordninger og Privilegier, udgivne for Kongeriget Norge
Kjøbenhavn 1751 (Bd. 3 der Samling af Gamle Norske Love)

Peter Drach: — Pauli Diaconi Homeliarum ex postill opus ... (Omelia opus egregium plurimorum sanctorum aliorum ve famosissimorum doctorum ...)
Spirae 1482

Schönbach, Anton E. (Hrsg.) — Altdeutsche Predigten Bd. I–III, Graz 1886–1891

Steinmeyer, Elias von (Hrsg.) — Die kleineren althochdeutschen Sprachdenkmäler, Berlin 1916

Storm, Gustav (Hrsg.) — Monumenta Historica Norvegiae. Latinske Kildeskrifter til Norges Historie i Middelalderen, Kristiania 1880

Storm, Gustav (Hrsg.) — Regesta Norvegica. Kronologisk Fortegnelse over Dokumenter vedkommende Norge, Nordmænd og den norske Kirkeprovins, Bd. I, 991–1263, Utg. f.d. Norske Historiske Kildeskriftfond, Christiania 1898

Unger, C.R. (Hrsg.) — Gammel norsk Homiliebog (Codex Arn. Magn. 619 qv.), Christiania 1864

Warner, Rubie D.N. (Hrsg.) — Early English Homilies from the 12th Century. MS Vesp. D XIV, Part I, Text, London 1917
Early English Text Society, Original Series, 152

Wisén, Theodor (Hrsg.) — Homiliu-Bók. Islandska Homilier. Efter en Handskrift från tolfte Århundradet.
(Islandska skinnboken 15 qv. a Kungl. Bibliotheket i Stockholm), Lund 1872

b) Sagas

Biskupa Sögur	utg. af hinu íslenzka Bókmentafélagi, Bd. I, Kaupmannahöfn 1858
Færeyínga Saga	oder Geschichte der Bewohner der Färöer im isländischen Grundtext mit färöischer, dänischer und deutscher Übersetzung. Hrsgg. v. C.C. Rafn u. G.C.F. Mohnike, Kopenhagen 1833
Flateyjarbók	En Samling af norske Konge Sagaer, hrsgg. von Gudbrandr Vigfusson und C.R. Unger, Bd. 1–3, Christiania 1860–1868
Fornmanna Sögur	Eptir gömlum handritum útgefnar ad tilhlutum hins konúnglinga norrœna fornfræda félags, Bd. 10, Kaupmannahöfn 1835
Heimskringla	eller Norges Kongesagaer af Snorre Sturlassøn, udg. ved. C.R. Unger, Christiania 1868
Jónsson, Guðni (Hrsg.)	Konunga Sögur, Bd. III Reykjavík 1957 (Íslendingasagnaútgafan)
Norges Kongesagaer	1914-utgaven oversatt ved Alexander Bugge, dekorativt utstyr av Gerhard Munthe, Bd. IV, Kristiania 1914
Oldnordiske Sagaer	utg. i Oversættelse af det Kongelige Nordiske Oldskrift-Selskab, Bd. 10 Kjøbenhavn 1836
Origines Islandicae	A collection of the more important sagas and other native writings relating to the settlement and early history of Iceland, ed. and translated by Gudbrand Vigfusson and F. York Powell, Vol. I, Oxford 1905
Rerum Britannicarum Medii Aevi Scriptores	or Chronicles and Memorials of Great Britain and Ireland during the Middle Ages Icelandic Sagas, and other Historical Documents relating to the settlements and descents of the Northmen on the British Isles, Vol. II: Hakonar Saga and a fragment of Magnus saga with Appendices, ed. by Gudbrand Vigfusson, London 1887
Rerum Britannicarum Medii Aevi Scriptores	or Chronicles and Memorials of Great Britain and Ireland during the Middle Ages. Icelandic Sagas, Vol. IV, London 1894 English translation of the Norse text, ed. by G.W. Dasent
Scripta Historica Islandorum	de rebus gestis vetreum Borealium, latine reddita et Apparatu critico instructa, curante Societate Regia Antiquariariorum Septentrionalium, Vol. X, Kjøbenhavn 1841
Sturlunga Saga	including the Islendinga Saga of Lawman Sturla Thordsson and other works, ed. by Gudbrand Vigfusson, Vol. I and II, Oxford 1878

c) deutsche Übersetzungen

Heusler, Andreas	Isländisches Recht: Die Graugans, Germanenrechte Bd. 9, Weimar 1937
Islands Besiedlung und älteste Geschichte	Samml. Thule Bd. 23, hrsgg. v. Felix Niedner, übertr. v. Walter Baetke Düsseldorf–Köln 1967 (Neuausgabe)
Königsspiegel	Der – Konungsskuggsjá Aus dem Altnorwegischen übersetzt von Rudolf Meißner, Halle/Saale 1944

Meißner, Rudolf — Landrecht des Königs Magnus Hakonarson, Germanenrechte, Abt. Nordgermanisches Recht, Weimar 1941

Meißner, Rudolf — Norwegisches Recht: Das Rechtsbuch des Gulathings, Germanenrechte Bd. 6, Weimar 1935

Meißner, Rudolf — Norwegisches Recht: Das Rechtsbuch des Frostothings, Germanenrechte Bd. 4, Weimar 1939

Meißner, Rudolf — Stadtrecht des Königs Magnus Hakonarson für Bergen, Germanenrechte n.F., Abt. Nordgermanisches Recht Bd. 3, Weimar 1950

Norwegische Königsgeschichten — Bd. 2, Samml. Thule Bd. 18 hrsgg. u. übertr. v. Felix Niedner Düsseldorf–Köln 1965 (Neuausgabe)

Snorris Königsbuch (Heimskringla) — Bd. 1–3, Samml. Thule, Bd. 14–16, hrsgg. u. übertr. v. Felix Niedner, Düsseldorf–Köln 1965 (Neuausgabe)

Teichmann, Albert — Eine Rede gegen die Bischöfe. Altnorwegische Streitschrift aus König Sverres Zeit, übersetzt nach der Ausgabe von G. Storm (Chra 1885), Basel 1899

B. Übrige Literatur

Altaner, Berthold — Patrologie. Leben, Schriften und Lehre der Kirchenväter, 6. Aufl. 1958 durchgesehen und ergänzt von A. Stuiber, Nachdruck der 6. Aufl. 1963 Freiburg, Basel, Wien

Altaner, Berthold; Stuiber, Alfred — Patrologie 7. Aufl., Freiburg, Basel, Wien 1966

Amira, Karl von — Nordgermanisches Obligationenrecht, Bd. II: Westnordisches Obligationenrecht, Leipzig 1895

Amira, Karl von — Germanisches Recht, 4. Aufl. bearb. von K.A. Eckhardt, Bd. I: Rechtsdenkmäler, Berlin 1960

Aubert, L.M.B. — De norske Retskilder og deres anvendelse, Christiania 1877

Bang, A. Christian — Udsigt over den Norske Kirkes Historie under Katholicismen, Kristiania 1887

Bang, A. Christian — Den norske Kirkes Historie, Kristiania og Kjøbenhavn 1912

Barbian, Karl-Josef — Die altdeutschen Symbola. Beiträge zur Quellenfrage. Veröffentlichungen des Missionspriesterseminars St. Augustin, Siegburg, Nr. 14 Steyl 1964

Bardenhewer, Otto — Patrology. The Lives and Works of the Fathers of the Church Translated from the 2nd edition by Thomas J. Shahan; Freiburg, St. Louis 1908

Berges, Wilhelm — Die Fürstenspiegel des hohen und späten Mittelalters, MGH 2 Stuttgart 1938, unveränderter Nachdruck 1952

Blom, Grethe Authén — Kongemakt og Privilegier i Norge inntil 1387, Oslo 1967

Boudriot, Wilh. — Die altgermanische Religion in der amtlichen kirchlichen Literatur des Abendlandes vom 5.–11. Jahrhundert Untersuchungen zur allgemeinen Religionsgeschichte, hrsgg. v. C. Clemen, Heft 2 Bonn 1928

Bull, Edvard	Folk og Kirke i Middelalderen Studier til Norges Historie Kristiania of Kjøbenhavn 1912
Bull, Edvard	Den pavelige Legat Stephanus i Norge (1163), Kristiania 1915 Videnskapsselskapets Skrifter II. Hist. Filos. Klasse 1915, No. 2
Calasso, Francesco	Medio Evo del Diritto I, Le Fonte Milano 1954
Caspari, C.P.	Ungedruckte, unbeachtete und wenig beachtete Quellen zur Geschichte des Taufsymbols und der Glaubensregel, Bd. I–III Christiania 1866–1875
Caspari, C.P.	Alte und neue Quellen zur Geschichte des Taufsymbols und der Glaubensregel Christiania 1879
Curtis, William A.	A History of Creeds and Confessions of Faith in Christendom and Beyond, with Historical Tables Aberdeen 1911
Daae, Ludvig	Erkebiskopperne i Nidaros in: Throndhjem i Fortid of Nutid 997–1897, hrsgg. v. H.G. Heggtveit Horten 1897
Danmarks Riges Historie	hrsgg. v. Joh. Steenstrup, Kr. Erslev, A. Heise, V. Mollerup, J.A. Fridericia, E. Holm, A.D. Jørgensen Bd. 2: Kr. Erslev, Den senere middelalder København (o.J.)
Danstrup, John Koch, Hal	Danmarks Historie Bd. 3: Borgerkrig og Kalmarunion (bearb. v. Erik Kjersgaard), København 1963
Denzinger, Henricus	Enchiridion Symbolorum Definitionum et declarationum de rebus fidei et morum Ed. 28 hrsgg. v. Karl Rahner, Freiburg/Br., Barcelona 1952 Ed. 34 hrsgg. v. Adolf Schönmetzer, Barcelona, Freiburg/Br., Rom, New York 1967
Dörries, Hermann	Das Bekenntnis in der Geschichte der Kirche, 2. Aufl. Göttingen 1947
Eichenseer, Caelestis	Das Symbolum Apostolicum beim Heiligen Augustinus Kirchengeschichtliche Quellen und Studien, hrsgg. v. Suso Brechter, Bd. 4 St. Ottilien 1960
Einarsdottir, O.	Hvornår forfattedes sagaen om Magnus Lagabøter? in: HT (Oslo) 46 (1967), S. 59 ff.
Eisenhofer, Ludwig	Handbuch der katholischen Liturgik, Bd. 1 u. 2, Freiburg/Br. 1932 u. 1933
Finni Johannæi (Finnur Jonsson)	Historia Ecclesiastica Islandiæ . . . Tom. I–IV Havniae 1772–1778
Fritzner, Johan	Ordbog over Det gamle norske Sprog Nytt uforandret opptrykk av 2. utgave (Kra 1883–1896) med et bind tillegg og rettelser redigert av D.A. Seip og T. Knudsen, Oslo 1954
Gagnér Sten	Studien zur Ideengeschichte der Gesetzgebung Acta Universitatis Upsaliensis, Studia Juridica Upsaliensia, 1, Uppsala 1960
Gerhardt, Martin Hubatsch, Walther	Norwegische Geschichte, 2. Aufl. Bonn 1953

Gerhardt, Martin Hubatsch, Walther	Deutschland und Skandinavien im Wandel der Jahrhunderte, Bonn 1950
Ghellinck, J. de	Patristique et Moyen Age. Etudes d'histoire littéraire et doctrinale. Tome I: Les recherches sur les origines du Symbole des Apôtres. Museum Lessianum. Section Historique n. 6, Neue Ausgabe Brüssel, Paris 1949
Goetz	Das apostolische Glaubensbekenntnis, Tübingen 1913
Grönbech, W.	Kultur und Religion der Germanen, Bd. 2, Hamburg 1939
Haller, Johannes	Das Papsttum. Idee und Wirklichkeit, Bd. 3, Esslingen/Neckar 1962
Hahn, August	Bibliothek der Symbole und Glaubensregeln der Alten Kirche 3. Aufl. von Georg Ludwig Hahn, Breslau 1897 und Hildesheim 1962 (Reprografischer Nachdruck der Ausgabe von 1897)
Harnack, Adolf	Materialien zur Geschichte und Erklärung des alten römischen Symbols aus der christlichen Literatur der zwei ersten Jahrhunderte Anhang zu Hahn: Bibliothek der Symbole . . .
Hauck, Albert	Kirchengeschichte Deutschlands 6. Aufl. Bd. 4; 5. Aufl. Bd. 5, 1. Hälfte, beide Berlin–Leipzig 1953
Hefele, Carl Joseph	Conciliengeschichte. Nach den Quellen bearbeitet. 1. Aufl. Bd. 5, 1. Abth. Freiburg/Br. 1862 2. Aufl. bearb. v. Alois Knöpfler Bd. 5, Bd. 6 Freiburg/Br. 1886 u. 1890
Helle, Knut	Norge blir en stat 1130–1319 Handbok til Norges Historie, Bd. I, del 3 Oslo, Bergen, Trondheim 1964
Holmsen, Andreas	Norges Historie Fra de eldste tider til eneveldets innførelse i 1660, 2. Aufl. 3. Ausg. Oslo, Bergen 1961
Holmsen, Andreas (Hrsg.)	Norsk middelalder Utvalgte avhandlinger for historiestudiet. (Mit Werken von G. Indrebø, H. Koht, J. Schreiner, J.A. Seip) Oslo, Bergen, Tromsø 1966
Holtzmann, Walther	Krone und Kirche in Norwegen im 12. Jahrhundert (Englische Analekten III) in: Deutsches Archiv für Geschichte des Mittelalters, 2. Jg. Weimar 1938
Imbert, Jean	L'influence du Christianisme sur la législation des peuples francs et germains in: La conversione al Cristianesimo nell' Europa dell'alto medioevo. Settimane di studio del Centro italiano di studi sull'alto medioevo, XIV, S. 365 ff. Spoleto 1967
Jacob, E.	Innocent III. in: The Cambridge Medieval History, Vol. VI: Victory of the Papacy; planned by J.B. Bury, ed. by J.R. Tanner, C.W. Prévité-Orton, Z.N. Brooke Cambridge 1929

Jecker, Gall — Die Heimat des hl. Pirmin des Apostels der Alamannen. Beiträge zur Geschichte des alten Mönchtums und des Benediktinerordens, hrsgg. v. J. Herwegen, Heft 13, Münster i.W. 1927

Joannes Olavius (Jon Olafsson) — Syntagma Historico-Ecclesiasticum de Baptismo sociisque sacris ritibus . . . Havniae 1770

Johnsen, Arne Odd — Studier vedrørende Kardinal Nicolaus Brekespears Legasjon til Norden, Oslo 1945

Jonsson, Erik — Oldnordisk Ordbog, Kjöbenhavn 1863

Jonsson, Finnur — siehe Finni Johannæi

Joys, Charles — Biskop og konge. Bispevalg i Norge 1000–1350, Oslo 1948

Joys, Charles — Hellig Olavs Arv
Vårt Folks Historie Bd. 2, Oslo 1962

Joys, Charles — Fra storhetstid til unionstid
Vårt Folks Historie, Bd. 3, Oslo 1963

Jørgensen, A.D. — Den nordiske Kirkes grundlæggelse og første Udvikling, Kjøbenhavn 1874–76

Kattenbusch, Ferdinand — Das apostolische Symbol. Seine Entstehung, sein geschichtlicher Sinn, seine ursprüngliche Stellung im Kultus und in der Theologie der Kirche.
Bd. 1 u. 2, Leipzig 1894 u. 1900

Kelly, J.N.D. — Early Christian Creeds
London, New York, Toronto 1950

Keyser, R. — Den norske Kirkes Historie under Katholicismen, Bd. 1 u. 2, Christiania 1856 u. 1858

Koht, Halvdan — The Scandinavian Kingdoms until the End of the Thirteenth Century
in: The Cambridge Medieval History, Vol. VI: Victory of the Papacy; planned by J.B. Bury, ed. by J.R. Tanner, C.W. Prévité-Orton, Z.N. Brooke
Cambridge 1929

Koht, Halvdan — Sagaens opfatning av vår gamle historie
aus: Innhogg og utsyn, neu abgedruckt in: Andreas Holmsen (Hrsg.): Norsk middelalder

Kulturhistoriskt Lexikon — för nordisk medeltid från vikingtid till reformationstid
København, Helsinki, Reykjavík, Oslo, Malmö
Bd. 10 u. 11, schwed. Ausg. Malmö 1966 ff.

Kumlien, Kjell — Mission und Kirchenorganisation zur Zeit der Christianisierung Schwedens
in: Vorträge und Forschungen, hrsgg. vom Konstanzer Arbeitskreis für mittelalterliche Geschichte (Th. Mayer), Bd. 12: Probleme des 12. Jahrhunderts
Konstanz–Stuttgart 1968

Lárusson, Olafur — On Grágás – the oldest Icelandic Code of Law
in: Árbók hins íslenzka fornleifafélags
Fylgirit 1958
Þridji víkingafundur (Third Viking Congress)
Reykjavík 1956
Reykjavík 1958; ritstjóri (red.) Kristján Eldjárn

Maurer, Konrad — Die Eingangsformel der altnordischen Rechts- und Gesetzbücher in: Sitzungsberichte der Königl. Bayr. Akademie der Wissenschaften, Philosoph.-philol. Classe, 3; 1886

Maurer, Konrad — Das Bekenntnis des christlichen Glaubens in den Gesetzbüchern aus der Zeit Magnús lagabætir
in: Sitzungsberichte der Königl. Bayer. Akademie der Wissenschaften, Philosoph.-philolog. Classe, 4; 1892
dieser und der vorhergehende Titel auch in: Abhandlungen zum Altnordischen Recht, 12 Sonderabzüge aus den Sitzungsberichten der Königl. Bayr. Akademie der Wissenschaften, Philol.-hist. Classe 1874–1896

Maurer, Konrad — Vorlesungen über Altnordische Rechtsgeschichte, aus dem Nachlaß d. Verf. hrsgg. von der Gesellschaft der Wissenschaften in Christiania
Bd. 3: Verwandtschafts- und Erbrecht samt Pfandrecht nach altnordischem Rechte
Bd. 2: Über altnordische Kirchenverfassung und Eherecht
beide Leipzig 1908

Maurer, Konrad — „Graagaas", Sonderabdruck aus der Allg. Encyclopädie der Wissensch. u. Künste, Erste Section, Bd. LXXVII

Maurer, Konrad — Udsigt over de Nordgermaniske Retskilders Historie, Kristiania 1878

Maurer, Konrad — Überblick über die Geschichte der nordgermanischen Rechtsquellen
Sonderabdruck aus: V. Holtzendorff, Encyclopädie I, 2. Aufl.

Maurer, Konrad — Die Bekehrung des norwegischen Stammes zum Christenthume, Bd. 1 u. 2
München 1855 u. 1856

Maurer, Konrad — Die Entstehungszeit der älteren Gulathingslög
Sitzungsberichte d. Königl. Bayer. Akademie der Wissenschaften, Bd. XII, III. ABt. S. 97 ff. (Philos.-philol. Classe) München 1871

Meißner, Rudolf — Die norwegische Volkskirche nach den vier alten Christenrechten, Samml. Germanenrechte, n.F. Deutschrechtliches Archiv, Heft 2, Weimar 1941

Michaud-Quantin, Pierre — Sommes de casuistique et manuels de confession au moyen âge (XII–XIV siècles)
Analecta Mediaevalia Namurcensia, 13
Louvain, Lille, Montreal 1962

Michaud-Quantin, Pierre — Commentaires sur les deux premières Décrétales du recueil de Grégoire IX au XIIIe Siècle
in: Miscellanea Mediaevalia, Bd. 2: Die Metaphysik im Mittelalter. Ihr Ursprung und ihre Bedeutung, S. 102 ff.
Vorträge des II. Internationalen Kongresses für mittelalterliche Philosophie in Köln, 31.8.–6.9.1961. Hrsgg. v. Paul Wilpert, Berlin 1963

Müller, Werner
Trathnigg, Gilbert — Religionen der Griechen, Römer und Germanen
Wunsiedel, Wels, Zürich 1954

Munch, P.A. — Det norske Folks Historie
Deel 2, Christiania 1855
Deel 3, Christiania 1857
Deel 4, Bd. 1 Christiania 1858

Neufeld, Vernon H. — The earliest Christian Confessions, Leiden 1963
New Testament Tools and Studies ed. by Bruce M. Metzger, Vol. V

Neunheuser, Burkhard — Taufe und Firmung
Freiburg/Br. 1956
Handbuch der Dogmengeschichte, hrsgg. v. M. Schmaus, J. Geiselmann, H. Rahner; Bd. IV, Faszikel 2

Newman, Ernst (Hrsg.) — Lunds Domkyrkas Historia 1145–1945, Bd. I 1145–1536, Stockholm 1946

Olafsson, Jon — siehe Joannes Olavius

Paasche, Fredrik — Om Kongespeilets forfatter
in: Festskrift til H. Falk, S. 170 ff.
Oslo 1927

Paasche, Fredrik — Hedenskap og kristendom. Studier i norrøn middelalder
Oslo 1948

Paludan-Müller, Caspar — Studier til Danmark Historie i det 13de Aarhundrede. 4. Stykke: Kong Erik Glipping og den romerske Kurie i Kongens Strid med Erkebiskop Jakob Erlandsen. Vid. Selsk. Skr., 5te Rœkke, hist. og.philos. Afd. 4de Bd. VIII (S. 317 ff.)
Kjøbenhavn 1872

Plucknett, T.F.T. — Legislation of Edward I
Oxford 1949

Pontoppidan, Erik — Annales Ecclesiæ Danicæ Diplomatici oder nach Ordnung der Jahre abgefassete und mit Urkunden belegte Kirchen Historie des Reiches Dännemarck. Theil 1 Kjøbenhavn 1741

Poschmann, Bernhard — Die abendländische Kirchenbuße im frühen Mittelalter
Breslau 1930
Breslauer Studien zur historischen Theologie, Bd. XVI

Poschmann, Bernhard — Buße und Letzte Ölung
Freiburg/Br. 1951
Handbuch der Dogmengeschichte, hrsgg. v. M. Schmaus, J. Geiselmann, H. Rahner, Bd. IV, Faszikel 3

Robberstad, Knut — Frå gamal og ny Rett, I
Oslo 1950

Robberstad, Knut — Fyrelesningar um Rettssoga i Millom alder og Nytid, I (vervielfältigter Druck)
Oslo o.J.

Schellhorn, Maurus — Der heilige Petrus und seine Nachfolger. Eine Geschichte der Päpste
Wien–München 1958

Schramm, Percy Ernst — Herrschaftszeichen und Staatssymbolik. Beiträge zu ihrer Geschichte vom 3. bis 16. Jahrhundert, Bd. III
Stuttgart 1956

Schreiner, Johan — Høvdingsmøte of Riksråd i Norge
in: HT (Oslo) 35 (1949–51) S. 157–172; 405–428; 484–493; 521–559

Scovazzi, Marco — Paganesimo e Cristianesimo nelle Saghe Nordiche, in: La conversione al Cristianesimo nell'Europa dell'alto medioevo. (Settimane di studio del Centro Italiano di Studi sull'alto Medioevo, XIV) S. 759 ff.
Spoleto 1967

See, Klaus von — Das skandinavische Königtum des frühen und hohen Mittelalters
Ungedr. Diss. Phil. Hamburg 1953

Seip, Jens Arup — Sættargjerden i Tunsberg og Kirkens Jurisdiksjon.
Det norske videnskaps Akademi i Oslo
(Hist.-filos. klasse 1941) Oslo 1942

Skyum-Nielsen, Niels — Kirkekampen i Danmark 1241–1290. Jakob Erlandsen, samtid og eftertid.
København 1963

Skyum-Nielsen, Niels — Studier og tekster til kirkekampen i Danmark 1241–1290
Scandia Bd. 28 S. 1 ff. Lund 1962

Spehr, Harald — Der ursprung der isländischen schrift und ihre weiterbildung bis zur mitte des 13. jahrhunderts
Halle/Saale 1929

Steen, Sverre — Tronfølgeloven av 1163 og konongstekja i hundeåret etter
HT (Oslo) 35 (1949–51) S. 1–48

Stobbe, O. — Geschichte der deutschen Rechtsquellen, 1.Abt. Braunschweig 1860

Storm, Gustav — Om Haandskrifter og Omsættelser af Magnus Lagabøters Love
(Christiania Videnskabsselskabs Forhandlinger 1879, No. 14)

Suhm, Peter Friedrich — Historie af Danmark fra aar 1147 til 1152, Bd. VI
Kjøbenhavn 1793

Sällström, Åke — Bologna och Norden inntill Avignon-pavedömets tid
Bibl. Hist. Lund. V, Lund 1957

Taranger, Absalon — Udsigt over den norske Rets Historie
Bd. I u. II, 1, Christiania 1898 u. 1904

Taranger, Absalon — Den angelsaksiske Kirkes Indflytelse paa den Norske, Kristiania 1890, 1891

Thieme, Karl — Das Apostolische Glaubensbekenntnis,
Leipzig 1914

Torfæus, Thormod — Historia rerum Norvegicarum
Pars 3, pars 4, Havniae 1711

Trillhaas, Wolfgang — Das apostolische Glaubensbekenntnis.
Geschichte – Text – Auslegung
Witten/Ruhr 1953

Vismara, Giulio — Cristianesimo e legislazioni germaniche (Leggi longobardi, alamanne e bavare)
in: La conversione al Cristianesimo nell' Europa dell'alto medioevo. (Settimane di Studio del Centro Italiano di Studi sull'Alto Medioevo, XIV) S. 397 ff.
Spoleto 1967

de Vries, Jan — Altnordisches etymologisches Wörterbuch
Leiden 1962

Widding, Ole — Alcuin and the Icelandic Code of Law
in: Árbók hins íslenzka fornleifafélags
Fylgirit 1958
Þridji víkingafundur (Third Viking Congress)
Reykjavík 1956, Reykjavík 1958, ritstjóri (red.) Kristján Eldjárn

Wilda, Wilhelm Eduard — Das Strafrecht der Germanen
Halle 1842

Winklhofer, Alois — Ich glaube. Die Botschaft des Apostolischen Glaubensbekenntnisses
Regensburg 1968

Zorn, Philipp — Staat und Kirche in Norwegen bis zum Schlusse des 13. Jahrhunderts
München 1875

Die in diesem Verzeichnis nicht aufgeführten Schriften sind jeweils vollständig zitiert.

ABKÜRZUNGSVERZEICHNIS

AKr	Christenrecht des Bischofs Arne Thorlaksson
AM	Arna-Magnäanische Sammlung
B	Borgarthingslag
nB	neues Borgarthingsrecht des Königs Magnus Lagabøter
BjR	Bjarkørett
BL	Stadtrecht des Königs Magnus Lagabøter (Bylov)
C	Nizäno-Konstantinopolitanum
CIC	Corpus Iuris Canonici
Clm	Codex Latinus Monacensis (Bayerische Staatsbibliothek München)
D	Denzinger-Schönmetzer, siehe Literaturverzeichnis
DI	Diplomatarium Islandicum
Dipl. Arn.	Diplomatarium Arna-Magnæanum
Dipl. Dan.	Diplomatarium Danicum
Dipl. Fær.	Diplomatarium Færoense
DN	Diplomatarium Norvegicum
DThC	Dictionnaire de Théologie catholique, Paris
E	Eidsivathingslag
Fltbk	Flateyjarbók
Fms	Fornmanna sögur
G	Gulathingslag
nG	neues Gulathingsrecht des Königs Magnus Lagabøter
HT (Oslo)	Historisk tidsskrift, utg. av Den norske historiske forening, Oslo
Isl. Ann.	Islandske Annaler
Jbk	Jónsbók
JKr	Christenrecht des Erzbischofs Jon Raude
Js	Járnsiða
Kbh	København (Kopenhagen)
Kra (Chra)	Kristiania (Christiania)
LL	Landrecht des Königs Magnus Lagabøter (Landslov)
LThK	Lexikon für Theologie und Kirche, begr. v. Michael Buchberger, 1. Aufl. Freiburg/Br. 1930–1938 2. Aufl. hrsgg. v. Josef Höfer und Karl Rahner, Freiburg/Br. 1957 ff.
Mansi	Sacrorum conciliorum nova et amplissima collectio, Paris und Leipzig 1903 ff.
Morin	Sancti Augustini sermones post Maurinos reperti, Rom 1930
MSD	Denkmäler deutscher Poesie und Prosa aus dem VIII.–XII. Jahrhundert, ed. Müllenhoff und Scherer, siehe Literaturverzeichnis
NgL	Norges gamle Love
PL	Patrologia Latina, ed. J.P. Migne, 217 Bände und 4 Registerbände, Paris 1876–1891
R	Symbolum Romanum
Religion in Geschichte und Gegenwart	–"–, Handwörterbuch für Theologie und Religionswissenschaft, 3. Aufl. hrsgg. v. Kurt Galling, Tübingen 1957 ff.

SD	Steinmeyer, Elias v.: Die kleineren althochdeutschen Sprachdenkmäler, siehe Literaturverzeichnis
SgL	Sveriges gamle Love
T	Textus receptus
VFH	Vårt Folks Historie, siehe Literaturverzeichnis unter Joys, Charles

ALTDEUTSCHE SYMBOLE

Die Abkürzungen dieser Bekenntnisse folgen bis auf Mü dem Werk von Barbian, Die altdeutschen Symbola.

Abkürzung		Fundstelle
A	Alemannischer Glauben	SD LVII; MSD XCIII; H* § 115
B I	Benediktbeurer Glauben I	SD LIII; MSD LXXXVII; H § 110
B III	Benediktbeurer Glauben III	SD LX; MSD XCVI; H § 111
Ba	Baumgartenberger Glauben	MSD II S. 458; H § 116
Bb	Bamberger Glauben	SD XXVIII; MSD XCI; H § 106
G I	St. Galler Glauben I	SD LIV; MSD LXXXVIII; H § 104
G II	St. Galler Glauben II	SD LV; MSD LXXXIX; H § 100
G III	St. Galler Glauben III	SD LVIII; MSD XCII; H § 109
H	Honoriustext	PL 172, 323 ff.; MSD II S. 461, 462; H § 107; K I** S. 124
He	Heidelberger Glauben	Barbian, Übersichtstabelle Hs: Pat.lat.Vat. 488, S. 32 ff.
Li	Linzer Glauben	MSD II S. 459 ff.; H § 117
M	Münchner (Süddeutscher) Glauben	SD LVI; MSD XCVII; H § 112
Mü	Münchener Glauben nach zwei Handschriften des 8. u. 9. Jahrhunderts (Freisinger Paternoster)	MSD II S. 439, 440; H § 94
Nd	Niederdeutscher Glauben	SD LXI; MSD XCVIII; H § 102
P I	Erster Glauben aus Schönbachs Altdeutschen Predigten	Bd. I S. 41, 42
P II	Zweiter Glauben aus Schönbachs Altdeutschen Predigten	Bd. I S. 46
P III	Glauben aus den St. Pauler Altdeutschen Predigten	Jeitteles S. 2
W I	Wessobrunner Glauben I	SD XXVIII; MSD XC; H § 105
W II	Wessobrunner Glauben II	SD LIX; MSD XCV; H § 108
Wi	Wiener Glauben	MSD II S. 456; H § 114

Bis auf Bb und Mü sind alle obigen Symbole auch in der Übersichtstabelle bei Barbian abgedruckt. Im Text ist diese als Fundstelle angegeben.

*H Hahn, A.: Bibliothek der Symbole und Glaubensregeln der Alten Kirche, siehe Literaturverzeichnis

**K I Kattenbusch, F.: Das apostolische Symbol, Bd. 1, siehe Literaturverzeichnis

Das Alter der Bekenntnisse ist unterschiedlich. Die *Handschriften* von Mü stammen aus dem 8./9. Jahrhundert, die von W I, G I, G III, H aus dem 11., von B I, Bb, M, G II, W II, B III aus dem 12., von P III, A, Wi aus dem 13., von P I, P II, Ba aus dem 14., von Li und He aus dem 15. Jahrhundert. Nd stammt wahrscheinlich aus einer verloren gegangenen Pfälzer Handschrift. Er ist uns überliefert durch M.Z. Boxhorn, Historia universalis (Lugduni Batavorum 1652) (vgl. SD S. 363).

Im übrigen muß bezüglich des Alters auf die einschlägigen Angaben bei Hahn, MSD, SD und Barbian verwiesen werden.

I. PROBLEMSTELLUNG

„Das ist der Anfang unseres Gesetzes der Männer des Gulathings[1], was der Anfang allen Guten ist, daß wir halten und bewahren sollen den christlichen Glauben. Wir sollen glauben an Gott Vater, den allmächtigen Schöpfer des Himmels und der Erde. Wir sollen glauben an unseren Herrn Jesus Christus, seinen einzigen Sohn, der erzeugt ist von der Kraft des heiligen Geistes und geboren von der Jungfrau Maria, gemartert unter der Gewalt des Pilatus, gekreuzigt, getötet und begraben, stieg nieder zur Hölle, um daraus alle seine Freunde zu erlösen; am dritten Tage, nachdem er getötet war in seiner Menschheit unbeschadet seiner Gottheit, stand er auf vom Tode und war dann mit seinen Jüngern vierzig Tage von Ostern bis zum Himmelfahrtstage und stieg dann zum Himmel auf, und von da wird er kommen am letzten Tage dieser Welt, zu richten einen jeden nach seinem Verdienst. Wir sollen glauben an den heiligen Geist, daß er wahrer Gott ist, wie Vater und Sohn, und daß die drei Personen ein Gott sind. Wir sollen alles das glauben, was die ganze Christenheit glaubt und die Gemeinschaft der Heiligen und dem die heilige Kirche früher mit unverbrüchlicher Festsetzung zugestimmt hat. Wir sollen glauben, daß die Sünden vergeben werden in der Taufe und der Reue und der Beichte mit dem Fleisch und Blut unseres Herren Jesu Christi, das in der Messe geweiht wird, mit Beten, mit Almosengeben und Fasten und mit allen anderen guten Dingen, die die Menschen tun und denken oder reden. Wir sollen glauben, daß jedermanns Körper, der in die Welt gekommen ist oder kommen kann bis zum Gerichtstage, dann auferstehen soll, und von da ab sollen die, welche Böses taten und nicht bereuten mit Buße in dieser Welt, endlose Trauer haben mit dem Teufel und

---

1 Das vom König und seinen Ratgebern entworfene Landrecht bringt zwar eine Vereinheitlichung des Rechtes der vier Thinggemeinschaften – Gula-, Frosta-, Eidsiva- und Borgarthing – und gilt fortan in ganz Norwegen, es hebt diese jedoch nicht auf. Es mußte, da die Gesetzgebungsgewalt wenigstens formell noch beim Thing lag, daher von diesen angenommen werden (vgl. Landrecht XI, 2 – NgL II, 178 *þessi bok var l ó g t e k i n a Gula þingi Jons vaku dagh* . . . – „Dieses Buch wurde als Gesetz angenommen vom Gulathing am Tage der Johannismesse . . .“). Das heißt, daß das Landrecht als eigenes Recht der jeweiligen Thinggemeinschaft bestand, nur waren diese Rechte – abgesehen von der Eingangs- und der Gesetzbestätigungsformel – nunmehr identisch.
Vgl. zur Entwicklung des Landrechts und zur Annahme desselben: v. Amira-Eckhardt, Germanisches Recht, S. 114 ff.; v. Amira, Nordgermanisches Obligationsrecht Bd. II, S. 2 ff.; Taranger, Udsigt I, S. 47 ff.; Maurer, Überblick, S. 253 ff.; Maurer, Udsigt, S. 33 ff.; Robberstad, Rettssoga I, S. 43 ff. u. S. 50 ff.; Aubert, S. 34 ff.; Munch IV, 1, S. 482 ff.; Helle, S. 98 ff.; Meißner, Landrecht, S. VIII ff.
Zum genauen Zeitpunkt der Annahme auf den einzelnen Thingen vgl. auch unten S. 113

seinen Gesellen in der Hölle, aber die, welche Gutes getan haben in dieser Welt, sollen dann empfangen und behalten ewige Freude mit Gott und seinen Heiligen im Himmelreich."[2]

Unwillkürlich glaubt man zunächst, in einem alten Homilienbuche oder Katechismus zu lesen, wäre da nicht die Eingangsformel „Das ist der Anfang unseres Gesetzes ...", die uns daran erinnert, daß wir es mit einem Gesetz zu tun haben. Dieses Glaubensbekenntnis ist tatsächlich der Beginn eines *Gesetzes*, und zwar – so seltsam es scheinen mag – eines *weltlichen* Gesetzes, nämlich des Landrechts des Königs Magnus Hákonarson, genannt Lagabøter (Gesetzesbesserer) aus dem Jahre 1274. Es leitet den Abschnitt über das Christenrecht ein.[3] [4]

Schaut man sich dieses Christenrecht näher an, so muß man feststellen, daß außer der Eingangsformel und dem Glaubensbekenntnis nichts eigentlich „Christliches", d.h. Kirchenrechtliches enthalten ist. Es folgen nämlich gleich anschließend an das Bekenntnis die Bestimmungen über die Würde des Königs und des Bischofs, über falsche Könige und die Festsetzung, daß es nur einen König geben könne[5], sowie die Thronfolgeordnung von 1274, die Erbfähigkeit von Tochter und Sohnestochter als Erben nach dem König, soweit sie das Königtum nicht selbst betrifft, und die Bestimmungen über das Gelübde des Königs und die Eide des Herzogs und des Jarls, der Barone, des Lagmannes und der Bonden. Das Christenrecht enthält somit nur ein erstes Kapitel mit einer

---

2 Vgl. auch die Übersetzungen bei Meißner, Landrecht, S. 33–35 und Kattenbusch I, S. 200, 201

3 Das Landrecht gliedert sich in einen Prolog, der das Grußwort und die Erläuterung der Einteilung enthält, einen vorangestellten Abschnitt über die Thingfahrt und die Abschnitte – *„bolkr"* – über das Christenrecht, die Landesverteidigung (Aufgebot), die Mannheiligkeit, das Erbrecht, die Landeinlösung, die Landpacht, den Kauf und den Diebstahl, sowie die Rechtsbesserungen der Könige Hákon gamli und Magnus Hákonarson und das Schlußkapitel über die Annahme als Gesetz durch das jeweilige Thing.

4 Obwohl dem Abschnitt über das Christenrecht derjenige über die Thingfahrt vorausgeht, bildet jener den eigentlichen Anfang des Gesetzes: Die Thingfahrt ist – ähnlich dem Prolog und dem Schlußkapitel – kein eigentlicher Bestandteil des Gesetzes. Vgl. Prolog (NgL II, S. 8): *þingfara bolkr er nu sem fyr af anduerðu ritaðr, aðr en hefe sealfa bokina ... Fyrsti lutr bokarinnar er kristinsdoms bolkr* ... („Der Abschnitt über die Thingfahrt ist nun, wie früher, zuerst geschrieben, ehe das Buch selbst anfängt ... Der erste Teil des Buches ist der Christenrechtsabschnitt ...").

5 Das war angesichts der früher herrschenden Zustände, wo oft mehrere Könige nebeneinander regierten, oder sich mehrere Prätendenten um die Königswürde stritten, von großer Bedeutung. Noch während der Regierungszeit Hákon gamlis, des Vaters von Magnus, war es zu dem „dramatischsten Kampf in der Geschichte des norwegischen Kronprätendententums" (Gerhardt–Hubatsch, Geschichte, S. 105) gekommen (Hákon gegen Skule jarl), den z.B. Ibsen zum Vorwurf seines Dramas „Kongsemnerne" genommen hat.

gewissen „religiösen Färbung“[6], nämlich das Glaubensbekenntnis, sonst aber nur Bestimmungen mehr verfassungsrechtlicher Natur.

Die Aufnahme dieses Glaubensbekenntnisses in ein weltliches Gesetz ist eine singuläre Erscheinung und findet keine Parallele in den früheren oder späteren norwegischen oder auch in ausländischen Rechtsquellen. Lediglich die Eingangsformel *þat er upphaf laga vara Gula þings manna sem upphaf er allra goðra luta at ver skolum hallda oc hafa kristilega tru* stellt eine Verbindung zu anderen Rechten her[7]. Wir finden ähnliche Eingangsformeln bereits in den frühesten isländischen und norwegischen Rechtsaufzeichnungen[8]. Sie leiteten jeweils das Christenrecht ein, welches an der Spitze der jeweiligen Rechtsbücher stand. Auch in verschiedenen englischen und schwedischen Gesetzen findet sich eine derartige Eingangsformel[9], aber auch *nur* eine solche, ein Glaubensbekenntnis werden wir dagegen vergebens suchen. In weltlichen Gesetzen finden wir nur bei Magnus Lagabøter ein derartiges Bekenntnis[10].

---

6 Holmbäck und Wessén in Magnus Erikssons Landslag i nusvensk tolkning, Rättshistoriskt Bibliotek, Bd. 6, S. XXIX, Anm. 7 (Lund 1962)

7 Vgl. zur Eingangsformel allgemein: K. Maurer, Die Eingangsformel der altnordischen Rechts- und Gesetzbücher; ders. „Graagaas“ S. 17, Anm. 37

8 Siehe hierzu Maurer, Eingangsformel S. 318 ff. und Taranger, Den angelsaksiske Kirkes Indflytelse paa den norske, S. 211 ff. Vgl. den Beginn der alten Landschaftsrechte, G in NgL I S. 3, B in NgL I S. 339, E in NgL I S. 375, Fr in NgL I S. 130 und der isländischen *Grágás* (Ausgabe Kbh 1883, die die Christenrechte der verschiedenen Handschriften gegenüberstellt, z.B. S. 1 (*Skálholtsbók*)). Zur (heidnischen) *Ulfflótslög* und deren Eingangsformel siehe Maurer op. cit. S. 319.

9 Siehe hierzu die Untersuchungen Maurers, op. cit. S. 353 ff. und Tarangers, op. cit. S. 212 ff.
In dänischen und deutschen Gesetzen findet sich eine derartige Eingangsformel nicht. Das mag daran liegen, daß diese Gesetze ein besonderes Kirchenrecht nicht kennen, sondern kirchenrechtliche Bestimmungen verstreut im ganzen Text aufführen. Die erst später entstandenen Kirchenrechte für Schonen und Seeland enthalten ebenfalls keine Eingangsformel (vgl. hierzu Maurer op. cit. S. 352). Diejenigen deutschen Gesetze, die eine Ausnahme von der Regel bilden und ein eigenes Kirchenrecht an den Anfang stellen, nämlich die Lex Alemannorum und die Lex Baiuvarorum, bringen ebenfalls keine vergleichbare Formel. (Zum Vergleich dieser Kirchenrechte mit den nordischen Christenrechten siehe Wilda, S. 115, vgl. auch allgemein Vismara, S. 455 ff.). In der Kapitulariengesetzgebung, soweit sie im wesentlichen kanonisches Recht wiedergibt, finden sich zwar religiöse Einleitungsformeln, aber kein den nordischen Formeln vergleichbarer Text. (Vgl. zu den einleitenden Formeln im mitteleuropäischen Raum allgemein Imbert, S. 365–371).

10 Auch in kirchlichen Gesetzen ist die Einstellung eines Bekenntnisses äußerst selten. Als Ausnahmen konnten nur das Christenrecht des (isländischen) Bischofs Arne von 1275 und der *Liber Extra* festgestellt werden. Das Bekenntnis bei Arne ist mit demjenigen bei Magnus Lagabøter, wie noch zu zeigen sein wird, praktisch identisch. Im *Liber Extra* ist in Tit. I, cap. I (Friedberg, CIC II S. 9) das Bekenntnis des IV. Laterankonzils von 1215 aufgenommen. Neben dem Landrecht findet sich das

Obwohl diese Singularität eine Untersuchung dieser Erscheinung geradezu herausfordert, ist dies – von einer Ausnahme abgesehen – bis jetzt noch nicht erfolgt. Lediglich Konrad Maurer ist in einer seiner Abhandlungen näher auf dieses Bekenntnis eingegangen[11]. Maurers Untersuchung vermag jedoch keine befriedigende Lösung zu geben. Sie erschöpft sich im wesentlichen in einer Auseinandersetzung mit den Thesen der norwegischen Historiker Munch und Keyser über die Vermittlung dieses Bekenntnisses nach Norwegen. Maurer unterläßt es dabei, auf die Eigenart dieses Bekenntnisses einzugehen und kommt daher zu falschen Ergebnissen. Er unterläßt es auch, die möglichen Gründe, die zur Einstellung des Bekenntnisses in das Gesetz geführt haben, näher zu untersuchen, sondern begnügt sich mit der lapidaren Erklärung, es handle sich hier um eine bloße Erweiterung der Eingangsformel. Die Einstellung des Glaubensbekenntnisses ist jedoch gegenüber den früheren Gesetzen etwas zu Neuartiges und im Vergleich zu fremden Gesetzen zu Singuläres, um bloße Fortführung und Erweiterung der alten Eingangsformeln zu sein.

Im folgenden wollen wir daher versuchen, uns zunächst Klarheit über die Eigenart dieses Bekenntnisses zu verschaffen, um uns dann mit dessen Kenntnis in Norwegen und den möglichen Gründen für die Aufnahme in das Gesetz auseinanderzusetzen. Eine endgültige Lösung hinsichtlich dieser Gründe werden auch wir nicht geben können – das ist schon aufgrund des spärlichen Quellenmaterials unmöglich – dies ist auch nicht das eigentliche Ziel dieser Arbeit. Uns geht es zunächst darum, dieses Glaubensbekenntnis zu fixieren und in die Symbolgeschichte einzuordnen, um dann von dieser Warte aus Lösungen für die anstehenden Fragen, wie Kenntnis in Norwegen und Einstellung in das Gesetz, zu finden. Die Fixierung des Bekenntnisses, die aus diesem Grund etwas ausführlicher ausfallen muß, mag dann zugleich Anregung und Ansatzpunkt für neue Untersuchungen dieser wahrlich singulären Erscheinung sein.

Glaubensbekenntnis noch in folgenden weiteren Gesetzen Magnus Lagabøters: dem neueren Gulathingsrecht, dem Stadtrecht, der Járnsíða und dem Jónsbók. Das Christenrecht Arnes entspricht in seinen ersten sieben Kapiteln im wesentlichen den Kapiteln 7–13 der Járnsíða. Als eigentliche Ausnahme kann es daher nicht angesehen werden.

11 Konrad Maurer, Das Bekenntnis des christlichen Glaubens in den Gesetzbüchern aus der Zeit des Königs Magnús lagabætir.
Kattenbusch I, S. 200 und Hahn S. 125 erwähnen lediglich die Existenz dieses Symbols und drucken es im Urtext und einer deutschen Übersetzung mit einigen unbedeutenden Erläuterungen (Kattenbusch) bzw. nur in einer deutschen Übersetzung (Hahn).
Barbian S. 242 erwähnt ebenfalls kurz die Existenz des Bekenntnisses und verweist bezüglich des Textes auf Kattenbusch. Barbian versucht in wenigen Sätzen, die Übermittlung nach Norwegen zu bestimmen, unterliegt dabei aber, wie wir noch sehen werden, einer falschen Schlußfolgerung. Bang, Udsigt, S. 273 geht nur in einer Anmerkung auf das Bekenntnis ein und verweist auf deutsche Vorbilder (a.a.O. Anm. 1).

In einem ersten Teil werden wir uns daher mit der Eigenart dieses Bekenntnisses befassen und anhand seines Textes Beziehungen zu anderen Bekenntnissen und Abhängigkeit von Vorbildern aufzeigen. Anhand dieser Ergebnisse können wir dann im zweiten Teil auf die Entstehung und die Kenntnis in Norwegen eingehen. Dabei haben wir uns vor allem mit den Ansichten dreier angesehener Historiker auseinanderzusetzen, nämlich Paul A. Munch und Richard Keyser auf der einen und Konrad Maurer auf der anderen Seite. Sodann werden wir kurz auch auf die anderen Gesetze eingehen, in denen das Bekenntnis enthalten ist und uns mit der Persönlichkeit des Mannes beschäftigen, der hinter all diesen Gesetzen steht, nämlich König Magnus Lagabøter. Besonderes Augenmerk wird dabei auf sein Verhältnis zur Kirche gelegt werden müssen. Im Schlußteil endlich soll dann aufgezeigt werden, welche Gründe diesen König veranlaßt haben mögen, dieses Bekenntnis in seine Gesetze aufzunehmen.

Zwei Einschränkungen sind noch nachzuholen: Einmal können – da es sich um eine rechtsgeschichtliche Untersuchung handelt – bei der Fixierung des Glaubensbekenntnisses die auftauchenden rein theologischen Probleme nicht in extenso behandelt werden. Hier müssen wir uns mit Verweisungen auf die einschlägige Fachliteratur begnügen. Zum anderen wird auf die Entstehungsgeschichte des Landrechts und auf den vorherigen Rechtszustand nur insoweit eingegangen werden, als diese mit dem Gegenstand der Darstellung in unmittelbarem Zusammenhang stehen[12].

12 Insoweit kann auf die in S. 1, Anm. 1 angegebene Literatur verwiesen werden.

II. DAS BEKENNTNIS

BESTIMMUNG UND EINORDNUNG IN DIE SYMBOLTRADITION

A) Allgemeines

1. Der Text

Unser Glaubensbekenntnis findet sich in dem neueren Gulathingsrecht[1], der Járnsíða[2], dem Landrecht und dem Stadtrecht[3] von Magnus Hákonarson, dem Jónsbók[4], dem Christenrecht Bischof Arnes[5] und der Kompilation in AM 313 fol.[6] [7] [8].

Bei der folgenden Textwiedergabe stützen wir uns auf die in NgL II S. 1 ff. (S. 22, 23)[9] abgedruckte Rezension des Landrechtes[10], wobei wir in den

---

1 NgL II S. 306 ff. (306, 307)

2 NgL I S. 259 ff. (261, 262)

3 NgL II S. 179 ff. (192, 193)

4 NgL IV S. 183 ff. (195)

5 NgL V S. 16 ff. (16)

6 NgL IV S. 50 ff. (50,51)
Die Kompilation nach AM 313 fol. setzt sich mit Ausnahme des ersten Kapitels (Glaubensbekenntnis) teils aus dem Text des älteren Frostathingsrechts teils aus dem des älteren Borgarthingsrechts zusammen. Das erste Kapitel ist entweder aus dem Landrecht oder dem neueren Gulathingsrecht entlehnt. (Vgl. eingehender unten S. 114)

7 Berücksichtigt sind nur die vollständig erhaltenen Glaubensbekenntnisse. Daneben enthält noch RA 37 (Abschrift des Landrechtes für das Frostathing, jedoch nicht vollständig erhalten) Bruchstücke des Glaubensbekenntnisses (Membranfragment des Norwegischen Reichsarchivs in Oslo; abgedruckt in NgL IV S. 157).

8 Über die Geschichte dieser Gesetze wollen wir uns an dieser Stelle noch keine Gedanken machen. Festgehalten sei einstweilen nur, daß alle diese Gesetze aus der Zeit Magnus' stammen und bis auf das Christenrecht des Bischofs Arne von Skálholt (Island) auf ihn zurückgehen.

9 Dem Abdruck liegt Codex No. 60 qv der arnamagnäanischen Sammlung zugrunde. Auf die Abweichungen der verschiedenen *Handschriften* des Landrechts wird nicht eingegangen, vgl. hierzu NgL II S. 3–7 und die Anmerkungen in NgL II S. 22, 23.

10 Maurer, Glaubensbekenntnis, S. 558 teilt den Text von nG mit. Ihm folgen Kattenbusch I S. 200 und Hahn § 120, S. 125, der allerdings nur die deutsche Übersetzung, wie sie Kattenbusch bietet, abdruckt.

Anmerkungen die einzelnen Abweichungen in den anderen Gesetzen[11] wiedergeben:

Ver[12] *skolum*[13] *trua*[14] *a guð*[15] *faður*[16] *allzualldanda*[17] *skapara*[18] *himins oc*[19] *iarðar*[20]. *Ver*[21] *skolum*[22] *trua a uarn*[23] *drottin*[24] *Jhesum Christum*[25] *hans*[26]

---

11 Bei diesen Abweichungen wird ebenfalls nur auf die dem Abdruck der Gesetze in NgL zugrundeliegenden Handschriften eingegangen, nicht auch auf die Abweichungen in den einzelnen Handschriften untereinander. Hierzu muß ebenfalls auf die Anmerkungen bei den Fundstellen in NgL verwiesen werden.
Ganz geringe Abweichungen, wie Groß- und Kleinschreibung (*guð* – *Guð*), Zusammenschreibung (*paskadegi* – *paska degi*) oder Akzentgebung (*trua* – *trúa*) werden außer acht gelassen, ebenso der unterschiedliche Gebrauch von *ð* und *d* und von *v* und *u*. (Letzterer wird nur berücksichtigt, wenn zugleich eine andere Abweichung vorliegt.) Der leichteren Druckmöglichkeit halber werden die Buchstaben œ und ꝼ mit ö und f wiedergegeben.

12 Js *vær*; AM 313 *wer*
Ver skolum trua a guð faður allzualldanda skapara himins oc iarðar fehlt in der in NgL abgedruckten Handschrift von BL (Cod. No. 323 fol. der arnamagnäanischen Sammlung). Andere Handschriften lassen das Bekenntnis ganz aus. Verschiedentlich wird nach dem Text der Eingangsformel *þat er upphaf lagha vara Biorgvinar manna sem upphaf er allra goðra luta at ver skulum hafa oc halda kristilega tru* aber auf den Beginn im Landrecht verwiesen, z.B. in Perg. Cod. No. 322 fol. der gleichen Sammlung: *oc allt annat s. skr. er aðr i. b. i kristins doms bælkinum i landzbokinni* oder in Perg. Cod. No. 60 qv der gleichen Sammlung: *oc allt annat sua sem skrifat er aðr i bokinni.* Daß hier mit *bokinni* ebenfalls das Landrecht gemeint ist, ergibt sich schon daraus, daß in diesem Codex sowohl das Landrecht als auch das Stadtrecht abgedruckt sind. Dieser Codex liegt auch unserem Text zugrunde (vgl. Anm. 9).
Ähnlich dem Landrecht galt das neue Stadtrecht trotz im wesentlichen gleichen Inhalts für die vier einzelnen Stadtkreise Bergen, Nidaros, Tunsberg und Oslo getrennt. Daher erklärt sich der Bezug auf Bergen in der Eingangsformel.

13 AKr, Jbk, AM 313 *skulum*; nG *skolom*; Js *skulom*

14 nG *trya*

15 AM 313 *gudir*

16 nG, AKr *foður*; Js *fæður*; Jbk *föður*; AM 313 *fadrur*

17 nG *allzvaldanda*; Js *almatkan*; AM 313 *almactuan et a als ualdanda*

18 Js *scapara*

19 nG, AKr, Jbk *ok*; AM 313 *et*

20 nG *jardar*; AM 313 *jardrar*

21 Js *vær*; AM 313 *wer*

22 BL,AKr, Jbk, AM 313 *skulum*; nG *skolom*; Js *sculom*

23 in AM 313 nach *uarn* eingefügt *herra*

24 BL, nG, Js, AM 313 *drotten*; AKr *drottinn*

25 AKr *Jhesum Krist*; Js *ihm x'st*; Jbk *Jesum Christum*;
AM 313 *Jhesum Cristum*;
in Js nach *x'st* eingefügt *oc*

26 AM 313 *hanns*

einka[27] *son*[28] *er getin*[29] *er af*[30] *krapte*[31] *heilags*[32] *anda*[33] *oc*[34] *föddr*[35] *af*[36] *Mariu*[37] *möy*[38]. *pindr*[39] *vndir*[40] *Pilaz*[41] *uallde*[42] *krosfestr*[43]. *döyddr*[44] *oc*[45] *grafen*[46]. *steig*[47] *niðr*[48] *til*[49] *hæluitis*[50] *at*[51] *löysa*[52] *þeðan*[53] *alla*[54] *sina uini*[55]. *þriðia*[56] *dag*[57] *eptir*[58] *er*[59] *hann*[60] *uar*[61] *döyddr*[62] *i*[63] *sinum*[64] *mandome*[65] *oskaddum*[66] *sinum guðdome*[67] *reis*[68] *hann*[69] *upp*[70] *af*[71] *dauða*[72] *oc*[73] *var siðan*[74] *með*[75] *læresueinum*[76] *sinum*[77] *xl daga*[78] *fra paskadegi*[79] *oc*[80] *til*[81] *upstighningar dags*[82] *oc*[83] *steig*[84] *þa*[85] *til*[86] *himna upp*[87] *oc*[88] *þæðan*[89] *skal*[90] *hann*[91] *koma*[92] *a efsta*[93] *degi*[94] *þessa*[95]

---

27 BL, nG *æinga*; Js *einga*; AM 313 *æinka*

28 BL, AKr, Js *sun*
nG Umstellung: *æinga son hans*

29 BL, AM 313 *geten*; nG *getten*; Js, Jbk *getinn*

30 AM 313 *aff*

31 BL, nG *krafte*; Js *crapte*; Jbk *krapti*; AM 313 *kraffte*

32 nG *hæilaghs*; Js *helags*; AM 313, BL *hæilags*

33 Js *annda*

34 Jbk, nG, AKr *ok*; AM 313 *et*

35 BL *föddizt*; nG *födr*; AKr *fæddiz*; Js *fæddez*; AM 313 *fødir*; Jbk *fæddr*

36 AM 313 *aff*

37 Js *Mario*; AM 313 *Mariw*

38 AKr, Js *mey*; Jbk *meyiv*; AM 313 *møy*

39 AM 313 *pinder*

40 Js *unndir*

41 BL *Pilaze*; AKr, Jbk, Js *Pilatz*; AM 313 *Pilast*

42 nG *valde*; Jbk *valldi*; AM 313 *wælde*; AKr *ualldi*

43 BL, AKr, Jbk *krossfestr*; nG *krosfæstr*; Js *crosfestr*; AM 313 *krosfestir*

44 nG *döydr*; AKr, Js, Jbk *deyddr*; AM 313 *døydir*

45 nG, AKr, Jbk *ok*; AM 313 *et*

46 AKr, Jbk *grafinn*; AM 313 *graffiin*; nG *grafven*; Js *gravenn*

47 BL, nG, AKr, Js, Jbk *for*; AM 313 *stæig*;
in Jbk vor *for* eingefügt *ok*

48 AM 313 *nider*

49 AM 313, nG *till*

50 AKr, Jbk *helvitis*; AM 313 *hælffitis*; Js *helvites*

51 AM 313 *att*; Jbk *ok*

52 nG *löyssa*; AM 313 *løysa*; AKr, Js *leysa*; Ibk *leysti*

53 BL, nG, AKr, Js, Jbk *þaðan*; AM 313 *tadran*

54 fehlt in nG

55 AKr *vinne*; AM 313 *vinj*; Js *menn*

56 AM 313 *tridia*

57 BL, nG, AKr *dagh*
58 BL *æftir*; nG *æiptir*; AM 313 *æfftir*
59 fehlt in AM 313
60 BL, nG, AM 313 *han*
61 AM 313 *vart*
62 nG *dauddr*; AKr, Jbk, Js *deyddr*; AM 313 *døyder*
63 AM 313 *y*; fehlt in Jbk
64 AM 313 *sama*
65 Jbk *manndomi*
66 Jbk *oskauddum*; BL *vskaddum*
67 AM 313 *guddomen*; Jbk *guðdomi*; AKr fehlt *i sinum mandome oskaddum sinum guðdome*, hier: . . . *deyddr reis hann*, ebenso Js; nG fehlt *i sinum mandome oskaddum sinum guðdome*, hier: . . . *dauddr ok grafvæn*
68 BL, nG *ræis*; AM 313 *ræiss*
69 AM 313, BL, nG *han*
70 AM 313 *vp*; BL *up*
71 AM 313 *aff*
72 AM 313 *daudra*
73 nG, AKr, Jbk *ok*; AM 313 *et*
74 Jbk *siþan*; fehlt in AKr
75 AM 313 *mædir*; AKr *meðr*
76 Jbk *lærisveinum*; nG *lærresuæinum*; Js *lærisuenom*; AM 313 *læresuænium*; BL *læresvæinum*; AKr *lærisueinum*
77 fehlt in BL; Js *sinom*; in AKr nach *sinum* eingefügt *vm*
78 BL *dagha*; nG *daggha*
79 BL *pascha dægi*; nG *paskha dæigi*; Js *pascadegi*; AM 313 *pasca dægi*
80 fehlt in AM 313, Jbk; nG, AKr *ok*
81 AM 313, nG *till*
82 BL *upstigningar dags*; Jbk, AKr *vppstigningar dags*; nG *hælga þorsdaghs*; Js *helga þorsdags*; AM 313 *hælga tors dags*
83 AKr, nG, Jbk *ok*; AM 313 *et*
84 BL, AM 313 *stæig*; nG *stæigh*
85 AM 313 *ta*
86 AM 313, nG *till*
87 fehlt in BL; AM 313 *vp*; nG Umstellung: *vpp till himna*
88 AM 313 *et*; nG, AKr, Jbk *ok*
89 BL, nG, Js, Jbk *þaðan*; AM 313 *tædran*
90 BL, Js *scal*; AM 313 *skall*
91 AM 313, BL *han*
92 nG *komma*
93 nG *öfzsta*; Js *efzta*; AM 313 *øffsta*; BL *öfsta*
94 BL, nG *dæghi*
95 nG *þæssa*; AM 313 *tessa*

heims[96] *at*[97] *döma*[98] *huern*[99] *eptir*[100] *sinum*[101] *uerðleika*[102]. *Ver*[103] *skolum*[104] *trua a hælgan*[105] *anda at*[106] *hann*[107] *er sannr guð*[108] *sem faðir*[109] *oc*[110] *soner*[111] *oc*[112] *þær*[113] *þriar*[114] *skilningar*[115] *er*[116] *einn*[117] *guð*[118]. *Ver*[119] *skolum*[120] *þat allt trua*[121] *er*[122] *tryr*[123] *oll*[124] *kristilæg*[125] *þioð*[126] *oc*[127] *allra*[128] *heilagra*[129] *manna samband*[130] *oc*[131] *heilog*[132] *kirkia hefir*[133] *samðykt*[134] *aðr*[135] *með obrigðilægri staðfesto*[136]. *ver*[137] *skolum*[138] *trua at*[139] *syndir*[140] *firirlatazt*[141] *i*[142] *skirn*[143] *oc*[144] *iðran oc*[145] *skripta*[146] *gang*[147] *með*[148] *hollde*[149] *oc*[150] *bloðe*[151] *uars herra Jhesu Christi*[152] *er i*[153] *messonne*[154] *hælgazt*[155] *með*[156] *böna*[157] *hallde*[158]. *með*[159] *olmusuger-*

96 BL, nG, AM 313 *hæims*; AKr Umstellung: *heims þessa*
97 AM 313 *att*
98 AM 313 *døma*; nG *dömma*; Js, Jbk, Akr *dæma*
99 nG *hværn*; AM 313, BL *huærn*; in AM 313 nach *huærn* eingefügt: *man*
100 BL *æftir*; AM 313 *æfftir*; nG, Js *æptir*
101 Js *sinom*
102 BL *værðlæikum*; nG *værdlæikca*; Jbk *verðleikum*; AM 313 *værderlæika*
103 Js *vær*; AM 313 *wer*
104 BL, AM 313, Jbk, AKr *skulum*; nG *skolom*; Js *skulom*
105 AKr, Js, Jbk *helgan*
106 AM 313 *att*
107 nG, BL, AM 313 *han*
108 AM 313 *guder*
109 BL, nG, Js *faðer*; AM 313 *fadrur*
110 AM 313 *et*; nG, AKr, Jbk *ok*
111 BL *sun*; nG, Jbk *son*; AKr *sonr*; Js *sunr*; AM 313 *sonir*
112 Jbk, nG, AKr *ok*; AM 313 *et*
113 fehlt in AM 313
114 BL *þrear*; nG *iij*; AM 313 *triar*
115 BL, AM 313 *skillningar*
116 AM 313 *ero*
117 AM 313 *æinn*; nG, BL *æin*
118 AM 313 *guder*
119 Js *uær*; AM 313 *wer*
120 BL, AKr, AM 313, Jbk *skulum*; Js *skulom*
121 AM 313 *trua a tatt alt*; Jbk *trua allt þat*; nG, Js *trua a þat allt*; AKr *trua þat allt*

122 Jbk, AKr, Js *sem*

123 BL, nG, AKr, Js, Jbk *truir*; AM 313 *truer*

124 Jbk *öll*

125 AM 313 *christileg*; BL *kristin*; nG, AKr *kristileg*; Jbk *kristtilig*; Js *cristeleg*

126 AM 313 *tioder*

127 AKr, nG, Jbk *ok*; AM 313 *et*

128 fehlt in Jbk, nG, AKr, Js, BL, AM 313

129 BL, nG, AM 313 *hæilagra*

130 AM 313 *sambander*

131 nG, AKr, Jbk *ok*; AM 313 *et*

132 BL *hæilogh*; nG *hæillogh*; AKr, Jbk *heilug*; AM 313 *hæilog*

133 BL *hæuir*; nG *hæifir*; Js *hever*; AM 313 *hæffir*

134 AM 313 *samtykt*; BL *samþykt*; nG *samþvkt*; Js *samðyct*; Jbk *samðykkt*

135 AM 313 *ader*; BL Umstellung: *aðr samþykt*; AKr, Jbk, Js fehlt *aðr*; in AM 313 fehlt nach *ader: með*

136 AM 313 *vbrigdrilegre stasfæstu*; BL *ubrigðilegre staðfæstu*; nG *vbrigdilægre stadfæstv*; AKr *ubrigðuligre staðfestu*; Js *obrigðelegre staðfesto*; Jbk *ubrigðiligri staðfestu*

137 AM 313 *wær*; Js *uær*

138 BL, AKr, AM 313, Jbk *skulum*; nG *skolom*; Js *skulom*

139 fehlt in Js

140 AM 313, Js *synder*

141 nG *firir lattazst*; AKr *fyrir lataz*; AM 313 *firir latast*; Jbk *fyrirgefaz*; Js *firelataz*; in AKr nach *lataz* eingefügt: *rett skriptudum monnum ok rettruandvm með skirn* . . .

142 BL, nG, AKr, Js, Jbk *með*; AM 313 *meder*

143 fehlt in Js

144 nG, Jbk *ok*; fehlt in AM 313, AKr, Js; in Js: . . . *firelataz með sanne iðran*

145 Jbk, AKr, nG *ok*; AM 313 *et*; in AM 313 nach *et* eingefügt *bloderi*

146 AM 313 *skriffta*

147 nG *gangh*; Jbk *gangi*

148 AM 313 *medir*

149 Jbk, AKr *holldi*; AM 313, nG *holde*

150 nG, AKr, Jbk *ok*; AM 313 *och*

151 AKr, Jbk *blodi*; AM 313 *blodere*

152 BL, nG, Js *vars drottens*; AM 313 *wars drottens*; AKr, Jbk *vars drottins*; *Jhesu Christi* fehlt in BL, nG, Js, AM 313, AKr, Jbk.

153 AM 313 *y*

154 Js *messunne*; Jbk *messunni*; AKr *messvnne*; AM 313 *mæssone*

155 BL *helgazt*; AKr, Js, Jbk *helgaz*; AM 313 *hælgast*; nG *hælgazst*

156 AM 313 *mede*

157 AM 313 *bøna*; nG *bönna*; Js, Jbk, AKr *bæna*

158 nG *halde*; AKr, Jbk *halldi*

159 BL, Js *oc*; AKr, Jbk *ok*; fehlt in nG und AM 313

ðum[160] *oc*[161] *fastum*[162] *oc*[163] *með*[164] *allum*[165] *aðrum*[166] *goðum*[167] *lutum*[168] *er menn*[169] *gera*[170] *oc*[171] *hugsa eða*[172] *mæla. ver*[173] *skolum*[174] *trua*[175] *at*[176] *huers*[177] *manz likamr*[178] *er*[179] *i*[180] *er*[181] *komin*[182] *heim-inn*[183] *eða*[184] *koma*[185] *kan*[186] *til*[187] *doma dags*[188] *skal*[189] *þa*[190] *upp*[191] *risa*[192] *ok*[193] *þæðan*[194] *af*[195] *skolu*[196] *þeir*[197] *er*[198] *illa gerðu*[199] *oc*[200] *eigi*[201] *iðraðuzt*[202] *með*[203] *ifirbot*[204] *þessa*[205] *heims*[206] *hafa*[207] *endalausan ofagnað*[208] *með*[209] *fiandanum*[210] *oc*[211] *hans*[212] *örendrækum*[213] *i*[214] *hæluiti*[215]. *en*[216] *þeir*[217] *sem*[218] *gott*[219] *hafa*[220] *gort*[221] *þessa*[222]

---

160 BL *almoso giærðum*; nG *olmoso gæirdum*; AKr *olmusu gjorðum*; Js *olmusugerðom*; Jbk *ölmusu gjorðum*; AM 313 *olmussu gærderu*

161 BL *i*; nG, Jbk *með*; AM 313 *et*; AKr *ok*

162 nG, Js *fostom*; AKr *fostum*; Jbk *föstum*

163 nG, AKr, Jbk *ok*; AM 313 *ett*

164 fehlt in BL, nG; AM 313 *meder*

165 nG, AKr *ollum*; Js *ollom*; Jbk *öllum*

166 BL, nG, AKr *oðrum;* Js *oðrom*; Jbk *öþrum*; AM 313 *aderum*

167 BL, nG, Js *goðom*; AM 313 *goderum*; Jbk *goþum*

168 nG *lvttvm*

169 BL *men*; AM 313 *menne*

170 nG . . . *er menn hugsa mæla æda gera* . . .
AKr . . . *er menn gera mela eða hugsa* . . .
Jbk . . . *er menn hugsa gera eða mæla* . . .

171 fehlt in BL, Js, AM 313, nG, AKr, Jbk. Für nG, AKr, Jbk s. Anm. 170.

172 AM 313 *et*

173 Js *uær*; AM 313 *wer*

174 BL, AM 313, Jbk *skulum*; Js *skulom*; AKr *skvlom*; nG *skolom*

175 nG *trya*

176 AM 313 *att*

177 AM 313 *huærss*

178 nG, AKr *mannz licamr*; Jbk *mannz likamr*; AM 313 *mans likamir*

179 AKr *sem*

180 nG *j*; AM 313 *y*

181 fehlt in nG

182 BL, AM 313 *komen*; Js *komenn*; Jbk, AKr *kominn*; nG *kömr*

183 BL *hæimin*; nG *hæimmen*; Js *heimenn*; AM 313 *hæimen*; AM 313 Umstellung: *er y hæimen er komen*

184 nG *æda*; AM 313 *adera*; Jbk *eþa*

185 nG *komma*; AKr *coma*

186 nG, AKr, Js, Jbk *kann*

187 AM 313, nG *till*

188 nG *daghs*

189 BL *scal*; AM 313, nG *skall*

190 AM 313 *ta*; AKr Umstellung: *þa skal*; BL Umstellung: *þa scal*

191 BL *up*; nG *ypp*; AM 313 *wp*

192 nG *rissa*; AM 313 *rijsa*

193 AM 313 *et*; BL, Js, AKr *oc*

194 BL, nG, AKr, Jbk *þaðan*; AM 313 *taderan*

195 AM 313 *aff*

196 BL, AM 313, Jbk *skulu*; nG, Js *skalo*; AKr *scolv*

197 BL, Js *þæir*; AM 313 *tæir*

198 nG *ær*; AKr, Jbk *sem*

199 AM 313 *gærdero*; BL *gerðo*; AKr, Js *gera*; in nG, AKr, Js fehlt *oc eigi iðraðuzt með ifirbot þessa heims*; nG: *ær illa gerdu i þæssom hæimmi hafa endalaussan ofagnad* . . .; AKr: *sem illa gera þessa heimms hafa endalœsan vfagnað* . . .; Js: *er illa gera þessa heims hava endalausan ufagnat* . . .

200 AM 313 *et*, Jbk *ok*

201 BL, AM 313 *æigi*

202 BL *iðraze*; AM 313 *iderast*; Jbk *iþruðuz*

203 AM 313 *meder*

204 BL *ivirbot*; AM 313 *iffirbott*; Jbk *yfirbot*

205 AM 313 *tæssa*

206 AM 313, BL *hæims*

207 AM 313 *haffa*

208 BL *ufagnað*; Jbk *ufagnat*; AM 313 *offagnader*

209 AM 313 *meder*

210 BL *dioflinum*; nG *dioflum*; AKr *dioflinom*; Js *dioflenom*; AM 313 *diofflinum*

211 Jbk *ok*; AM 313 *et*

212 AM 313 *hanns*

213 BL *ærendrekom*; Jbk *erendrekum*; AKr, Js, nG *englom*; AM 313 *ærender-seckum*

214 nG *j*

215 Js *helvite*; AKr *helviti*; Jbk *heluiti*; nG *hælvitti* und Umstellung: *j hælvitti ok hans englom*; AM 313 *hælffiti* und Umstellung: *i hælffiti et hanns ærenderseckum*

216 nG, Jbk *enn*

217 BL, nG, Js *þæir*; AM 313 *tæir*

218 nG *er*

219 BL *got*

220 nG *hafva*; Js *hava*; AM 313 *haffua*

221 AKr, Jbk *gert*; AM 313 *gortt*

222 AM 313 *thæssa*

heims[223] *skolu*[224] *þa*[225] *fa*[226] *oc*[227] *hafa*[228] *eilifan*[229] *fagnað*[230] *með*[231] *guði*[232] *oc*[233] *hans*[234] *hælgum*[235] *i*[236] *himiriki*[237] [238].

Wenn wir uns rückschauend den ganzen Text mit seinen Abweichungen, von denen wie gesagt nur die Abweichungen in den dem *Druck in NgL* zugrundegelegten Handschriften, nicht aber auch die in den verschiedenen Handschriften der einzelnen Gesetze untereinander[239], berücksichtigt sind, vergegenwärtigen, so müssen wir feststellen, daß die Abweichungen bis auf ein paar Ausnahmen ganz geringer Natur sind. In der Regel handelt es sich nur um Abweichungen in der Schreibweise, die sich sehr leicht aus der Person des Schreibers, der Zeit und dem Ort der Abschrift erklären lassen. So zeichnen sich AKr, Js und Jbk unter anderem vor allem durch die Vermeidung des Umlauts æ aus (z.B. *hælgazt* – *helgaz*), und AM 313 läßt schon allein von der Schreibweise her erkennen, daß diese Handschrift jüngeren Datums ist als die anderen (z.B. *aff* für *af*, *et* für *oc*, Angleichung von *þ* und *ð*).

Aber auch die Abweichungen, die etwas erheblicherer Natur sind, bedingen praktisch keinen Unterschied in den einzelnen Bekenntnissen. Teils handelt es

223 BL, AM 313, nG *hæims*

224 nG *skolo*; BL, AKr, Jbk *skulu*; Js *skulo*; AM 313 *skullu*

225 AM 313 *ta*; fehlt in nG

226 fehlt in AM 313; *fa oc* fehlt in AKr; *þa fa oc* fehlt in BL

227 AM 313 *et*; nG, Jbk *ok*

228 AM 313 *haffa*; Js *hava*

229 BL *æilifan*; nG *æilifann*; Js *eilivan*

230 AM 313 *fagnader*; Jbk *fagnat*

231 AM 313 *meder*

232 AM 313 *guderi*; Js *guðe*

233 Jbk *ok*; AM 313 *et*; nG *ok*, danach eingefügt *ollum*

234 fehlt in AKr, dafür eingefügt *avllvm*; fehlt in Js, dafür eingefügt *ollom*; fehlt in AM 313, dafür eingefügt *ollum guðs*

235 BL *hællgum*; Jbk *helgum*; Js *helgom*; AKr *helgvm*; BL, nG danach eingefügt *mannum*; Jbk eingefügt *monnum*

236 nG *j*

237 AM 313 *himrikj*; nG *himna riki*, danach angefügt *vttan ænda*; AKr, Js, Jbk *himinriki*

238 deutsche Übersetzung oben S. 1 und 2

239 Diese Abweichungen bewegen sich im gleichen Rahmen wie die zitierten Abweichungen. Festzustellen ist, daß einzelne Handschriften eines Gesetzes in diesem Punkt durchaus eher den Handschriften eines anderen Gesetzes gleichen als den anderen Handschriften desselben Gesetzes.
In einigen sind Zusätze enthalten, die ganz offensichtlich aus späterer Zeit stammen, ein Umstand, auf den bereits Maurer, Glaubensbekenntnis, S. 559, Anm. 4 aufmerksam macht.

sich um verschiedene Ausdrücke, die völlig synonym gebraucht werden[240], teils handelt es sich um Zusätze, die lediglich ausschmückender oder erläuternder Natur sind, ohne den Wesensgehalt der Aussage zu ändern[241]. Man kann also sagen, daß es sich um nahezu völlig gleichlautende Bekenntnisse handelt, die *eines* Ursprungs sein müssen. Wir können daher ohne Bedenken von *dem* Bekenntnis bei Magnus Lagabøter sprechen; daß wir dabei das Bekenntnis im Landrecht als Ausgangspunkt gewählt haben, beruht auf der besonderen Bedeutung dieses Gesetzes.

2. Unterscheidung zwischen *Symbolum, regula fidei* und *expositio*

Gemeinhin unterscheidet man bei der Darlegung des christlichen Glaubens die Formen des *Symbolum*, der *regula fidei* und der *expostio*[1]. Während man unter *Symbolum* im engeren Sinn ein Taufbekenntnis versteht, welches nach einer verhältnismäßig frühen textlichen Festlegung in seiner Form äußerst konstant blieb, ist die *regula fidei* „eine kurze Zusammenfassung des christlichen Glaubens und Werkzeug der Verkündigung", die trotz einzelner feststehender Wendungen eine gewisse Variationsmöglichkeit, je nach den Bedürfnissen der Zeit, zuläßt[2]. Eine noch freiere Form kurzer Darlegung christlichen Glaubens ist schließlich die *expositio fidei*[3], wobei sich diese eng an die Artikelfolge des Symbolum anschließt, „indem sie die Sätze als Ganzes oder einzelne Begriffe inhaltlich erklärt oder erläutert"[4].

Nach dieser Unterscheidung trägt unser Bekenntnis wenigstens der Form nach den Charakter einer *regula fidei*. Wenn wir dennoch im Verlaufe unserer Untersuchung für den vorliegenden Text den Terminus „Glaubensbekenntnis" oder „Symbol" und nicht „Glaubensregel" gebrauchen, so entbehrt das meines Erachtens nicht einer gewissen Berechtigung, denn mit Augustin läßt sich das Verhältnis von Glaubensbekenntnis und Glaubensregel kurz und prägnant mit dem Satz erklären: *Symbolum est breviter complexa regula fidei*[5], wenn auch diese beiden Begriffe trotz ihrer engen Beziehung nicht ganz identisch sind[6].

---

240 *dioflinum* für *fiandanum; englom* für *örendrækum; helga þorsdag* für *upstighningar dag*

241 z.B. *i sinum mandome iskaddum sinum guðdome*, welches in AKr, Js und nG fehlt; *rett skriptudum monnum ok rettruandum með skirn* in AKr; *oc eigi iðraðuzt*, welches in AKr, Js und nG fehlt; oder die Beifügung in nG am Ende *vttan ænda*.

1 Vgl. hierzu Barbian S. 7–12 und v.a. Eichenseer S. 9–48 und 108–124

2 Barbian S. 9

3 Barbian S. 11

4 Barbian a.a.O.

5 Sermo Guelferbytanus 1, 2 (Morin 442, 27)

6 Vgl. hierzu besonders Eichenseer S. 118

3. Texte von R, T und C

Wenn nun im folgenden die Texte dreier Grundsymbole der Kirche wiedergegeben werden, so geschieht dies, um eine bessere Fixierung unseres Bekenntnisses zu ermöglichen. Es soll festgestellt werden, welcher Form unser Bekenntnis am nächsten kommt. Die Vergleichssymbole sind: das *Symbolum Apostolicum* in der Gestalt des *Symbolum Romanum (R)* und des *textus receptus (T)* als Muttersymbol der römischen Kirche und das sogenannte *Nizäno–Konstantinopolitanische Symbol (C)* als das bedeutendste ökumenische Symbol[1].

a) Das Symbolum Romanum[2]

Credo in Deum patrem omnipotentem.
Et in Christo Jesu, filium ejus unicum,
Dominum nostrum,
Qui natus est de Spiritu Sancto et Maria virgine,
Qui sub Pontio Pilato crucifixus est et sepultus,
Tertia die resurrexit a mortuis,
Ascendit in coelis,
Sedet ad dextera Patris:

---

1 Auf andere Symbole wird bei der Besprechung der einzelnen Glaubensaussagen gesondert eingegangen werden. Hier geht es vorderhand um die Abhängigkeit unseres Bekenntnisses von einem dieser drei Grundsymbole. Es liegt auf der Hand, daß – bedingt durch die Missionsgeschichte Norwegens – die Grundsymbole der *römischen* Kirche herangezogen wurden, denen C als ökumenisches und ursprüngliches Symbol der östlichen Kirche gegenübergestellt wurde. Der Abdruck von C rechtfertigt sich zusätzlich dadurch, daß auch C in der römischen Kirche als Taufbekenntnis gedient hat, und zwar als Ablösung von R (etwa 5./6. Jh.), bis es wiederum von T abgelöst wurde. Die Aufnahme von T als Taufbekenntnis in Rom ist zum ersten Mal im *Ordo romanus antiquus* aus dem 10. Jahrhundert bezeugt.

2 Der Text folgt dem *Codex Laudianus* 35, da, wie Kattenbusch I S. 75 nachgewiesen hat, dieser Text neben dem griechischen Text des sog. *Psalterium Aethelstani* am korrektesten den originalen Wortlaut von R wiedergibt. Der so häufig benutzte Text des Rufinus gilt zwar auch als sicheres Zeugnis, da aber Rufinus in seiner Besprechung des *Symbolum Aquilejense* nur auf die Unterschiede zu der in Rom gebräuchlichen Formel eingeht, stellt seine Beschreibung nur ein indirektes Zeugnis von R dar.
Über R siehe v.a. die heute noch unübertroffenen Arbeiten von Caspari (passim) und Kattenbusch (I S. 55 ff. und passim, II S. 471 ff. (Auslegung) und passim). Aus neuerer Zeit sei insbesondere Kelly S. 100 ff. erwähnt. Der Text findet sich u.a. bei Kattenbusch I S. 64, Hahn § 20, S. 25, D 12, S. 21, Caspari III S. 161 (unter Beibehaltung der sprachlichen Eigenheiten und der äußeren Gestalt), Trillhaas S. 28. Die Wiedergabe im Text folgt der von Kattenbusch mitgeteilten Form.
Zur Symbolliteratur allgemein vgl. die Bibliographie für die Zeit 1866–1932 von H. Leclercq in Dictionnaire d'Archéologie Chrétienne et de Liturgie, T. 15ème, 2ème partie, Sp. 1776–78 (Paris 1953) und die kritische Übersicht bei Ghellinck, Les recherches sur les origines du Symbole des Apôtres.

Unde venturus est judicare vivos et mortuos;
Et in Spiritu Sancto
Sancta ecclesia
Remissione peccatorum.
Carnis resurrectionis.

b) Der textus receptus[3]

Credo in Deum patrem omnipotentem, creatorum coeli et terrae. Et in Jesum Christum, Fillium ejus unicum, dominum nostrum. Qui conceptus est de spiritu sancto, natus ex Maria virgine, passus sub Pontio Pilato, crucifixus, mortuus et sepultus, descendit ad inferna, tertia die resurrexit a mortuis, ascendit ad coelos, sedet ad dexteram Dei patris omnipotentis: inde venturus est judicare vivos et mortuos. Credo in Spiritum Sanctum, Sanctam ecclesiam catholicam, sanctorum communionem, remissionem peccatorum, carnis resurrectionem et vitam aeternam.

c) Das sog. Nizäno-Konstantinopolitanische Symbol[4]

Credimus in unum Deum Patrem omnipotentem, factorem coeli et terrae, visibilium omnium et invisibilium. Et in unum Dominum Jesum Christum,

3 Vgl. hierüber Caspari (passim), Kattenbusch (I S. 189 ff. und II passim), Kelly S. 368 ff. Zur Auslegung: Kattenbusch II passim und Trillhaas passim. Text bei Kattenbusch II S. 761, Trillhaas S. 28, Hahn § 25, S. 30, D 30, S. 28. Kattenbusch stützt sich bei der Fixierung des Wortlauts auf den *Ordo Romanus antiquus de divinis catholicae ecclesiae officiis et ministeriis per totius anni circulum* (ed. M. Hittorp, *De divinis catholicae Ecclesiae officiis ac ministeriis*, Colon. 1568, p. 73; abgedruckt auch in *Maxima bibliotheca veterum patrum et antiquorum scriptorum ecclesiasticorum*, Tom. XIII, Lugduni 1677, p. 696) und den Text des lutherischen Konkordienbuches, der demjenigen im *Ordo Romanus antiquus* vollkommen entspricht. Hahn stützt sich ebenfalls auf den *Ordo Romanus antiquus.* Denzinger-Schönmetzer bringen einen *textus collatus* aus *Ordo Romanus antiquus*, den pseudo-augustinischen Reden (Ps.-Augustinus: *Sermones 240–242 de symbolo*, ed. PL 39, 2188 ff. abgedruckt auch bei Hahn § 42, S. 50–52), dem *Psalterium „papae Gregorii" latino-graecum* (im Codex des Corpus Christi College zu Cambridge Nr. 468, abgedruckt bei Caspari III, S. 11 und Hahn § 24, S. 29, letzterer mit genauen Angaben über Erstpublizierungen, a.a.O. Anm. 20), dem *Catechismus Romanus* (nach Angabe in D *„1564 iussu Conc. Tridentini exaratus, 1566 in lucem editus"*) und dem *Breviarium Romanum („1568 editum ‚ad tolendam orandi varietatem'")*, wobei die einzelnen Abweichungen jeweils in Klammern angegeben werden. Trillhaas gibt als Quelle lediglich die „Bekenntnisschriften der ev. luth. Kirche, hsgg. v. Deutschen Evangelischen Kirchenausschuß. Göttingen 1930, 1. Bd. S. 21" an.
Der Text folgt wiederum nach Kattenbusch.

4 Vgl. hierüber Caspari I und II passim, Kattenbusch I und II passim, Kelly S. 296 ff. Text u.a. bei Hahn §§ 144, 145, S. 162–166, D 150, S. 66, 67, Trillhaas S. 30.
Im Text wird der lateinischen Übersetzung des Dionysius Exiguus, *Canones Concilii Constantinop. ex interpr. Dionysii Exig.* bei Mansi T. III, p. 567 sq., wie sie in Hahn § 145, S. 165 abgedruckt ist, gefolgt.

Filium Dei, natum ex Patre ante omnia saecula, Deum verum de Deo vero, natum non factum, consubstantialem Patri, per quem omnia facta sunt, qui propter nos homines et salutem nostram descendit de coelis, et incarnatus est de Spiritu sancto ex Maria virgine, et humanatus est, et crucifixus est pro nobis sub Pontio Pilato, et sepultus est, et resurrexit tertia die, ascendit in coelum, sedet ad dexteram Patris, iterum venturus cum gloria judicare vivos et mortuos: cujus regni non erit finis. Et in Spiritum sanctum, Dominum et vivificantem, ex Patre procedentem, cum Patre et Filio adorandum et conglorificandum, qui locutus est per sanctos prophetas. Et unam, sanctam, catholicam et apostolicam ecclesiam. Confitemur unum baptisma in remissionem peccatorum. Exspectamus resurrectionem mortuorum et vitam futuri saeculi. Amen.

4. Gegenüberstellung zu T; Entwicklung von T

Stellt man nun unser Glaubensbekenntnis diesen offiziellen kirchlichen Texten gegenüber, so müssen wir trotz der recht umfangreichen Zusätze eine deutliche Verwandtschaft zu T, dem jüngeren und eigentlichen *Symbolum Apostolicum* feststellen. Einige Worte über dessen Entwicklung sind daher angebracht.

Der Titel „*Symbolum Apostolicum*" kommt erstmals bei Ambrosius vor (Ep. 42, 5; PL 16, 1174)[1] und ging auf die Meinung zurück, daß das Glaubensbekenntnis von den zwölf Jüngern Jesu vor ihrem Weggang aus Jerusalem verfaßt worden sei. Diese fromme Legende, nach der jeder der Apostel einen Satz zu dem Bekenntnis verfaßt haben soll, ist zwar nie Allgemeingut der Kirche geworden[2], hat jedoch besonders im Mittelalter weite Verbreitung gefunden und war damals herrschende Ansicht des Klerus. Zum ersten Mal hat wohl Lorenzo Valla[3] in der ersten Hälfte des 15. Jahrhunderts diese Meinung angegriffen. Heute gilt sie als widerlegt. Durch diese Legende wird aber die Tatsache unterstrichen, daß das Apostolikum die wesentlichen Artikel des apostolischen Kerygmas enthält.

In der Symbolforschung wird zwischen der *forma antiquissima*, der *forma vetustior* und der *forma recentior* unterschieden[4], wobei die *forma vetustior* R

---

1 Kelly S. 1 und in LThK I (1957) Sp. 760

2 Barbian S. 139

3 Vgl. zum Streit zwischen Lorenzo Valla und Fra Antonio da Bitonto hinsichtlich der Entstehung des Apostolikums K. Thieme S. 23 ff. und v.a. G. Monrad, Die erste Kontroverse über den Ursprung des Apostolischen Glaubensbekenntnisses. Laurentius Valla und das Konzil zu Florenz. Aus dem Dänischen von A. Michelsen. (1871) Bereits auf dem Konzil zu Ferrara (1438–1445) hatte Markus Eugenikus, der Erzbischof von Ephesus als Vertreter der griechisch-orthodoxen Gesandten erklärt, daß man im *Orient* ein *apostolisches* Glaubensbekenntnis weder in Gebrauch habe noch ein solches überhaupt kenne (Altaner, 6. Aufl. S. 41).

4 Barbian S. 13

und die *forma recentior* T darstellen. Während im apostolischen Zeitalter noch keine allgemein anerkannte Glaubensformel bestand, zeigt das Neue Testament, daß sich der Glaube schon in kurzen Sätzen (z.B. „Jesus ist der Kyrios", „Jesus ist der Christus") oder in halbstereotypen Formeln (z.B. Röm. 1, 13 ff.; 1. Kor. 8, 6; 15, 3 ff.; 2. Kor. 13, 14) fixiert[5]. Diese Entwicklung schreitet bis zum zweiten Jahrhundert rasch voran. Bei den Bekenntnissen dieser Zeit handelt es sich meist um einfache Christusbekenntnisse oder um Bekenntnisse mit einer zwei- oder dreigliedrigen Struktur. Ihren Ursprung haben diese Bekenntnisse wohl in der Taufliturgie, in der eine Erklärung des Glaubens ja verlangt wurde. (Vgl. Apg. 8, 36 ff.; Röm. 10, 9; Tim. 6, 12; Hebr. 4, 14)[6]. Im zweiten Jahrhundert wurden dem Täufling dann im Augenblick der Immersion die *interrogationes fidei* gestellt, drei der Stelle in Matth. 28, 19 nachgebildete Fragen, die die Substanz des Glaubens an den Vater, den Sohn und den heiligen Geist zusammenfaßten[7]. Etwa in der Mitte des zweiten Jahrhunderts ist in die ältere triadische Form der Tauffragen eine ausführliche christologische Aussage eingeschoben worden.

Schon sehr früh scheinen diese Fragen eine feste Gestalt gewonnen zu haben. Im dritten Jahrhundert entwickeln sich dann daraus die Glaubensbekenntnisse. Der Inhalt der *interrogationes fidei* wird nun in Form einer affirmativen Aussage gegeben[8].

In Rom hat sich gemäß dieser Entwicklung „aus dem Reichtum der syrisch-palästinensischen und der Systematik der griechischen Formeln"[9] ein einheitlicher Text gebildet, das *Symbolum Romanum.*

R blieb zumindest bis in das sechste Jahrhundert das römische Taufbekenntnis. Es verbreitete sich über den ganzen Westen und erhielt Zusätze und geringe Abänderungen in den Provinzen[10].

Unter Benutzung solcher Abänderungen hat sich im westgotischen Spanien und in Gallien der *textus receptus*[11], die *forma recentior* des Symbolum herausgebildet. Mit diesem Namen ist bereits die allgemeine Anerkennung und die einheitliche Form des Bekenntnisses innerhalb der westlichen Kirche angedeutet. Unter Otto I., der wie Karl der Große in seinem Reiche auf liturgische

---

5 Kelly in LThK I (1957) Sp. 760

6 Kelly a.a.O. Sp. 761

7 Kelly a.a.O.; vgl. zur Entwicklung der Taufe in früher Zeit: Neunheuser, Taufe und Firmung S. 24 ff.

8 Kelly a.a.O.

9 A. Adam in „Religion in Geschichte und Gegenwart", Bd. I, Sp. 511

10 So ist auch z.B. das *Aquilejense* eine abgeänderte Form. Aus Rufinus' Beschreibung dieses Symbols und der Abweichungen zu dem in Rom gebräuchlichen wird ebenfalls auf die Urform von R geschlossen. (Vgl. oben S. 16, Anm. 2)

11 Bezeichnung als *textus receptus* (T) seit Kattenbusch

Einheitlichkeit drängte, wurde dieser Text in Rom anstelle des dort seit dem sechsten Jahrhundert in Gebrauch gewesenen sog. *Nizäno-Konstantinopolitanums* als Taufsymbol eingeführt[12].

Die ältesten Spuren von T reichen bis in das fünfte Jahrhundert zurück (Nicetas von Remesiana, Cäsarius von Arles)[13]. Der vollständige Wortlaut ist aus früher Zeit jedoch sehr spärlich überliefert. Ein Grund hierfür wird wohl die Arkandisziplin der Kirche sein, nach der das Symbolum am Ende der Taufvorbereitung nur mündlich an die Taufbewerber weitergegeben wurde[14]. Es sollte nicht auf Papier, sondern in das Herz geschrieben werden[15]. Die erste vollständige Überlieferung bietet der *Scarapsus* des heiligen Pirmin[16], des Gründers und ersten Abtes von Reichenau.

T ist in drei Abschnitte aufgebaut, jeder der drei Abschnitte ist einer der drei göttlichen Personen zugeordnet, es handelt sich also um eine trinitarische Gliederung[17]. Die Dreiheit der Personen ist durch den dreimaligen Ansatz *Credo, Et* und *Credo* gekennzeichnet, die Einheit in der Gottheit durch die dreimalige Wiederholung der Präposition *in*[18].

Der Text von T weicht nicht unwesentlich von R ab. Im ersten Abschnitt kommt nach *Deum patrem omnipotentem* die Zufügung *creatorem coeli et terrae*. Im zweiten Abschnitt wird *Christo Jesu* (bzw. nach anderen Zeugnissen *Christum Jesum*) zu *Jesum Christum* umgestellt, aus *qui natus est de Spiritu sancto et Maria virgine* wird *qui conceptus est de spiritu sancto natus ex Maria virgine*. Die Passionsaussage *qui sub Pontio Pilato crucifixus est et sepultus* ist in *passus sub Pontio Pilato, crucifixus, mortuus et sepultus* aufgegliedert. *Passus* und *mortuus* sind also ebenso wie das folgende *descendit ad inferna* neu eingefügt. *Ascendit in coelis* wird zu *ascendit ad coelos*, das relative *unde* wird zum demonstrativen *inde. Ad dextera Patris* wird zu *ad dexteram Dei patris omnipotentis* erweitert.

---

12 Als ältestes Zeugnis über die Annahme in Rom dient der Ordo Romanus antiquus

13 Text bei Kelly S. 175, 179

14 Barbian S. 14

15 Rufinus PL 21, 338; Augustinus PL 40, 627

16 PL 89, 1029 ff. (1034, 1035, 1044); Jecker, Das Leben des hl. Pirmin, S. 34 ff., Kap. 10, 12, 28a (S. 41, 43, 64/65)

Entstehungszeit um 724 (Altaner, 7. Aufl., S. 87); vgl. hierzu auch Jecker S. 87, 88 u. S. 182, 183. Jecker setzt die Entstehungszeit zwischen 718 und 724 an (Jecker S. 183).

17 R war zwar auch in drei Abschnitte gegliedert. Es war jedoch mehr eine triadische als trinitarische Gliederung. In R ist *Deum Patrem* nicht eigentlich als erste Person der Dreifaltigkeit, sondern als Vater aller Dinge gemeint, vgl. Kelly LThK I (1957) Sp. 762

18 nur bei *Deum patrem ..., Jesum Christum ..., Spiritum sanctum* heißt es *in*, nicht aber auch *in sanctam ecclesiam catholicam*!

Vor *in Spiritu Sancto* heißt es nun anstelle von *Et: Credo. Ecclesiam* erhält ein weiteres Epitheton, nämlich *catholicam*. Danach wird *sanctorum communionem* eingefügt.

Zu beachten ist auch der nun durchwegs akkusativische Gebrauch von *Credo in*, während es in R nach dem *Cod. Laud.* heißt: *Credo in Deum patrem omnipotentem*, dann aber: *in Christo Jesu, filium ejus* . . . und wieder: *in Spiritu Sancto, sancta ecclesia* und bei Rufinus: *Credo in Deo patre omnipotente, et in Christo Jesu, unico filio ejus . . . et in Spiritu Sancto, sanctam ecclesiam* . . .[19]

Die genaue Untersuchung unseres Bekenntnisses zeigt, daß dessen Aufbau gleich dem von T ist. Beide Texte seien zu diesem Zweck gegenübergestellt:[20]

Ver skolum trua	*Credo*
a guð faður	*in Deum patrem*
allzualldanda	*omipotentem*
skapara himins oc iarðar.	*creatorem coeli et terrae.*
Ver skolum trua	*Et*
a uarn drottin Jhesum Christum	*in Jesum Christum*
hans einka son	*filium ejus unicum*
	dominum nostrum.
er getin er af krapte	*Qui conceptus est de*
heilags anda	*spiritu sancto,*
oc föddr af Mariu möy	*natus ex Maria virgine,*
pindr vndir Pilaz uallde	*passus sub Pontio Pilato,*
krosfestr döyddr oc grafen	*crucifixus, mortuus et sepultus*
steig niðr til hæluitis	*descendit ad inferna*
at löysa þeðan alla sina uini	
þriðia dag eptir	*tertia die*
er hann uar döyddr	
i sinum mandome oskaddum	
sinum guðdome	
reis hann upp af dauða	*resurrexit a mortuis*
oc var siðan með læresueinum	
sinum xl daga fra paskadegi oc	
til upstighningar dags oc	
steig þa til himna upp	*ascendit ad coelos*
	sedet ad dexteram Dei
	patris omnipotentis

19 Rufin nach D 16, S. 23. Der bei Hahn § 19, S. 24 mitgeteilte Rufintext kennt dagegen ausschließlich den akkusativischen Gebrauch.

20 Von einer lateinischen Übersetzung des norwegischen Bekenntnisses (wie z.B. in der Ausgabe des nG von 1817 enthalten) wurde abgesehen, da hierdurch die Originalität des Bekenntnisses verloren geht.

oc þæðan skal hann koma	*inde venturus est*
a efsta degi þessa heims	
at döma	*judicare*
	vivos et mortuos.
huern eptir sinum uerðleika.	
Ver skolum trua	*Credo*
a hælgan anda	*in Spiritum sanctum*
at hann er sannr guð sem faðir	
oc soner	
oc þær þriar skilningar er	
einn guð.	
	sanctam ecclesiam catholicam, sanctorum communionem
Ver skolum þat allt trua	
er tryr oll kristilæg þioð	
oc allra heilagra manna samband	
oc heilog kirkia hefir samðykt	
aðr með obrigðilægri staðfesto.	
Ver skolum trua	
at syndir firirlatazt	*remissionem peccatorum*
i skirn oc iðran oc skripta	
gang með hollde oc bloðe	
uars herra Jhesu Christi	
er i messonne hælgazt, með böna	
hallde með olmusugerðum	
oc fastum oc með allum	
aðrum goðum lutum er menn	
gera oc hugsa eða mæla.	
Ver skolum trua at huers	
manz likamr er i er komin	
heiminn eða koma kan til	
doma dags	
skal þa upp risa	*carnis resurrectionem*
ok þæðan af skolu þeir er	
illa gerðu oc eigi iðraðuzt	
með ifirbot þessa heims hafa	
endalausan ofagnað með	
fiandanum oc hans	
örendrækum i hæluiti	
en þeir sem gott hafa gort	
þessa heims skolu þa fa oc	
hafa eilifan fagnað með	

guði oc hans hælgum
i himiriki.

et vitam aeternam.

Diese Gegenüberstellung zeigt deutlich, daß die Zusätze, die T von R unterscheiden[21], auch in unser Bekenntnis Eingang gefunden haben. Nach Form und Inhalt ist eine deutliche Verwandtschaft zu T festzustellen. Der erste Artikel und die erste Hälfte des zweiten Artikels sind nahezu identisch. Im zweiten Artikel fehlt lediglich die Glaubensaussage *sedet ad dexterem Dei patris omnipotentis*, die anderen Glaubensaussagen sind alle vorhanden, wenn auch mit Erweiterungen versehen. Der dritte Artikel weicht am stärksten von T ab. Aber auch hier finden wir sämtliche Glaubensaussagen, wie sie in T enthalten sind. Die Glieder *remissionem peccatorum, carnis resurrectionem, et vitam aeternam* sind, wenn auch nicht ausdrücklich, so doch in einer eindeutigen Umschreibung und durch Zusätze angereichert vorhanden. Ebenso sind *sanctam ecclesiam catholicam* und *sanctorum communionem* erwähnt, wenn auch – wie es zunächst scheint – in einem anderen Sinnzusammenhang als in T.

Gerade diese Abweichungen im dritten Artikel dürfen uns nicht zu der Annahme verleiten, hier ein völlig eigenständiges, von T unabhängiges Bekenntnis vor uns zu haben. Die Kirche des Mittelalters kannte sehr viele eigene nationale Bekenntnisse, die recht erheblich von T abweichen, die aber ihre Herkunft von T doch nicht verleugnen können. Und vergessen wir nicht, daß T ursprünglich auch ein nationales Eigensymbol und Tochtersymbol von R war, bevor es das offizielle Symbol der römischen Kirche und damit Muttersymbol für die anderen abendländischen Symbole wurde. Die Abweichungen und vor allem die geradezu katechetische Ausweitung des dritten Artikels, aber auch die verstärkte christologische Aussage des zweiten Artikels können jedenfalls die Verwandtschaft des ganzen Bekenntnisses zu T nicht verdecken.

Eine direkte Verwandtschaft zu der älteren Form R des *Symbolum Apostolicum* besteht hingegen nicht, da unser Bekenntnis bereits alle Zusätze enthält, die T von R unterscheiden. Eine Beziehung läßt sich daher nur indirekt über T herstellen. Ebenso läßt sich keine direkte Verwandtschaft zu C feststellen, dazu sind die einzelnen Glaubensaussagen zu unterschiedlich.

Als erstes Zwischenergebnis können wir somit festhalten, daß unser Bekenntnis in Form, Aufbau und Inhalt T nachgebildet ist. T ist damit auch als Muttersymbol für unser Bekenntnis anzusehen. Bei der weiteren Fixierung können wir uns daher darauf beschränken, die von T *abweichenden* Aussagen zu untersuchen, um so den Standort unseres Bekenntnisses genauer bestimmen zu können.

---

21 oben S. 20, 21

B) Die Aussagen im einzelnen

1. Der erste Artikel

Gleich im ersten Artikel fällt uns auf, daß es statt *credo* oder dem entsprechenden *ec true credamus – ver skolum trua* heißt. Dabei sind zwei Dinge bedeutsam, einmal die Form des Plurals und zum zweiten die imperativische Form „wir *sollen* glauben".

Die Form des Plurals ist an sich nichts Ungewöhnliches, wir finden diese auch in anderen Bekenntnissen.

Wenn gemeinhin die Ansicht vertreten wird, daß das Glaubensbekenntnis in seiner liturgischen Funktion ein Nachweis des Täuflings von seinem Glauben sein sollte, mit dessen Gebet er bezeugen sollte, daß er die Voraussetzung für die Taufe, nämlich den Glauben, hatte und diesen auch kannte, und daher die Form des Singulars und nicht des Plurals gewählt wurde[1], so trifft dies nur einen Aspekt des Glaubensbekenntnisses. Er mag für den Gebrauch des Credo in der heutigen katholischen Kirche zutreffen, wo es außerhalb der Taufe kaum noch in den Ritualien erscheint[2], da in der heiligen Messe meist das nizäno-konstantinopolitanische Glaubensbekenntnis verwendet wird.

Gewiß muß nach dem heutigen Stand der Forschung über das Apostolische Glaubensbekenntnis „dessen Gebrauch bei der Tauffeier selbst als maßgebend gelten für die Bestimmung seines eigentümlichen Wesens und seines eigentümlichen Zweckes"[3]. So hat bereits Tertullian sicher bezeugt, daß das Apostolikum bei der Taufe gebraucht wurde[4], und man kann auch sicher behaupten, daß gerade das apostolische Glaubensbekenntnis zu dem Zweck „fertiggestellt" und verbreitet wurde, um für die Taufe als Glaubensbekenntnis verwendet zu werden[5]. Dennoch muß angemerkt werden, daß auch das Apostolikum bereits sehr früh als Lehrformel und Glaubensregel im kirchlichen Unterricht und zur Abwehr gegen Irrlehren gebraucht worden ist[6]. Dieser Zweck würde eher die Form des Plurals rechtfertigen. Da aber Gebrauch und Verbreitung des Apostolikums in der Taufliturgie entstanden sind, dieses Bekenntnis also ursprünglich hauptsächlich eine Bekenntnisformel des einzelnen Täuflings war, wurde die Form des Singulars gewählt. Der Singular soll also die Verwendung des Bekenntnisses als *Taufbekenntnis* versinnbildlichen.

1 Vgl. statt vieler Winklhofer S. 11

2 Winklhofer a.a.O.

3 Thieme S. 75

4 Nachweis bei Thieme S. 76

5 Thieme a.a.O. vgl. auch oben S. 19 ff.

6 Thieme a.a.O.

Zwangsläufig ist diese Folgerung allerdings nicht. Denn wir wissen gerade aus der mittelalterlichen Kirche, daß bei mehreren Täuflingen diese *gemeinsam*, meistens zusammen mit ihren Taufpaten, ihren Glauben bekannten. Bei dieser Art der Taufe wäre es durchaus denkbar, die Form des Plurals zu wählen. Der Gebrauch des Singulars läßt sich m.E. nur daraus erklären, daß an einer einmal erstarrten, der Flexibilität entbehrenden Formel festgehalten wurde. Nur diese unbewegliche Form des Apostolikums erklärt auch die weite Verbreitung und Geltung desselben. Nun könnte man einwenden, daß jeder Täufling Rechenschaft über *seinen* Glauben abgibt und den Nachweis *seiner* Kenntnis des Glaubensbekenntnisses zu bringen versucht und damit gleichzeitig *seine* Zugehörigkeit zur Kirche kundtut, und daß aus diesem Grund der Gebrauch des Singulars angebracht erscheint. Dem müßte aber entgegengehalten werden, daß mit der Taufe der Täufling in die „Gemeinschaft der Heiligen" aufgenommen wird, und er mit seinem Bekenntnis auch zum Ausdruck bringt, daß er *mit* und *in* dieser Gemeinschaft glaubt. Es ist jedenfalls auffällig, daß die Glaubensbekenntnisse der morgenländischen Kirche, die ihren Ursprung ebenfalls im Taufritual haben, fast durchwegs die Form des *credimus* kennen[7].

Aber nicht nur im Morgenland, auch im Abendland finden wir Formeln, in denen der Plural *credimus* gebraucht wird, so vor allem in der afrikanischen, spanischen und gallischen Kirche[8]. Doch es ist hier nicht der Ort, zu

7 Vgl. die mutmaßliche Urform des morgenländischen Taufsymbols (Hahn § 122, S. 127), die Symbole der palästinensischen Kirche: a) nach Eusebius von Cäsarea (Hahn § 123, S. 131), b) nach Cyrillus von Jerusalem (Hahn § 124, S. 132), c) die beiden Formeln nach Epiphanius (Hahn §§ 125, 126, S. 134–137), d) die dem Athanasius irrtümlich zugeschriebene Formel, die Hahn bei § 127, S. 137 abdruckt, sowie das mutmaßliche Symbol der Kirche zu Laodicäa in Syrien (Hahn § 131, S. 143), das Nestorianische Taufbekenntnis (Hahn § 132, S. 144), die Taufbekenntnisse der armenischen Kirche (Hahn §§ 136–138, S. 151–156), das äthiopische Taufbekenntnis (Hahn § 141, S. 159) u.a.

8 Vgl. das mutmaßliche Symbol des Tertullian (Hahn § 44, S. 54) und die dem Ambrosius zugeschriebene Formel aus der Mitte des 4. Jah. (Hahn § 45, S. 56). Um die enge Beziehung zu den von uns erwähnten abendländischen Symbolen R und T nachzuweisen (jedoch mit *credimus* anstelle von *credo*), sei diese stellvertretend für die anderen hier abgedruckt: *Credimus in Deum Patrem omnipotentem, seaculorum omnium et creaturarum regem et conditorem.* (Dieser Zusatz ist typisch für die afrikanischen Symbole). *Et in Jesum Christum, Filium ejus unicum, Dominum nostrum. Qui natus est de Spiritu sancto et Maria virgine. Qui sub Pontio Pilato crucifixus et sepultus, tertia die resurrexit a mortuis. Ascendit in coelos, sedet ad dexteram dei Patris. Inde venturus judicare vivos et mortuos. Et in Spiritum sanctum. Et sanctam ecclesiam catholicam. Remissionem peccatorum. Carnis resurrectionem.* Weiter seien erwähnt: das Symbol nach Augustinus (das afrikanische, nicht das mailändische; Hahn § 47, S. 58), die Formeln nach Pseudo-Augustinus (Hahn § 48, S. 60) und nach Facundus von Hermiane (Hahn § 51, S. 63); von den Symbolformeln der spanischen Kirche: das Symbol des Priscillian (4. Jh.) (Hahn § 53, S. 64), das

untersuchen, worauf im einzelnen der Gebrauch von Singular und Plural in den Symbolformeln der abendländischen und morgenländischen Kirche zurückgeht[9]

Es mag sein, daß die letzterwähnten Symbole der abendländischen Kirche ursprünglich in erster Linie Bekenntnisformeln einer ganzen Kirche, also Ausdruck des Glaubens dieser Kirche waren und erst später auch das Bekenntnis des einzelnen Täuflings wurden, und daß in der morgenländischen Kirche beim Ritual der Taufe weniger der Nachweis des Glaubens des einzelnen Täuflings (*credo*), sondern der Ausdruck der nunmehrigen Zugehörigkeit zur Kirche (*credimus*) im Vordergrund stand[9a].

Solange jedenfalls Hauptzweck des Glaubensbekenntnisses war, Nachweis des Täuflings für die Kenntnis seines Glaubens zu sein, ist es verständlich, jedoch nicht zwangsläufig, daß die Singularform gebräuchlich war. Es erklärt vor allem nicht den vorübergehenden Gebrauch von C (*Credimus*!) als Taufbekenntnis in Rom. Wenn C auch, wie gleich zu erwähnen sein wird, anders konzipiert als R oder auch T war, so wurde es doch als Taufbekenntnis verwendet und löste zu diesem Zweck R ab! Es mußte daher zumindest in Rom auch die Bedeutung von R übernehmen.

Doch es existieren auch Glaubensbekenntnisse, die, wie bereits angedeutet, in

---

nach Beatus von Libana (8. Jh.) (Hahn § 57, S. 67), welches sich ausdrücklich auf die apostolische Wurzel beruft: *Haec est fides apostolica, quam in toto mundo tenet ecclesia a Sole Christo et a duodecim horarum apostolorum numero inluminata*; von den Symbolformeln der gallischen Kirche: das mutmaßliche Symbol des Phoebadius von Aginnum (4. Jh.) (Hahn § 59, S. 69).

9 Eichenseer S. 162, 163 führt zu dem Unterschied von *credo* und *credimus* aus: „Der Ausdruck ‚credo' . . . bildet kein selbständiges Glied des Symbolums, aber es verleiht allen seinen Teilen eine grundlegende persönliche Färbung, indem darin die subjektive Stellungnahme derer, die das Symbolum zu ihrem Bekenntnis machen, gegenüber dem gesamten objektiven Heilsinhalt zum Ausdruck kommt und inbegriffen ist. . . . Durch die Verbalform ‚credo' wird . . . ausgesagt, daß es sich um das gemeinsame verbindliche Glaubensgut handelt, dem der einzelne öffentlich zustimmt, indem er sich zu ihm bekennt. Die Pluralform ‚credimus' (πιστεύομεν) ist späteren Datums und setzt eine andere liturgische Verwendung voraus, die östlichen Ursprungs ist und inmitteln häretischer Wirren ein feierliches Gemeinschaftsbekenntnis darstellt, während das Symbolum Apostolicum das Bekenntnis des einzelnen, seinen zur Taufe notwendigen Glauben umfaßt."
Ich frage mich nur, ob das tatäschlich eine Erklärung oder nicht bloß eine nachträgliche Interpretation ist. Vor allem erklärt es nicht die Verwendung von *credimus* in westlichen Symbolen, die doch auch das *Apostolikum* darstellen und als *Taufbekenntnisse* verwendet worden sind.

9a Beachte in diesem Zusammenhang auch die Auffassung über die Taufe, wie sie Bonaventura lehrt: nach ihm ist die Taufe nicht als Sakrament des *einzelnen Menschen* zu verstehen, sondern als Sakrament der *Kirche*, und infolgedessen gewinnt sie ihre Wirksamkeit vom Glauben der Kirche, daher stehe die *Fides Ecclesiae* im Vordergrund (vgl. Neunheuser, Taufe und Firmung S. 90)

erster Linie Bekenntnisformeln einer Mehrheit, z.B. einer Kirche oder eines Konzils sind. Hier steht nicht der Gebrauch während der Tauffeier im Vordergrund, sondern das Bekenntnis der Zugehörigkeit zu einer größeren Einheit oder zur Abwehr gegen neu aufkommende Glaubensrichtungen, also Zwecke, die gerade für das Apostolikum von untergeordneter Bedeutung waren. In diesen Fällen bedarf es nicht unbedingt der Form des *credo*, sondern es bietet sich, dem Zweck entsprechend, eher die Form des *credimus* an. Denken wir nur an die ökumenischen Symbole oder an die Symbole der Konzilien des Mittelalters! Der Zweck der Symbole war ein anderer geworden: Bei ihnen ging es darum, bindend die Glaubensregeln der Kirche festzusetzen, wobei der Inhalt vom jeweiligen Ziel bestimmt war: die Abwehr abweichender Lehren[10]. In moderner Terminologie ausgedrückt, könnte man von einem verbindlichen *„Grundsatzprogramm"* der Kirche sprechen.

Das erste dieser neuen Symbole war das Nizänische[11], angenommen auf dem Nizänischen Konzil von 325. Die Reihe setzt sich fort mit dem sog. nizäno-konstantinopolitanischen Symbol[12] (C), dem Chalcedonischen Symbol[13], den Anathematismen des V. Ökumenischen Konzils von Konstantinopel

---

10 Kelly S. 207: „In the new type of creed the motive of testing orthodoxy was primary: the creeds were deliberately framed with this object in view. . . . The creed of Nicaea was the first . . . which would claim universal authority in a legal sense. Its anathemas excommunicating in the name of the Catholic Church, those who dissented from its definitions sounded a new note in the history of the Church as an institution."
Vgl. hierzu besonders die Schlußformel im nizänischen Bekenntnis (Anm. 11 a.E.).

11 Hahn § 142, S. 160; D 125, S. 52.
Lateinische Übersetzung nach Hilarius von Pictavium (Poitiers) (Hahn § 143, S. 162): *Credimus in unum Deum Patrem omnipotentem, omnium visibilium et invisibilium factorem. Et in unum Dominum nostrum Jesum Christum Filium Dei, natum ex Patre unigenitum, hoc est, de substantia Patris, Deum ex Deo, lumen ex lumine, Deum verum de Deo vero, natum non factum, unius substantiae cum Patre, quod Graece dicunt homousion, per quem omnia facta sunt, quae in coelo et in terra, qui propter nostram salutem descendit, incarnatus est et homo factus est et passus est, et resurrexit tertia die et ascendit in coelos, venturus judicare vivos et mortuos. Et in Spiritum sanctum. Eos autem, qui dicunt: erat, quando non erat, et antequam nasceretur, non erat, et quod de non exstantibus factus est, vel ex alia substantia aut essentia, dicentes convertibilem et demutabilem Deum, hos anathematizat catholica ecclesia.*

12 Hahn § 144 S. 162 und die Nachweise oben im Text S. 17 Anm. 4.
Die Grundlage für C bildet aller Wahrscheinlichkeit nach das Symbol aus dem *Ancoratus* des Epiphanius (Hahn S. 163, Anm. 17). Etwa um 500 war es im Orient dem Nizänum ebenbürtig, und bald darauf wurde es zum allgemeinen Taufsymbol erhoben. Mit dem Konzil von 381 scheint es erst in der Mitte des fünften Jahrhunderts in Verbindung gebracht worden zu sein.

13 Hahn § 146, S. 166; D 300–306, S. 106 ff.

im Jahre 553[14], dem Symbol des VI. Ökumentischen Konzils von Konstantinopel im Jahre 681[15] und dem Symbolum Quicumque oder dem sog. Athanasianischen Symbol[16].

In diesem Zusammenhang müssen auch die Symbole von Partikularsynoden erwähnt werden, die ebenfalls dem durch das Nizänum eingeleiteten Typus des Glaubensbekenntnisses entsprechen und daher meist in der Form des Plurals gehalten sind[17].

Weiter sei auch auf das Bekenntnis des Kaisers Michael Paläologus hingewiesen, welches er auf dem 2. Konzil zu Lyon (dem 14. Ökumenischen Konzil) von 1274 in der 4. *sessio* am 6. Juli 1274 in einem Brief an Papst Gregor X. niederlegte und damit das kirchliche Schisma beendete[18].

---

14 Hahn § 148, S. 168; D 421–438, S. 145 ff.

15 Hahn § 149, S. 172; D 350 ff., S. 184 ff.

16 Hahn § 150, S. 174; D 75–76, S. 40 ff.

17 Aus der Vielzahl dieser Symbole (bei Hahn §§ 151 ff., S. 178 ff. sind allein 35 abgedruckt!) seien erwähnt: die Formel der Synode von Philippopolis im Jahre 343 (Hahn § 158, S. 190: *Credimus in unum deum Patrem omnipotentem . . .*), die Formel der im Jahre 359 zu Arimium versammelten orthodoxen Bischöfe (Hahn § 166, S. 208: *Credimus in unum verum Deum Patrem omnipotentem*), das 1. Toletanum (um 400) (Hahn § 168, S. 209; D 188 ff. S. 75: *Credimus in unum verum Deum, Patrem et Filium et Spiritum Sanctum . . .*), von den Glaubensbekenntnissen des 3. Konzils von Toledo im Jahre 589 das Bekenntnis des Königes Reccared (Hahn § 172, S. 232; D 470, S. 160: *De trinitate divina:* Confitemur esse Patrem*), das 4. Toletanum (633) (D 485, S. 165:* Secundum divinas scripturas et doctrinam, quam a sanctis Patribus accepimus, Patrem et Filium et *Spiritum Sanctum unius deitatis atque substantiae confitemur*), das 11. Toletanum (Hahn § 182, S. 242 ff.; D 490 ff., S. 168, 169: *Credimus et confitemur . . .*), das Glaubensbekenntnis der Synode von Mailand im Jahre 680 (Hahn § 183, S. 148 ff.: *Profitemur nos credere indivisibilem trinitatem . . .*), die Symbolformel aus der *Ep. dogm. synodalis „Omnium bonorum spes" ad imperatores*, 27. 3. 680 (*Concilium Romanum*) (Hahn § 184, S. 250 ff.; D 546–548, S. 182 ff.: *De trinitate divina: Credentes in deum Patrem . . . et in Filium ejus . . . et in Spiritum Sanctum . . . . De verbo Dei incarnato: Confitemur autem unum eiusdem sanctae coessentialis Trinitatis . . .*), das 16. Toletanum (693) (D 568–575, S. 192 ff.: *De trinitate divina: Credimus et confitemur*) und die Formel des 4. Laterankonzils vom Jahre 1215 (12. Ökumenisches Konzil), die auch den Anfang des *Liber Extra* bildet (D 800–802, S. 259 ff.: *Cap. 1 De fide catholica. Definitio contra Albigenses et Catharos: Firmiter credimus et simpliciter confitemur, quod unus solus est verus Deus, aeternus, immensus et incommutabilis, incomprehensibilis, omnipotens et ineffabilis, Pater et Filius et Spiritus Sanctus . . .*).

18 D 851–861, S. 275 ff.; abgedruckt auch bei Hefele, 2. Aufl., VI, S. 139 Anm. 1.
Da wir an anderer Stelle noch ausführlicher auf dieses Bekenntnis zurückkommen werden, drucken wir es hier mit ab (*Professio generalis* und Beginn der *additio specialis contra errores Orientalium*):
Professio generalis:

Credimus sanctam Trinitatem, Patrem et Filium et Spiritum Sanctum, unum Deum omnipotentem totamque in Trinitate deitatem, coessentialem et consubstantialem, coaeternam et coomnipotentem, unius voluntatis, potestatis et maiestatis, creatorem omnium creaturarum, a quo omnia, in quo omnia, per quem omnia, quae sunt in caelo et in terra, visibilia, invisibilia, corporalia et spiritualia.
Credimus singulam quamque in Trinitate personam unum verum Deum, plenum et perfectum.
Credimus ipsum Filium Dei, Verbum Dei, aeternaliter natum de Patre, consubstantialem coomnipotentem et aequalem per omnia Patri in divinitate, temporaliter natum de Spiritu Sancto et Maria semper virgine, cum anima rationali; duas habentem nativitates, unam ex Patre nativitatem aeternam, alteram ex matre temporalem: Deum verum et hominem verum, proprium in utraque natura atque perfectum, non adoptivum, nec phantasticum, sed unum et unicum Filium Dei, in duabus et ex duabus naturis, divina scilicet humana, in unius personae singularitate, impassibilem et immortalem divinitate, sed in humanitate pro nobis et salute nostra passum vera carnis passione, mortuum et sepultum, et descendisse ad inferos, ac tertia die resurrexisse a mortuis vera carnis resurrectione, die quadragesima post resurrectionem cum carne, qua resurrexit, et anima ascendisse in caelum et sedere ad dextram Dei Patris, inde venturum iudicare vivos et mortuos, et redditurum unicuique secundum opera sua, sive bona fuerint sive mala.
Credimus et Spiritum Sanctum, plenum et perfectum verumque Deum ex Patre Filioque procedentem, coaequalem et consubstantialem et coomnipotentem et coaeternum per omnia Patri et Filio. Credimus hanc sanctam Trinitatem non tres Deos, sed unicum Deum omnipotentem, aeternum et invisibilem et incommutabilem.
Credimus sanctam catholicam et apostolicam unam esse veram Ecclesiam, in qua unum datur sanctum baptisma et vera omnium remissio peccatorum. Credimus etiam veram resurrectionem huius carnis, quam nunc gestamus, et vitam aeternam. Credimus etiam Novi et Veteris Testamenti, Legis, ac Prophetarum et Apostolorum, unum esse auctorem Deum ac Dominum omnipotentem.
Additio specialis contra errores Orientalium:
Haec est vera fides catholica, et hanc in supradictis articulis tenet et praedicat sacrosancta Romana Ecclesia. Sed propter diversos errores a quibusdam ex ignorantia et ab aliis ex malitia introductos, dicit et praedicat:
Eos, qui post baptismum in peccata labuntur, non rebaptizandos, sed per veram Paenitentiam suorum consequi veniam peccatorum. ...

Dieses Symbol wurde Kaiser Michael Paläologus von Rom zugesandt, und er wiederholte es in seinem Brief an Gregor X. Diesen Brief ließ Gregor am 6. Juli 1274 verlesen. Der Kaiser erklärt in seinem Symbol also, daß er die wahre, heilige, katholische und orthodoxe Lehre anerkenne und „mit Herz und Mund ihr beistimme, weil die heilige römische Kirche sie verkünde" (Hefele a.a.O. S. 139, 140). Der Kaiser versprach, dieser Lehre anzuhängen und erkannte den Primat der römischen Kirche ausdrücklich an. Er bat jedoch, daß die griechische Kirche ihr Symbol behalten dürfe, welches sie schon vor der Entstehung des Schismas hatte, ebenso die alten, bereits vor dem Schisma üblichen Riten, soweit dies mit den Lehren der römischen Kirche in Einklang zu bringen sei.

Papst Gregor ließ noch zwei weitere Briefe verlesen. Das Schreiben des griechischen Kronprinzen Andronikus hatte einen ähnlichen Inhalt wie der Brief des Kaisers (Hefele S. 140 unter Berufung auf Raynald, 1274, 14), und in dem dritten Brief versicherten die Erzbischöfe von Ephesus, Heraklea in Thrazien, Chalcedon, Tyana, Ikonium, Naupaktus, Heraklea in Pontus, Caria, Beröa, Athen usf. den Eintritt in die „Einheit der Kirche" (Hefele S. 141).

Schließlich seien noch die Privatsymbole verschiedener Bischöfe und Kirchenväter erwähnt, wie sie bei Hahn §§ 185 ff. (S. 253 ff.) abgedruckt sind. In diesen Bekenntnissen halten sich die Formen *credo* und *credimus* ungefähr die Waage.

Wir haben also gesehen, daß der Gebrauch des Plurals in Glaubensbekenntnissen durchaus nicht ungewöhnlich ist. Unser Bekenntnis nimmt demnach in dieser Beziehung keinen gesonderten Platz in der Symboltradition ein. Wir haben aber auch gesehen, daß die Form Singular oder Plural in hohem Maße davon abhängig ist, welchem Typus ein Bekenntnis angehört. Wir wollen die beiden Grundtypen, die sich nach den obigen Darlegungen unterscheiden lassen, als *Taufsymbole* bzw. *Bekenntnissymbole*[19] bezeichnen, wobei beim Taufsymbol im allgemeinen der Gebrauch des Singulars und beim Bekenntnissymbol der Gebrauch des Plurals überwiegt. Dabei dürfen wir aber nicht vergessen, daß auch das reine Taufsymbol eine Bekenntnisformel, nämlich des Täuflings (und später evtl. auch einer ganzen Kirche) ist, und daß auch ein großer Teil der Bekenntnissymbole als Taufsymbole verwendet wurde, wenn auch die Grundkonzeption ursprünglich eine andere gewesen sein mag, als das beim reinen Taufsymbol, wie dem Apostolikum, der Fall war. Darüberhinaus haben wir aber auch reine Taufsymbole kennengelernt, die in der Form des Plurals gehalten sind.

Auf unser Bekenntnis angewandt bedeutet das, daß wir es sowohl mit einem Taufsymbol als auch mit einem Bekenntnissymbol zu tun haben können. Für die Klassifizierung als Taufsymbol spricht die enge Beziehung zu T, welches ja als Taufsymbol gebraucht wurde. Die Form des Plurals stünde dem dann nicht entgegen, wie oben gezeigt wurde. Für die Klassifizierung als Bekenntnissymbol spräche einerseits die gerade diesem Typus eigene Form des Plurals, andererseits aber auch die ebenso typische Ausweitung des Bekenntnisses. Wollen wir also den Gebrauch des Plurals in unserem Bekenntnis letztlich klären, so bedarf es hierzu der Entscheidung, welchem Typus dieses Symbol angehört. Dies ist aber nur dann möglich, wenn wir die einzelnen Zusätze näher kennengelernt und bestimmt haben, was mit ihnen ausgedrückt werden soll. Außerdem ist der geeignetste Ort hierfür die Untersuchung der Gründe, die zu der Aufnahme in das Gesetz geführt haben, denn auch für die Aufnahme wird die Art dieses Bekenntnisses nicht ohne Einfluß sein. Wir können uns daher an dieser Stelle mit dem bloßen Hinweis begnügen, daß unser Bekenntnis sehr wohl ein reines Taufsymbol, aber auch ein reines (oder: *zugleich ein*) Bekenntnissymbol der norwegischen Kirche sein kann. Beides ist durch den Gebrauch des Plurals gedeckt.

Wenn wir nun auch eine mögliche Erklärung für den Plural haben, so ist damit noch nicht die besondere Form *ver s k o l u m trua – credamus* – gedeutet. Auch hierfür können wir einige Parallelen in der Symbolgeschichte finden: So heißt es in der Auslegung der *regula fidei* bei Novatianus: *Regula exigit veritatis,*

---

19 Beachte den häufigen Text: *credimus et c o n f i t e m u r*

ut primo omnium credamus in Deum Patrem et Dominum omnipotentem ...[20] und bei Aphraates: „Das ist der Glaube: daß man glaubt an Gott den Herren über Alles, welcher geschaffen hat Himmel, Erde und die Meere und Alles, was darinnen ist ...“[21]. Auch unter den altdeutschen Symbolen finden wir etwas ähnliches: Der zweite St. Galler Glauben (G II) beginnt den ersten Artikel mit den Worten: *ih wil gelob in got vater almahtigen* ...[22] und das Bekenntnis aus dem 3. Statut des norwegischen Erzbischofs Pál aus den Jahren 1336–1346[23] beginnt mit: *I nampne guðz amen. Weer eghum aller crisnir men, at trua a einn sannan guð foður alzualdanda* ... Freilich dürfte letzteres vom Beginn unseres Bekenntnisses beeinflußt sein. Aber auch so läßt sich ersehen, daß unser Bekenntnis mit dieser besonderen Form durchaus an andere Symbole anknüpfen kann. Diesem Problem jedoch werden wir ebenfalls erst bei der Untersuchung der Gründe für die Aufnahme des Bekenntnisses in das Gesetz näher nachzugehen haben. Auch hier mögen wir uns mit dem Hinweis begnügen, daß, wenn wir es mit einem Bekenntnissymbol zu tun haben, dieses durchaus in der Form einer katechetischen Unterweisung gewählt werden konnte, oder daß auch nur eine homogene Anpassung an die Eingangsformel[24] vorliegt, wie Maurer dies für das ganze Bekenntnis annimmt[25].

Sonst bleibt zum ersten Artikel, der ja bis auf die Form *ver skolum trua* mit T identisch ist, nicht viel zu sagen. Erwähnt sei nur noch der Ausdruck *allzualldanda skapara. Allzualldanda* bedeutet zwar „allmächtig“, aber eher im Sinne von *allregierend, allgewaltig, allwaltend*, was man vielleicht mit *omniregens* übersetzen könnte, während dem *omnipotens* eher *almatkan* entspricht. Deshalb heißt es in der *Járnsíða* auch *almatkan* und in AM 313 gar *almactuan et alsvaldenda*. Da aber *omnipotens* wenigstens in diesem Zusammenhang auch *omniregens* umfaßt, wollen wir diesem unterschiedlichen Gebrauch dieser fast synonymen Ausdrücke nicht weiter nachgehen. Interessant ist, daß auch bei den altdeutschen Symbolen dieser Unterschied auftaucht: Während es bei den

20 Hahn § 11, S. 15

21 Hahn § 16, S. 20
Zwar lassen sich diese beiden Stellen nicht unbedingt zum Vergleich heranziehen, da es sich um *Auslegungen* handelt, und sich die besondere Form des Konjunktivs zum Teil schon aus der Stellung im Satzgefüge ergibt. Wenn man aber, wie z.B. Maurer (vgl. oben S. 4 ff.), der Meinung ist, unser Bekenntnis stelle nur eine Erweiterung der Eingangsformel dar, enthalte also eine Auslegung des in der Eingangsformel niedergelegten Gebotes, dann sind diese Parallelen durchaus zulässig

22 Barbian, Übersicht

23 NgL III S. 285

24 *þat er upphaf laga vara Gula þings manna (Frosta-, Eidsiva-, Borgar þings* ..., vgl. S. 1, Anm. 1) *sem upphaf er allra goðra luta, at ver s k o l u m hallda oc hafa kristiliga tru*

25 Maurer, Glaubensbekenntnis S. 577 ff.

meisten *almehtig* heißt[26] (bzw. in der jeweiligen sprachlichen Abwandlung), kennen der erste und der zweite Glauben aus Schönbachs altdeutschen Predigten (P I und P II) die Form *algeweldig* bzw. *alweltig*[27].

2. Der zweite Artikel

Der zweite Artikel entspricht in seinem ersten Teil fast völlig T. Das Bekenntnis *ver skolum trua* verwundert uns nach dem oben Gesagten nicht mehr. Interessant ist nur die Wiederholung. Diese Form weist unser Bekenntnis in die Nähe der altdeutschen Symbole, für die gerade die oftmalige Wiederholung des *ich glaube* typisch ist. So zeichnet sich z.B. der Alemannische Glauben (A)[1] durch den für altdeutsche Symbole nicht ungewöhnlichen 23-fachen Ansatz von *ich geloub* aus. Bei den von Barbian erwähnten Glaubensbekenntnissen ist nur im ersten St. Galler Glauben (G I), der auch sonst unter den altdeutschen Symbolen eine singuläre Stellung einnimmt, das zweite und dritte Glied des trinitarischen Bekenntnisses, welches am Anfang von G I steht, mit *unde* angeschlossen: *Hich kelouben an got fater alemactigen u n d e an den heiligen sun u n d e an den heiligen geist . . .*[2]. Doch liegt hier keine echte Ausnahme vor, da es sich ja um den Anschluß in einem *trinitarischen* Bekenntnis handelt. Die gebräuchliche Einteilung in die drei Artikel kennt G I *nicht*. Die anderen Bekenntnisse hingegen kennen alle die Wiederholung *ich glaube* (z.B. A[1] *ich geloub an sinen ainbornen sun . . .*) bzw. *und glaube* (z.B. dritter Benediktiner Glauben (B III)[3] *unde gloube an sin einbornen sun . . .*, G II[4] *unt gelob an sinen einpornen sun . . .* und der Text nach Honorius Augustodinensis (H)[5] *Et credo in eius unigenitum filium . . .*).

---

26 Z.B. der Glauben aus den Kärntnern (St. Pauler) altdeutschen Predigten (P III), Text bei Barbian a.a.O.: *ich geloub an got vater a l m e h t i g e n, der der schepfer ist himels und erde und aller schepht.*

27 Barbian a.a.O.
P I: *ich geloube an got, vater a l g e w e l d i g e n der geschaffen hat himel und erde und allen den dinch, die da inbendigen bevangen sint*
P II: *ich geloube an got, vater a l w e l t i g e n , der da scheppher ist des himel und der erden*

1 Barbian, Übersicht

2 Barbian a.a.O.

3 Barbian a.a.O.

4 Barbian a.a.O.

5 Barbian a.a.O.

Die meisten angelsächsischen Symbolformeln hingegen beginnen, ebenso wie die südeuropäischen und morgenländischen Symbole, den zweiten Artikel mit *und*[6]. Hiervon konnten nur zwei Ausnahmen festgestellt werden, nämlich eine Formel der altirischen Kirche aus dem siebten Jahrhundert (Bangor)[7] (*Credo et in Jesum Christum* . . .)[8] und der Text nach einer Handschrift aus dem Jahre 1030 (*And ic gelyfe on Haeland Crist* . . .)[9].

Die afrikanischen Symbole sind in dieser Beziehung nicht einheitlich. So kennen das mutmaßliche Symbol des Tertullian[10], die dem Ambrosius zugeschriebene Formel aus dem vierten Jahrhundert[11], die dem Fulgentius von Ruspe irrtümlich zugeschriebene Formel[12], die Formel nach Facundus von Hermiane[13] und die von Jacobi veröffentlichte Formel (vermutlich aus dem sechsten Jahrhundert)[14] *Et* als Einleitung des zweiten Artikels, während die Formel nach Augustinus[15], nach Pseudo-Augustinus[16], nach Fulgentius von Ruspe[17] die Wiederholung *Credimus* bzw. *Credo* (Fulgentius) bringen. Auch die Formel der spanischen Kirche nach Priscillian kennt die mehrmalige Wiederholung von *Credimus*[18].

Bedeutsam im ersten – mit T identischen – Teil des zweiten Artikels[19] ist noch die Konkretisierung *er getin er af k r a p t e heilags anda*, für die ein

---

6 Z.B. Formel der altschottischen Kirche, nach dem sog. „Book of deer" (9. Jh.) (Hahn § 77, S. 86): *Et in Jesum Christum* . . .; der Text nach einer Handschrift aus dem 9. Jh. (Hahn § 78, S. 86): *And on Haelend Crist* . . .; der Text nach einer Handschrift etwa aus dem Jahre 1125 (Hahn § 80, S. 88): *And on Helende Crist* . . .; der Text nach einer Handschrift aus dem Anfang des 13. Jh. (Hahn § 81, S. 89): *And on Jesu Crist* . . . und die Texte aus Handschriften aus dem 13., 14., 15. und 16. Jh. bei Hahn §§ 82 ff., S. 90 ff.

7 Hahn § 76, S. 83

8 Diese Formel bietet fünfmal *Credo*, zu Beginn der drei Artikel und zusätzlich im dritten Artikel *Credo vitam post mortem et vitam aeternam in gloria* (diese Unterscheidung ist neben der Wiederholung von *credo* gerade diesem Symbol eigentümlich) und *Haec omnia credo in deum. Amen.*

9 Hahn § 79, S. 87

10 Hahn § 44, S. 54

11 Hahn § 45, S. 56

12 Hahn § 50, S. 62

13 Hahn § 51, S. 63

14 Hahn § 52, S. 64

15 Hahn § 47, S. 58

16 Hahn § 48, S. 60

17 Hahn § 49, S. 61

18 Hahn § 53, S. 64

19 Dieser Teil reicht bis *steig niðr til hæluitis – descendit ad inferna*

Gegenstück nicht gefunden werden konnte[20]. Weiter ist hervorzuheben der Ausdruck *vndir Pilaz u a l l d e* – „unter der *Gewalt* (Herrschaft) des Pilatus". Hierzu haben wir – allerdings ebenfalls nur bedingt – eine Ähnlichkeit in P I: *under Pylatus g e z i t e n*[21].

Der zweite Teil des zweiten Artikels unterscheidet sich zum Teil recht wesentlich von T. Es geschieht dies durch die Auslassung der Aussage *sedet ad dexteram Dei Patris omnipotentis*, die Hervorhebung des Erlösungsgedankens bei der Höllenfahrt, die Betonung der Zweinaturenlehre in Zusammenhang mit Christi Tod, die Erwähnung des vierzigtägigen Erdendaseins des Auferstandenen, die Ausweitung des *inde venturus est* und das Gericht über *huern eptir sinum uerðleika* und nicht über *vivos et mortuos.*

a) Das Fehlen von „sedet ad dexteram"

Von den altdeutschen Symbolen konnten – abgesehen von dem wegen seiner besonderen Form zu Vergleichszwecken nicht heranziehbaren ersten St. Galler Glauben – nur zwei Symbole festgestellt werden, die die Glaubensaussage *sedet ad dexteram Dei patris omnipotentis* ebenfalls nicht bringen. Es sind dies das Gemeindesymbol nach zwei Münchener Handschriften des achten und neunten Jahrhunderts (Mü)[22] und der dritte St. Galler Glauben (G III)[23] aus dem zwölften Jahrhundert. Im Münchener Bekenntnis heißt es: ... *et tertia die resurrexisse in eadem carne qua mortuus est et ascendisse in caelum et iterum venturum cum gloria et judicaturum* ... und im St. Galler Bekenntnis: ... *unde daz er an deme drittin tage irstuont, waire got unde waire mennische, unde er an deme uierzgosteme tage zi himil voir: dannan geloubi ich in chunftich zirteilin ubir leibindin unde ubir totin* .... Zwei andere Bekenntnisse vermeiden es, von der „Rechten des Vaters" zu sprechen[24], sondern bringen nur die Erklärung *da sitzet ebenher und ebengeweldich und ebengelich sinem vatere*[25] bzw. nur *da*

20 Das Gemeindebekenntnis nach einer Bamberger Handschrift des 11. Jh. (Bb, Hahn § 106, S. 110) kann wegen der Verschiedenheit der Aussage nur sehr bedingt als Vergleich herangezogen werden:
Ich gloubo daz der gotes sun, durch den dir al gitan ist, svaz giscaffines ist, unde der dohie ebenewicliche vone sinemo heiligin vater giborn was, unde der von imo einen waren gote dohie ware got was, unde der vone imo einen waren liehte daz ebenwesente ware lieht was, daz er vone himile hera nider an erda quam unde vone demo t o n g e n e n w e r c h e des heiligosten geistis vone dero niukistun magide sancta Maria an sih ginam, ware unsunthafta, alla mennislacha natura. Unde ...

21 Barbian, Übersicht. Die anderen altdeutschen Bekenntnisse erwähnen Pilatus überhaupt nicht. Vgl. hierzu Barbian S. 45.

22 Hahn § 94, S. 98

23 Barbian, Übersicht

24 P I und P II (Barbian a.a.O.)

25 P I

sitzet ebenher und ebengeweldich sinem vatere[26]. Barbian weist jedoch darauf hin, daß die Symbolgruppe, der er diese beiden Bekenntnisse zuordnet, ursprünglich ein „zur Rechten" gekannt haben muß[27] und zieht als Nachweis hierfür den Text des ersten Benediktbeurer Glaubens (B I) heran: *daz er da sizzet ze sines vaters zesuun, ze sines fater herschefte*[28].

Diese beiden Bekenntnisse aus Schönbachs Predigten haben uns eine weitere, unter den altdeutschen Symbolen sehr verbreitete Eigenart gezeigt: Der Auferstandene wird ausdrücklich als Gott gleich und gleich-allgewaltig bekannt[29], eine Aussage, die in T durch *sedet ad dexteram Dei patris omnipotentis* nur sinngemäß zum Ausdruck kommt.

Weder das nizänische Symbol[30] noch die Symbole des 1.[31] und 4.[32] Konzils von Toledo, die von den Toletana zu Vergleichszwecken herangezogen werden können, kennen ein *sedet ad dexteram*[33]. Von anderen Symbolen, die diese Aussage nicht beinhalten, konnten nur noch das des Eligius von Noviomus (aus dem siebenten Jahrhundert)[34] und das mutmaßliche Symbol des Theodulph von Orleans (gest. 821)[35] ermittelt werden, beide der gallischen Kirche zugehörig. Die von Jacobi veröffentlichte Formel unbekannten Ursprungs, vermutlich aus

---

26 P II

27 S. 203

28 Barbian, Übersicht. Dieser Glauben wird von ihm derselben Gruppe zugeordnet, vgl. Barbian S. 19 ff. und S. 203.

29 Vgl. P III: *Ich gloub, daz er ze himel fuor, und da sitzet ze der zeswen sines vaters, im ebenher und ebengewaltich*
Niederdeutscher Glauben (Nd): *Ic kelave, that he thar un seteth te uurtheren sines vader uses herren thes aleweldigen godes, ime evenher ende evenweldig*
H: *Et ibi sedet ad dexteram dei patris omnipotentis, ei coaeternus et compotentialis*, Texte bei Barbian, Übersicht

30 oben S. 27, Anm. 11

31 D 188 ff. (189), S. 75 ff. (76)

32 D 485, S. 165 ff. (166)

33 N: ... *et ascendit in coelos, venturus judicare vivos et mortuos* ...
1. Tol.: ... *ad caelos ascendisse. Hunc filium hominis etiam 'Dei Filium' appellari* .... Es fehlen also sowohl die Aussage über das Sitzen zur Rechten als auch über das Gericht.
4. Tol.: ... *assumptus deinde in caelos venturus est in futuro ad iudicium vivorum et mortuorum* ...

34 Hahn § 68, S. 79: ... *adscendisse ad coelos. Promistis deinde credere vos et in Spiritum sanctum* ... Es fehlt also auch hier das Gericht.

35 Hahn § 69, S. 79: ... *adscendit in coelum (inde venturus, judicare vivos et mortuos)*

dem sechsten Jahrhundert[36], die Hahn der afrikanischen Kirche zuordnet[37] kennt nur ein „Sitzen im Himmlischen Reich"[38].

Wenn wir auch bei dem Nizänum, dem 1. und 4. Toletanum und den erwähnten Symbolen der gallischen und afrikanischen Kirche ebenfalls ein Fehlen von *sedet ad dexteram* festgestellt haben, so weist unser Bekenntnis, besonders wegen der noch zu besprechenden vorangehenden Erwähnung des vierzigtägigen Erdendaseins bzw. wegen der nachfolgenden besonderen Aussage über das Gericht in die Nähe der erwähnten altdeutschen Symbole, aber auch in die Nähe des 1. Toletanums, was natürlich nicht ausschließt, daß gerade das Nizänum von entscheidendem Einfluß auf diese Symbole gewesen sein kann. Aber es geht hier nicht um die Untersuchung der *genauen Abhängigkeit untereinander*, sondern nur darum, die *Verwandtschaft* zu den genannten Symbolen aufzuzeigen.

b) Die Höllenfahrt

Auch der Erlösungsgedanke bei der Höllenfahrt[39] weist in die Nähe der altdeutschen Symbole. Fünfzehn der bei Barbian abgedruckten Bekenntnisse[40] und das Gemeindebekenntnis nach der Bamberger Handschrift aus dem elften Jahrhundert[41] betonen diesen Erlösungsgedanken. Ihn finden wir auch im 4. Toletanum[42].

---

36 Hahn § 52, S. 64

37 Hahn a.a.O. Anm. 128 a.E.

38 . . . *ascendit in coelos, sedit in caelesti regno suo et patris. Inde venturus est* . . .
Diese Form kann aber nicht als verbürgt angesehen werden. Hahn hat sie einer Glaubensformel unbekannten Ursprungs entnommen, die die Aufschrift *Expositio fidei* trägt, und die Jacobi in der Zeitschrift für Kirchengeschichte, VI, 1884, S. 282 ff. mitgeteilt hat (Hahn S. 349, Anm. 748). In dieser sind die einzelnen Glaubensaussagen, wie *credo in unum Deum,* . . . *natus de Spiritu sancto et virgine Maria,* . . . *passus,* . . . *mortuus,* . . . *sepultus,* . . . *resurrexit,* etc. durch besonderen Druck hervorgehoben, während im Normaldruck offensichtlich Zusätze hierzu wiedergegeben werden. Insoweit ist jedoch nur *Sedit* als besondere Glaubensaussage hervorgehoben. Vgl.: „*Ascendit in caelos* humanitate in qui divinitate semper ubiquè est. *Sedit* humanitate in caelesti regno suo et patris; ejus enim omnia patri sunt, et patris omnia ejus sunt. In amborum igitur communi regno manet assumpta humanitas filii dei. Est enim ubique regnum dei, sed ibi solum est regnum ejus, ubi nihil est, quod ejus voluntati repugnet. Ibi ergo est humanitas Christi filii dei, ubi solum est regnum suum et patris, et nihil ibi est, quod illi regno resistere velit. *Inde venturus est,* id est . . ."
(Hahn § 238, S. 349, 350)

39 *at löysa þeðan alla sina uini*

40 B I, P I, P II, P III, Li, Nd, H, M, W I, G II, W II, Ba, G III, He

41 Hahn § 106, S. 110

Die Höllenfahrt selbst ist zum ersten Mal in der 4. Sirmischen Formel aus dem Jahre 359 belegt[43] („und stieg nieder zur Hölle und regelte Dinge dort, den die Torhüter der Hölle sahen und erzitterten"[44]). Ähnliche Sätze finden sich in den verwandten Formeln von Nike (359)[45] und Konstantinopel (360)[46] Im westlichen Bereich erscheint sie zum ersten Mal im *Aquilejense*, einer Tochterform von R[47]. Sie ist dann auch Bestandteil von T geworden[48]. Nach dem vorhandenen Symbolmaterial kann man jedenfalls annehmen, daß die Heimat des *Descensus* in der östlichen Kirchen, und zwar in der syrischen Kirche, liegt, und daß die Aufnahme des *Descensus* in die westlichen Symbole auf östlichen Einfluß zurückzuführen ist, obwohl in den offiziellen östlichen Bekenntnissen diese Aussage selbst nicht erscheint[49].

Mit der besonderen Erwähnung der Erlösungstat bei der Höllenfahrt repräsentieren unser Bekenntnis und die altdeutschen Symbole einen vorherrschenden Zug der westlichen Descensustheologie[50], nach der Gott seine Heilsbestimmung unter der Berücksichtigung der Mitwirkung des freien menschlichen Willens trifft, d.h. daß die Menschen sich auch durch ihre Werke das Heil verdienen können. Diese Auffassung geht im wesentlichen auf Gregor den Großen (590–604) zurück, der damit die ursprünglich vertretene reine Prädestinationslehre wesentlich einschränkte[51].

Die meisten der altdeutschen Symbole fordern als Voraussetzung für das Heil eine Bewährung des Glaubens in der Tat[52]. Sie lassen sich in der Prädestinations-

---

42 D 485, S. 165 ff. (166); Hahn § 179, S. 235 ff. (236)

43 Kelly S. 378

44 Originaltext bei Kelly S. 289; Hahn § 163, S. 204 und im Auszug bei Kattenbusch II S. 896

45 Hahn § 164, S. 205; Kattenbusch a.a.O.

46 Hahn § 167, S. 208; Kattenbusch a.a.O.

47 D 16, S. 23; Kelly S. 174; Hahn § 36, S. 42

48 Vgl. zur allmählichen Aufnahme in die verschiedenen Symbole Kelly S. 378 ff. und die Texte bei Hahn §§ 38 (Venantius Fortunatus), 41 (Pseudo-Crysostomos), 42 (pseudo-augustinische Reden 240, 241, 242), 55 (Ildefons von Toledo), 56 (Etherius und Beatus), 62 (Cäsarius von Arles), 65 (Pseudo-Augustinus), 66 (*Sacramentarium Gallicanum*), 67 (*Missale Gallicanum*), S. 45 ff., sowie Hahn §§ 150 (*Quicumque vult*, dieses abgedruckt auch bei D 75 ff., S. 40 ff.) und 179 (4. Toletanum, abgedruckt auch bei D 485, S. 165)

49 Vgl. Kelly S. 379

50 Barbian S. 190; H. Quilliet in DthC Bad. 4 (Paris 1911), Sp. 598

51 Zur Entwicklung vgl. Barbian S. 190 ff., sowie Eichenseer S. 299 ff. und 457 ff.

52 z.B. P I (Barbian, Übersicht): *nam alle die des wirdich waren*
P II (a.a.O.): *nam alle die sinen willen hatten getan*
P III (a.a.O.): *und dar ut nam, die sinen willen heten getan*
Ähnlich Li, Nd, H, M, W II, Wi, Ba, G III, He (alle a.a.O.)

frage daher mittelbar oder unmittelbar auf die Schriften Gregors als Quelle zurückführen[53].

Nur G II[54] rechnet Barbian dem strengen Augustinismus (reine Prädestinationslehre)[55] zu[56]. Für B I[57], W I[58] und Bb[59], welche die Erlösung der *Erwählten* hervorheben[60], gibt Barbian ebenfalls Gregor als Quelle an, jedoch verrate das Moment der *Auswahl* eine „Neigung zum Augustinismus"[61]. Er begründet dies mit der Tätigkeit des Mönchs Gottschalk von Sachsen (gest. 868 oder 869), der den strengen Augustinismus in aller Schärfe lehrte. Sein Einfluß habe möglicherweise kleine Veränderungen im Höllenfahrtsartikel verursacht[62].

In unserem Bekenntnis heißt es *alla sina uini*, also „alle seine Freunde" und in sprachlicher Abwandlung in Js *alla sina menn* – „alle seine Männer". Diese Formulierung kann sowohl für die reine Prädestinationslehre als auch für die Lehre der freien Mitwirkung gelten. Die „Freunde" können *a priori* zu „Freunden Christi" bestimmt worden sein, indem Christus sie sich aus einer *massa damnata* erwählt und sie so aus dem ewigen Verderben, dem sie sonst geweiht wären, gerettet hat[63]. Sie können es aber auch durch ihr eigenes Wirken geworden sein.

Wenn wir uns aber das Bekenntnis als ganzes anschauen, so sehen wir, daß der Gedanke der Werkgerechtigkeit im Vordergrund steht. So heißt es vom jüngsten Gericht: *skal hann koma ... at döma huern eptir sinum uerðleika.* Noch deutlicher sehen wir dies im dritten Artikel:

ver skolum trua at syndir firirlatazt i skirn oc iðran oc scripta gang með hollde oc bloðe uars herra Jhesu Christi er i messonne hælgazt *m e ð b ö n a h a l l d e. m e ð o l m u s u g e r ð u m o c f a s t u m o c m e d*

---

53 Barbian S. 195

54 Barbian, Übersicht: *nam alle die der wolt*

55 Augustin wird heute allerdings nicht mehr uneingeschränkt als Vertreter einer reinen Prädestinationslehre interpretiert.

56 S. 195

57 Barbian, Übersicht

58 Barbian a.a.O.

59 Hahn § 106, S. 110

60 B I: *unde dar uz losta die er imo erwelet habeta*
W I: *daz er danna irlosta alla sina iruueliten*
Bb: *daz er dannan losti alle sine irwelitan*

61 S. 195

62 Barbian a.a.O. unter Hinweis auf Bihlmeyer-Tüchle, Kirchengeschichte 2. Teil, 14. Aufl. Paderborn 1955, § 90, 4. Barbian selbst weist auf den Einfluß Prospers von Aquitanien hin (a.a.O. Anm. 313).

63 Augustinische *praedestinatio ad interitum*, vgl. Barbian S. 192

allum aðrum goðum lutum er menn gera oc hugsa eða mæla ... ok þæðan af skolu þeir er illa gerðu oc eigi iðraðuzt með ifirbot þessa heims hafa endalausan ofagnað með fiandanum oc hans örendrækum i hæluiti en þeir sem gott hafa gort þessa heims skolu þa fa oc hafa eilifan fagnað með guði oc hans hælgum i himiriki. Wenn wir Christi „Freunde" in diesem Zusammenhang sehen, dann wird klar, daß dem Erlösungsgedanken im Höllenfahrtsartikel die gregorianische Auslegung zugrunde liegt.

Daß diese Ansicht Allgemeingut der norwegischen Kirche war, kommt auch in den Worten der Verkündung zum Ausdruck, wie sie in theologischen Grundsätzen, Grundauslegungen und Predigten enthalten sind. Im „Gamal norsk homiliebok"[64] ist uns ein Teil dieses Gedankenguts erhalten[65].

So heißt es in der *Cvediu – sending Alquini diaconi*[66] in dem Abschnitt *Vmm trú*: *hvat stoðar brøðr minir þo at noccor sægisc hafa trv. ok hefir hann æigi værken. æigi ma þa trv grøða hann. Tru er tóm fyrir utan goð værc. Sva sem urøyndr licamr er aldauðr sva er oc trv douð fyrir utan goð værc*[67]. Oder in einer *Sermo ad populum*[68]: *Sva sem Adame var visat ór paradisi þa er hann hafðe brotet boðorð guðs. sva er ollum monnum þæim visat á doma–dægi fra himin-riki er með o-bøtum vercum ok hofuðsyndum foro or þesse veroldo*[69]. In einer Osterpredigt heißt es[70]: *A þesse miðri nawt sté droten vár Iesus Kristr til hælvitis ok læysti þaðan Adám ok alla kyns-menn*[71] *hans þa er með rétre trv váro. ok noccorn værð-læic hæfðu til þes at þæir være þaðan løystir.... Ef vér trvm ok ælscum dauða Crist ok læitum hans með ilm goðra verka. þa er sem vér cumem til grafar drotens med goðum smyrslum*[72]. Und in

64 Wir benutzen dabei die Ausgabe von Gustav Indrebø, 1931 (unveränderter Nachdruck 1966)

65 Das Alter der Texte ist etwa um die Mitte des 12 Jh. anzusetzen (Homiliebok S. *57), das Alter der Handschriften selbst setzt Indrebø um 1200 an (S. *39).

66 Homiliebok S. 1 ff. Natürlich ist der Alkuintext selbst älter und gesamteuropäisches Gemeingut geworden, aber hier geht es ja nur um die Aufnahme desselben in dem erst ein Jahrhundert vorher endgültig christianisierten Norwegen.

67 Homiliebok S. 2

68 Homiliebok S. 71

69 Homiliebok a.a.O.

70 Homiliebok S. 81 ff.

71 Dieser Ausdruck scheint eine Auslegung widerzuspiegeln, die auf Tertullian zurückgeht, nämlich daß Christus bei der Auferstehung aus der Hölle (Unterwelt) die Patriarchen und Propheten befreit und ihnen bereits vor dem jüngsten Gericht zum ewigen Leben verholfen hat (vgl. hierzu Kattenbusch II, S. 906).

72 Homiliebok S. 82

einer *Sermo ad populum ualde necessaria*[73] : *En þeir er slict mæla. þa lyði þeir nu til vandlega hvat vár drottinn mælir um otrv þæirra manna er slict mæla. Ecce uenio cito. Et merces mea mecum est reddere unicuique secundum opera sua. Se nu segir hann. ec kǿm sciott. ok laun man fylgia mér. ec scal gialda hverium æftir sinum vercum. Oc en í aðrum stad. Segir hann sva. Nolite errare. Deus non irridetur. Hirðið eigi villa Crist. þvi at guð lætr æigi skiælkiasc*[74].

Auch aus diesen angeführten Stellen ergibt sich, daß der Erlösungsgedanke der gregorianischen Auslegung unterliegt. Die norwegische Kirche bekennt sich damit zu der allgemeinen Auslegung des *Descensus* in der römischen Kirche, dieser Grundsatz kommt auch in unserem Bekenntnis klar zum Ausdruck.

Den Erlösungsgedanken finden wir, wie oben bereits erwähnt, außer in den altdeutschen Symbolen nur noch im Symbol des 4. Konzils von Toledo (633) hervorgehoben. Es heißt hier: *descendit ad inferos, ut sanctos, qui ibidem tenebantur, erueret, devictoque, mortis imperio resurrexit ...*[75]. Der Begriff *sanctos* ist genauso dehnbar wie der Begriff *uini*. Aber im Gegensatz zu unserem Bekenntnis läßt sich aus dem gesamten 4. Toletanum keine eindeutige Auslegung des Begriffes *sanctos* ermitteln.

c) *er hann uar döyddr i sinum mandome*
oskaddum sinum guddome
getötet in seiner Menschheit,
unbeschadet seiner Gottheit

Wenn wir den Ursprung dieses Satzes suchen, so müssen wir wohl auf das vierte allgemeine Konzil in Chalcedon vom Jahre 451 zurückgehen, welches die Integrität der göttlichen und der menschlichen Natur in Christus und seine Freiheit von persönlicher Sünde zum Dogma erhob[76]:

Sequentes igitur sanctos Patres, num eundemque confiteri Filium Dominum nostrum Jesum Christum consonanter docemus, eundem perfectum in deitate, eundem perfectum in humanitate, Deum vere et hominem vere ... per omnia nobis similem absque peccato (cf. Hebr. 4, 15)[77].

Mit dieser Definition von der einen göttlichen Person und den beiden Naturen in Christus sowie seiner Sündenlosigkeit sollte der Lehre des *Monophysitismus* und

73 Homiliebok S. 168 ff.
74 Homiliebok S. 170
75 D 485, S. 165 (166); Hahn § 179, S. 235 (236)
76 Barbian S. 156
77 D 300 ff. (301), S. 108; Hahn § 147, S. 167

der *Zweipersonenlehre des Nestorius* begegnet werden[78]. Durch das *Chalcedonense* ist eine Einigkeit jedoch noch nicht herbeigeführt worden[79].

In der Symbolliteratur ist die Hervorhebung der Sündenlosigkeit selten. Wenn sie erwähnt wird, so geschieht dies meist in Verbindung mit der Johannistaufe und der Passion[80]. In den altdeutschen Symbolen finden wir sie jedoch relativ häufig[81], teils im Anschluß an die Aussage der Menschwerdung[82], teils im Anschluß an die Auferstehung[83].

Häufiger als die Sündenlosigkeit ist die bloße Hervorhebung der zwei Naturen Christi in den Glaubensformeln anzutreffen[84]. Barbian[85] führt dies vor allem auf die Abwehr des *Monotheletismus*[86] und *Priscillianismus* zurück. Die

---

78 Barbian a.a.O.
Der Monophysitismus ist die Ein-Naturen-Lehre, die aus der theologischen Reflexion über die Einheit von Gottheit und Menschheit in Christus entstanden ist. Diese Einheit wird im Sinne einer „kreatürlichen ‚Natureinheit' " verstanden (A. Grillmeier in LThK VII (1962), Sp. 563).
Nach dem *Nestorianismus* haben die Menschheit und die Gottheit in Christus getrennt voneinander bestanden, nur durch das moralische Band der Liebe miteinander verbunden. Aus Maria sei nur der mit Gott vereinte Christus (als Mensch), nicht als Gott selbst (Christus als Gott) geboren. Diese Meinung wird dem Nestorius allerdings nur zugeschrieben. Daneben gibt es noch den *historischen Nestorianismus*, der tatsächlich auf N. zurückgeht. Danach betont N. die Integrität der beiden Naturen und macht nur gewisse Einschränkungen, die sich v.a. gegen den *Arianismus* und den *Apollinarismus* richten. Durch diese Einschränkungen erhält aber auch der historische Nestorianismus wieder dualistischen Charakter. (Vgl. R. Leys in LThK VII (1962), Sp. 885–88). Über Arianismus und Apollinarismus vgl. L. Ueding und J. Liébaert in LThK I (1957), Sp. 842 ff. bzw. H. de Riedmatten in LThK I (1957), Sp. 716, 717.

79 Vgl. über den Streit in den folgenden Jahrhunderten Barbian a.a.O.

80 Barbian S. 159

81 Insgesamt achtmal

82 B I, A, W II, P II, W I und Bb, z.B. B I: *Ich gloube, daz er hien werlte was warer got warer mennescho* a n e s u n t o (Barbian, Übersicht)

83 Nd, Li, z.B. Li: *Ich glob das er nach siner urstendi hie in erd wonet viertzig tag und viertzig näht als ain ander mensch an des ainen* d a s e r n i e s ü n d e t (Barbian a.a.O.)

84 Barbian S. 159

85 a.a.O.

86 Der Monotheletismus oder die Ein-Willen-Lehre besagt, daß in Christus „nur ein *Wille* (als Fähigkeit) und nur ein *Wollen* (als Akt) und nur ein *Gewolltes* (Objekt) gegeben sei, und zwar als Wille des Logos". Der damit eng zusammenhängende *Monenergetismus* besagt, daß in Christus nur „eine Tätigkeit oder Wirksamkeit sei". Beide Lehren wurzeln bereits in den christologischen Auseinandersetzungen des 4.–6. Jh. Im 7. Jh. sollte unter der grundsätzlichen Wahrung der Zwei-Naturen-Lehre „mit dem Motto ‚nur eine Energie' die Brücke zum Monophysitismus geschlagen werden". Beide Lehren wurden sowohl durch die Synode von Agatho (680) als auch durch das 3. Konzil von Konstantinopel (680/681) verurteilt. (Vgl. H. Rahner und A. Grillmeier in LThK VII (1962), Sp. 570)

„Hauptirrtümer" Priscillians[87] wurden in einer „modalistischen Trinitätslehre und der aus der gnostisch-manichäischen Häresie resultierenden Leugnung der wahren Menschheit Christi und deren Auferstehung nach dem Tode" gesehen[88].

Unser Bekenntnis vertritt eine weitere Ausprägung der Zweinaturenlehre Christi, nämlich die Aussage, daß Christus nur in seiner Menschheit, nicht in seiner Gottheit gelitten hat und gestorben ist: *i sinum mandome oskaddum sinum guđdome*. Auch diese Erweiterung in der Leidensaussage reicht in christologische Streitigkeiten des vierten Jahrhunderts zurück[89]. In den Anathematismen des Papstes Damasus von 382[90] heißt es: *si quis dixerit, quod in passione crucis dolorem sentiebat Deus, et non caro cum anima, quam induerat – forma servi, quam sibi acceperat (cf. Phil. 2, 7), sicut ait Scriptura – Filius Dei Christus: non recte sentit*[91].

Um die Wende des fünften Jahrhunderts erscheint diese Aussage in der Symbolerklärung des Nicetas von Remesiana (gest. 414): *Passus est non divinitate, sed carne*[92]. Diese Formel hat dann im sechsten Jahrhundert vor allem im Westen weite Verbreitung gefunden, wobei klar das Leiden der Menschheit Christi hervorgehoben wurde: *Propter quod eum ex duabus et in duabus manentibus indivisis inconfusisque credimus esse naturis ... Ac propterea, ... unum eundemque Christum esse verum filium dei et eundem ipsum veri Filium hominis confitemur, consubstantialem patri secundum deitatem, consubstantialem nobis eundem secundum humantitatem, per omnia nobis similem absque peccato, p a s s i b i l e m c a r n e, eundem i m p a s s i b i l e m d e i t a t e ... Quem sub Pontio Pilato sponte pro salute nostra*

87 Vornehmer spanischer Laie, Wortführer der nach ihm benannten Bewegung, geb. zwischen 335 und 345, etwa um 380 zum Bischof von Avila geweiht, im Januar 385 in Trier wegen Magie hingerichtet. (Vgl. J. Martin in LThK VIII (1963), Sp. 768, 769 und J.P. Junglas in LThK VIII (1936), Sp. 479)

88 Junglas in LThK VIII (1936), Sp. 479 ff.
Der Priscillianismus sieht Christus, die Engel, die Seele als gnostische Emanationen, der Teufel ist das Prinzip alles Bösen, von ihm stammt der Leib, auch Donner, Blitz, Unwetter und Dürre. Die Ehe als Institution wird verdammt, das außereheliche Zusammenleben mit Frauen dagegen gestattet. (Junglas a.a.O.)
Inzwischen hat sich die Anschauung über Priscillian offensichtlich etwas gewandelt. A. Franzen führt in LThK VIII (1963), Sp. 769–771 lediglich aus, daß Wesen und Lehrgehalt des Priscillianismus „bis heute umstritten sind", wobei man sich nicht ganz klar darüber sei, ob nur eine religiös-asketische Bewegung oder doch eine heterodoxe Lehre, z.T. mit gnostischem Einschlag vorliege. Eine Darstellung der Gedanken Priscillians bringt Franzen dagegen nicht.

89 Barbian a.a.O.

90 *„Tomus Damasi" seu Confessio fidei ad Paulinum ep. Antioch.*, verkündet auf dem Konzil zu Rom. D 152 ff., S. 68 ff.

91 D 166, S. 69

92 PL 52, 869. Symbol des Nicetas bei D 16, S. 23; Hahn § 40, S. 47

passum esse carne confitemur, crucifixum carne, mortuum carne, resurrexisse tertia die glorificata et incorruptibili eadem carne...[93]. Das 4. Toletanum formuliert: *perferens passionem et mortem pro nostra salute, non in virtute divinitatis, sed in infirmitate humanitatis*[94].
Ebenso heißt es in wörtlicher Übereinstimmung hierzu in der *Confessio fidei* des Konzils von Arles im Jahre 813[95]. Ein dem Gennadius von Massilia beigelegtes Glaubensbekenntnis[96], das aber nicht von diesem, sondern von einem unbekannten fränkischen Theologen gegen Ende des achten Jahrhunderts unter Benutzung der Schrift des Gennadius *De ecclesiasticis dogmatibus* gegen den *Adoptianismus*[97] und wohl auch gegen den wieder aufkommenden *Priscillianismus* verfaßt wurde[98], bekennt: *per quos sensus veros in passione et ante passionem carnis dolores sustinuit, et in eadem carne mori dignaturus est pro redemptione mundi, permanens in divinitate impassibilis. Mortuus est autem pro nobis idem dei filius in carne....*[99]. Und Theodulph von Orleans formuliert in seinem Bekenntnis[100]: *Credant etiam eum pertulisse passionem et mortem non in virtute divinitatis, sed in infirmitate humanitatis*[101] *mortuum vera carnis morte, resurrexisse vera carnis resurrectione*[102].

Auch die altdeutschen Symbole kennen diesen Zusatz. Wir finden ihn in P I, P II, P III, Li, Nd, H, M, W I, A, W II, Wi, Ba, G III, B III, He[103] und in Bb[104] und Mü[105]. Diese Symbole bringen diesen Zusatz alle direkt im Anschluß an die

---

93 Glaubensbekenntnis des Papstes Pelagius I. (556–561), enthalten in einem Schreiben an den Frankenkönig Childebert, Hahn § 229, S. 334 (335)

94 D 485, S. 165 (166); Hahn § 179, S. 235 (236)

95 MGH Conc. II, S. 250

96 Hahn § 240, S. 353

97 Unter dem Namen *Adoptianismus* werden alle Formen des Christusverständnisses zusammengefaßt, die in Christus „einen nach Analogie der alttestamentlichen Propheten mit Gottes Geist ausgestatteten oder nach Art der griechischen Apotheose zu Gott erhobenen Menschen sehen". (A. Grillmeier in LThK I (1957), Sp. 153)

98 vgl. Hahn a.a.O. Anm. 757

99 Hahn a.a.O. S. 354

100 Hahn § 242, S. 355

101 wörtliche Übereinstimmung mit 4. Toletanum und *Confessio* von Arles, s.o.

102 Hahn a.a.O. S. 356

103 alle Barbian, Übersicht

104 Hahn § 106, S. 110

105 Hahn § 94, S. 98

Leidensaussage und den Tod[106], während unser Bekenntnis ihn nach der Höllenfahrt in einer Wiederholung des Todes bringt[107]. Als Zeit der Übernahme dieses Zusatzes über das Leiden und den Tod der *Menschheit* Christi nimmt Barbian die karolingische Zeit an, weil gerade zu jener Zeit in der gesamten Symbolliteratur ein gehäuftes Auftreten dieses Zusatzes festzustellen ist[108].

Wir haben hier also einen Zusatz, den wir in einer ganzen Skala von Bekenntnissen wiederfinden, die damit Spiegel der in der Kirche herrschenden Auseinandersetzungen sind. Eine fast wörtliche Übereinstimmung besteht mit den altdeutschen Symbolen[109], aber auch – abgesehen von der Umstellung von *divinitas* und *humanitas* – mit dem 4. Toletanum und dem Bekenntnis des Theodulph von Orleans[110]. Trotz dieser letzteren Übereinstimmung haben wir das Vorbild für unser Bekenntnis in den altdeutschen Symbolen zu suchen, denn wir müssen uns diese als ein Zwischenglied vorstellen, welches diesen in der Symbolliteratur sich bis dahin entwickelten Zusatz aufgenommen und offensichtlich nach Norwegen weitergeleitet hat.

d) Das Erdendasein des Auferstandenen

Auch bei dieser Aussage haben wir, genau wie bei dem Zusatz über die Höllenfahrt, den Ursprung für die Aufnahme in das Symbol in der sog. 4. Sirmischen Formel aus dem Jahre 359[111] zu suchen. In ihr wird eine Parallele zum früheren Erdendasein Christi gezogen: "We know that this only begotten Son of God ... came from heaven ... and *consorted with the disciples* and *fulfilled* all the economy according to the Father's will ... and rose again from the dead on the third day, and *consorted with the disciples* and *fulfilled all the economy*, and when forty days were completed was taken up to heaven ..."[112]. Ähnlich formuliert und vergleicht auch das Bekenntnis der Synode von Konstantinopel (360)[113].

106 z.B. P III: *anz heilog chreuz genagelt wart, dar an erstarp an der menscheit, niht an der gotheit*;
Nd: *that he in then cruce gestarf mitter mennisgit, niuwet mitter godhit*;
Mü: *natum ex Maria virgine, verum deum et verum hominem in duabis naturis, divina videlicet et humana, sed in una persona, carne passum, mortuum, sepultum* ... (alle a.a.O.)

107 *steig niðr til hæluitis at löysa ... þriðia dag eptir hann uar döyddr i sinum mandome oskaddum sinum guðdome ...*

108 S. 161

109 vgl. P III: *an der menscheit niht an der gotheit* und *i sinum mandome oskaddum sinum guðdome*

110 *non in virtute divinitatis, sed in infirmitate humanitatis*

111 Kelly S. 289; Hahn § 163, S. 204

112 Übersetzung nach Kelly a.a.O.

In westlichen Symbolen finden wir diesen Zusatz zum ersten Mal in der *Confessio fidei* des 1. Konzils von Toledo (400)[114]: *tertia die resurrexisse; conversatum postmodum cum discipulis (suis) quadragesima (post resurrectionem) die ad caelos (caelum) ascendisse* ...[115]. Der *Scarapsus* von Pirmin formuliert: *et post resurrectionem apparuit hominibus et per quadraginta dees usque ad ascensionem ad caelos cum apostolis inter homines in isto mundo ambulavit*[116]. In den beiden letzterwähnten Texten findet sich die oben erwähnte Parallelität nicht. Auch Alkuin bekennt an mehreren Stellen den vierzigtägigen Erdenaufenthalt des Auferstandenen[117].

Von den altdeutschen Symbolen kennen B I, P I, P II, P III, Li, Nd, H, M, W I, A, Ba[118] und Bb[119] diesen Zusatz, und fast alle bekennen, daß Christus am *40. Tag* nach der Auferstehung gen Himmel fuhr. Barbian sieht den Grund hierin nicht in einer besonderen historischen Betonung, sondern in der Parallelität zu der vierzigtägigen Fastenzeit, die auch Alkuin in seinem *Liber de divinis officiis* erwähnt[120].

Unser Bekenntnis weist durch diesen Zusatz also wiederum in die Nähe der altdeutschen Symbole. Das zeigt nicht nur die Häufigkeit der *allgemeinen* Erwähnung des Erdendaseins, sondern auch die Form, in der dies geschieht. Wie unser Bekenntnis, so weisen z.B. Nd[121], H[122], W I[123], A[124], Ba[125] und

113 "came from heaven ... and consorted with the disciples and having fulfilled all the economy according to the Father's will . . who also rose again from the dead on the third day, and sojourned with the disciples and when forty days were fulfilled was taken up to heaven" (Übersetzung nach Kelly S. 293; Originaltext auch bei Hahn § 167, S. 208).

114 Hahn § 168, S. 209; D 188 ff., S. 75 ff. Diese *Confessio* ist v.a. gegen den Priscillianismus gerichtet und betont daher hauptsächlich die zwei Naturen Christi.

115 Hahn a.a.O. S. 211; D 189, S. 76

116 Jecker, Das Leben des hl. Pirmin, S. 40, Zeile 15–17. Hierbei handelt es sich jedoch nicht um eine eigentliche Glaubensformel, sondern um allgemeine Erläuterungen. Echte Glaubensformeln, und zwar in Gestalt von T, bringt der *Scarapsus* in Kap. 10 (Jecker S. 41) in der Form der Apostellegende und in Kap. 12 (Jecker S. 43) in Form von Interrogationen und in Kap. 28a (Jecker S. 64, 65) in der Imperativform *Credite*.

117 vgl. die Zitate bei Barbian S. 198, 199

118 alle Barbian, Übersicht

119 Hahn § 106, S. 110

120 Barbian S. 199

121 *Ic kelave, that he ahter siner ubstannisse at inde drang mit sinen iungheren, us te bewarende sine waren ubstannisse* (Barbian, Übersicht)

122 *Et post resurrectionem commedit et bibit cum suis discipulis* (a.a.O.)

123 *Unde er sinen iungeren irskein ... ih gloube fasto daz er az unde tranc sament sinen iugeron* (a.a.O.)

124 *Ich geloub, daz er entschain nach siner urstendi sinen iungern unt sinen guoten friundin* (a.a.O.)

Bb[126] besonders auf das Zusammensein mit den Jüngern hin. Während diese aber entweder nur davon sprechen, daß Christus seinen Jüngern *erschien* oder das Zusammensein näher ausführen *(aß und trank)*, sagt unser Bekenntnis nur, daß „er mit seinen Jüngern *war*" – *oc var . . . med lœresueinum.* Hierin berührt sich unser Bekenntnis wiederum mit einigen der altdeutschen Symbole, die von Barbian in einer *was*-Gruppe zusammengefaßt werden[127], nämlich B I[128], P I[129], P II[130] und P III[131]. Mit der Erwähnung von *pasca degi – Ostern*, die in dieser Beziehung der *Auferstehung* in den altdeutschen Symbolen gleichgesetzt werden kann, ergeben sich aber auch weitere Berührungspunkte mit P II[130], P III[131], Nd[121], H[122], A[124], sowie mit Li[132] und M[133 134].

Wir können daher durch die Erwähnung des Erdendaseins allgemein eine Nähe zu den altdeutschen Symbolen feststellen, die noch durch die besondere Erwähnung der Jünger und der Auferstehung modifiziert wird. Wir sehen aber auch, daß wir auch in diesem Fall nicht einzelne oder eine kleine Gruppe der altdeutschen Symbole, sondern wiederum fast die Gesamtheit dieser Symbole unserem Bekenntnis nahestehend bezeichnen müssen. Durch die Erwähnung der *Jünger*

---

125 *und erschain sinen jungern* (a.a.O.)

126 *und er sinen jungeron, wiben unde mannan irscein* (Hahn § 106, S. 110)

127 S. 201: P I, B I, P II, P III, A, W II.
Da Barbian bei dieser Klassifizierung aber v.a. die Parallelität zum früheren Erdendasein Christi im Auge hat, rechnet er auch die Symbole hierzu, die nur bei *dieser* Aussage *was* haben, aber beim Erdendasein *nach* der Auferstehung eine andere Ausdrucksart wählen, z.B. A: *Ich geloub, daz er an dirre werlte w a s alsani ander mensche*, aber: *Ich geloub, daz er e n t s c h a i n nach siner urstendi*

128 *unte daz er sider hien werelte was uierzog taga unte uierzog nahta* (Barbian, Übersicht)

129 *und sider males hie in erdriche was vircich tage und virzich naecht* (a.a.O.)

130 *Ich geloube daz er nach siner heilige ufstandinisse waz hie in erderiche virzich dage* (a.a.O.)

131 *Ich gloub, daz er nah siner urstend en erd was vierzeg tag und vierzeg naht* (a.a.O.)

132 *Ich glob das er nach siner urstendi hie in erd wonet* (a.a.O.)

133 *Ich geloube daz er nach siner heiligen urstende hie en erde wonete*

134 W I (a.a.O.) kann nicht hierzu gezählt werden. Er beinhaltet zwar auch die Auferstehung, aber nicht in dem in Frage stehenden Zusammenhang des vierzigtägigen *Erdendaseins* nach der Auferstehung, vgl.: *unde er sinen iungeren irskein, uuiben ioh mannun, unde er in geoucta, in mannigi uuis beuuarta die uuarheit sinero urstendidi.* G II, W II, Ba (alle Barbian a.a.O.) und Bb (Hahn a.a.O.) kennen zwar, ebenso wie auch W I und A, die gesonderte Erwähnung der Auferstehung (W I bringt also zweimal die Auferstehung!), aber nur im Zusammenhang mit der Himmelfahrt (z.B. G II: *unt gelob, daz er an demo fierzechosten taga after siner urstende ze himile fuore*; W I: *Ich glouba daz er fone sinero urstende an demo fiercigosten taga ce himeli fuor*) und nicht in dem in unserem Bekenntnis herausgestellten Zusammenhang mit dem Erdendasein, sie können daher nur sehr bedingt zum Vergleich herangezogen werden.

ergeben sich aber auch Beziehungen zu dem 1. Toletanum *(cum discipulis suis)* und zum Scarapsus des Pirmin[135] *(cum apostolis)*, letzteres zusätzlich aus der Erwähnung der Himmelfahrt (*oc til upstighningar dags – usque ad ascensionem ad caelos*), die sonst in *diesem* Zusammenhang (des Zusammenseins *bis* zur Himmelfahrt) ausdrücklich nie genannt wurde[136].

e) Das jüngste Gericht

Wenn wir uns diese Aussage unseres Bekenntnisses anschauen, dann fällt uns zunächst auf, daß nach *inde venturus est* der Zusatz *a efsta degi þessa heims* – „am letzten Tage dieser Welt" eingeschoben ist. Die meisten südeuropäischen und die angelsächsischen Symbole kennen einen derartigen Zusatz nicht. Sie entsprechen mit mehr oder weniger geringen Abweichungen T[137]. Eine Ausnahme machen wiederum zwei Bekenntnisse der Konzilien von Toledo, nämlich das 4. (*venturus est in futuro*)[138] und das 16. (*exinde in finem saeculi venturus est*)[139], das Symbol nach Beatus von Libana (*venturus est ad judicium judicare vivos et mortuos*)[140] sowie die altdeutschen Symbole, die z.T. den Zusatz „am jüngsten Tag"[141] kennen. C bekennt *iterum venturus cum gloria*[142].

Die Grundlage für den für uns wichtigen Zusatz haben wir wiederum in der 4. Sirmischen Formel zu suchen: "and will come on the last day of the resurrection with the glory of the Father . . ."[143]. Die Formel der Synode von Konstantinopel (360), die sog. Kaiserformel[144], hat eine völlig gleichlautende Gerichtsaussage. Bereits die 1. Sirmische Formel (351)[145] kannte einen ähnli-

135 allerdings mit der Einschränkung gemäß Anm. 116

136 In diesem Zusammenhang sei noch darauf hingewiesen, daß das Wort *þorsdagr* (in nG, Js und Am 313 heißt es *helga þorsdaghs, helga þorsdags* und *helga torsdags* für *upstighningar dags*) vermutlich ein Lehnwort aus dem Germanischen, und zwar aus dem Friesischen ist (vgl. de Vries, S. XXVIII).

137 Bei den angelsächsischen Symbolen konnten auch hinsichtlich der vorher besprochenen Zusätze keine Abweichungen von T festgestellt werden.

138 D 485, S. 165 (166); Hahn § 179, S. 235 (236)

139 PL 84, 535 C; D 568 ff (S. 192 ff.) bringt dieses Symbol nur auszugsweise. Dieser Zusatz ist dort nicht abgedruckt.

140 Hahn § 57, S. 67 (68)

141 B I, P II, Li, M, W I, A, G II, Ba, Bb

142 oben S. 17, 18

143 Übersetzung nach Kelly S. 289

144 Der Name Kaiserformel erklärt sich daher, daß Kaiser Konstantius in Konstantinopel jene Glaubensregel von der dort zu einer Synode versammelten Minderheit arianisierender Bischöfe (unter ihnen Wulfila) unterzeichnen und Abschriften an alle Kirchenfürsten des Reiches verschicken ließ, vgl. Kelly, S. 294, 295.

145 Hahn § 160, S. 196 und Kelly S. 272 (mit englischer Übersetzung)

chen Zusatz: *venturus est in consummatione saeculi...*[146]. Alkuin kennt den Zusatz, auf den wir schon beim 16. Toletanum hingewiesen haben: *in fine saeculi*[147]. Auch hier läßt sich also ein östlicher Einfluß, und zwar der 4. Sirmischen und der Kaiserformel auf einen Teil der altdeutschen Symbole und auf unser Bekenntnis nachweisen. „Jüngster Tag" und „letzter Tag dieser Welt" entsprechen sich in ihrer Aussage vollkommen. Dieser Ausdruck – *efsta degi þessa heims* – mag mit der in Norwegen sehr ausgeprägten und immer wieder betonten Unterscheidung der beiden Welten[148] (vor und nach dem Gericht) zusammenhängen.

Auch bei der zweiten Aussage über das Gericht – *huern eptir sinum uerðleika*, „jeden nach seinem Verdienst" – müssen wir den Ursprung im östlichen Symbolgut suchen. Schon bei der Besprechung des Höllenfahrtsartikels haben wir gesehen, daß das ganze Bekenntnis vom Gedanken der Werkgerechtigkeit durchzogen ist. Auch in der Gerichtsaussage hat dieser Gedanke seinen Ausdruck gefunden. Ihn finden wir schon in der nun bereits mehrfach erwähnten 4. Sirmischen und in der Kaiserformel: "with the glory of the Father, rendering to each according to his deeds"[149]. Aber auch vor diesen Formeln taucht dieser Ausdruck des Richtens nach den Werken auf. Die Synode von Philippopolis von 343[150] formulierte: *venturus judicare vivos et mortuos et reddere unicuique secundum opera ejus*[151]. Stellen wir die ganze Gerichtsaussage der 4. Sirmischen und der Kaiserformel der Aussage unseres Bekenntnisses gegenüber, so müssen wir eine bedeutende Übereinstimmung feststellen:

and will come on the	*oc þæðan scal hann koma*
last day of the resurrection	*a efsta degi þessa heims*
with the glory of the Father,	
rendering to each according	*at döma huern eptir*
to his deeds	*sinum uerðleika.*

Von den altdeutschen Symbolen entspricht P II am ehesten: *ich geloube daz er dannen cumen sol ame jungesten tage zu erteilende einem ygelichen mensche al*

146 Übersetzung nach Hilarius von Pectavium PL 10, 509 C

147 Alkuin, De trin. III, 16, PL 101, 49; vgl. hierzu Barbian S. 205

148 Vgl. *Sermo ad populum*, Homiliebok S. 35 ff (37): *i þessom hæimi – i oðrum hæimi*

149 Übersetzung nach Kelly S. 289, 293

150 von den Eusebianern abgehalten, während die Occidentalen sich in Sardica versammelten. Die Synode von Sardica bestätigte das Nizänum, die von Philippopolis wiederholte unter Hinzufügung einiger Anathematismen im wesentlichen die 4. Antiochenische Formel von 341 (Hahn S. 190, Anm. 107).

151 Hahn § 158, S. 190

nach sinen werken[152]. Barbian äußert hierzu die Vermutung, daß die Form der Gerichtsaussage, wie sie uns von der 4. Sirmischen und der Kaiserformel von 360 belegt ist, auf direktem Weg in die obige altbairische Glaubensregel gelangt sei, da keine Texte vorlägen, die als Mittelstück dienen könnten[153]. In der Tat lassen sich die anderen Regeln, die bekennen, daß Christus jeden Menschen nach seinen Werken richten wird, ihrer Form und Aussage nach eher auf C oder auch auf T (*inde* statt wie bei C *iterum*) oder auf eine Kombination von C und T oder auf die spanische Tradition, wie sie vor allem durch die toledanischen Bekenntnisse ausgeprägt ist, zurückführen[154], als auf die 4. Sirmische und die Kaiserformel.

So müssen wir in diesem Punkt zwar auch eine Verwandtschaft zu fast allen altdeutschen Symbolen feststellen, denn nicht weniger als dreizehn kennen das Gericht nach den Werken der Menschen[155], aber besonders eng ist wegen der fast gleichlautenden Aussage die Verwandtschaft zu P II, und dieses Bekenntnis geht wiederum auf die 4. Sirmische und die Kaiserformel von 360 zurück. Bemerkenswert ist noch, daß weder P II noch unser Bekenntnis die typisch östliche Aussage "with the glory of the Father" beinhalten (vgl. auch C: *iterum venturus cum gloria judicare*), die z.B. von einem anderen Bekenntnis, das ebenfalls deutliche Spuren der Einwirkung östlichen Symbolguts (von C) zeigt, nämlich Mü[156], übernommen wurde. Während P II jedoch an die Aussage über das Gericht die Aussage über die Auferstehung des Leibes und der persönlichen Rechenschaft anschließt, bringt unser Bekenntnis diesen Zusatz erst im dritten Artikel. Es steht daher nach Inhalt und Struktur den erwähnten Ursprungsformeln näher als P II[157].

---

152 Barbian, Übersicht

153 S. 204

154 Vgl. die Untersuchungen bei Barbian S. 205 ff.

155 Vgl. z.B. P III: *Ich gloub, daz er danne chunftich ist ze tailen einem igelichen menschin nah sinen werchen* (Barbian, Übersicht)
H: *Credo quod adhuc inde venturus est iudicare vivos et mortuos unumquemque secundum opera sua* (a.a.O.)

156 *et iterum venturum cum gloria et iudicaturum et redditurum unicuique secundum opera sua* (Hahn § 94, S. 98 (99))
Mü entstammt übrigens zwei Handschriften aus der Freisinger Auslegung des Paternoster (Freisinger Paternoster). Das Paternoster selbst – ohne die erwähnte Glaubensformel – ist bei MSD I unter Nr. LV und bei SD unter Nr. VIII, S. 43 ff. abgedruckt.

157 Über die Abhängigkeit der anderen altdeutschen Symbole von westlichem bzw. östlichem Symbolgut vgl. Barbian S. 204 ff.

3. Der dritte Artikel

Der dritte Glaubensartikel bringt als Besonderheiten zunächst die Betonung der Trinität, dann eine Umschreibung der Glieder *sanctam ecclesiam catholicam* und *sanctorum communionem*, die Ausweitung der Aussage über die Sündenvergebung, den Gedanken der Identität des Fleisches und die ausführliche Beschreibung des ewigen Lebens.

a) Die Trinität

Die Aussage über die Trinität finden wir in einer Vielzahl von Glaubensbekenntnissen. Allein von den altdeutschen Symbolen kennen siebzehn diesen Zusatz. Die Quelle jedes trinitarischen Bekenntnisses ist der Missions- und Taufbefehl Christi in Matth. 28, 19 ff. Wir haben schon früher darauf hingewiesen, daß bei den ältesten uns bekannten Bekenntnissen die trinitarische Aussage nicht im Vordergrund stand. Doch scheinen die nachfolgenden Auseinandersetzungen mit auftretenden Irrlehren eine Wendung herbeigeführt und zu einer besonderen Formulierung gedrängt zu haben. So sah sich insbesondere Papst Dionysius (259–268) in einem Brief an Bischof Dionysius von Alexandrien veranlaßt klarzustellen[1]:
Neque igitur admirabilis et divina unitas in tres divinitates est separanda ... credendum est in Deum Patrem omnipotentem et in Christum Jesum eius Filium et in Spiritum Sanctum. Verbum autem Deo universorum esse unitum ...[2]. In den späteren Bekenntnissen wird dann dieser Gedanke besonders herausgestellt[3],

1 D 112–115, S. 48 ff.

2 D 115, S. 50

3 Vgl. z.B. die Formel *Fides Damasi*: *Credimus in unum Deum Patrem omnipotentem et in unum Dominum nostrum Jesum Christum Filium Dei et in unum Spiritum Sanctum Deum. Non tres Deos, sed Patrem et Filium et Spiritum Sanctum unum Deum colimus et confitemur* (D 71, S. 39; Hahn § 200, S. 275); das Symbolum *Clemens Trinitatis* (D 73, S. 40); das Symbolum *Quicumque vult (Athanasium)* mit der wohl klassischen Formulierung: *Fidem autem catholica haec est, ut unum Deum in Trinitate, et Trinitatem in unitate veneremur, neque confundentes in personas, neque substantiam separantes: alia est enim persona Patris, alia persona Filii, alia persona Spiritus Sancti, sed Patris et Filii et Spiritus Sancti una est divinitas aequalis gloria coaeterna maiestas* (D 75, S. 40; Hahn § 150, S. 175, 176); und vor allem auch die Bekenntnisse der Konzilien von Toledo, die alle die Trinitätsformel enthalten und sie an den Anfang stellen, z.B. 11. Toletanum: *Confitemur et credimus sanctam atque ineffabilem Trinitatem, Patrem et Filium et Spiritum Sanctum, unum Deum naturaliter esse unius naturae unius quoque maiestatis atque virtutis* (D 525, S. 175; Hahn § 182, S. 242, 243)

zum Teil wird er als *das* Wesensmerkmal des Symbolums überhaupt betrachtet[4]. In T wird das Bekenntnis der Trinität in dem dreimaligen Ansatz *Credo, et* und *et* gesehen.

Gegen Ende des achten Jahrhunderts steht der Streit um die Trinität wiederum an vorderster Stelle in der theologischen Diskussion. Auf dem Konzil von 767 verweigerten die Bischöfe aus dem Osten die Aufnahme des *filioque* in das Credo[5]. In diesen Streit um den Hervorgang des heiligen Geistes nur aus dem Vater oder auch aus dem Sohn greift schließlich auch Karl der Große ein, der auf der Synode von Frankfurt 794 das *filioque* propagieren läßt[6]. So darf es nicht verwundern, daß das Bekenntnis der Trinität auch in die Mehrzahl der altdeutschen Symbole Eingang gefunden hat. Fünfzehn[7] bringen es zu Beginn des ersten Artikels oder zu Beginn des zweiten Artikels und verbinden so den Beginn dieses Artikels mit dem Schöpfungsartikel zu einem umfassenden trinitarischen Bekenntnis[8], zwei bringen ihn zu Beginn des dritten Artikels[9].

Unser Bekenntnis stellt den Trinitätszusatz ebenfalls an den Beginn des dritten Artikels. Vergleichen wir den Text mit demjenigen der beiden altdeutschen Symbole, die diesen Zusatz an gleicher Stelle bringen, so müssen wir eine deutliche Verwandtschaft zu W II feststellen: *Ver skolum trua a hælgan anda at han er sannr guð sem faðir oc soner oc þær þriar skilningar er einn guð – Ich gloube an den hailigin gaist. Ich gloube, daz die dri benennede suaters unte*

4 so von Nicetas von Remesiana, Faustus von Riez (vgl. Kelly S. 372) und Cäsarius von Arles.
Kattenbusch sagt von Cäsarius:
„Das Symbol ist ihm offenbar ein Inbegriff des ganzen Glaubens wobei die Trinitätslehre die Hauptsache ist, die alles weitere regiert" (Bd. I, S. 167)

5 Barbian S. 144

6 Barbian a.a.O.

7 H, B I, P II, G II, G I, M, A, G III, W I, B III, Nd, Ba, Li (alle Barbian, Übersicht), Mü (Hahn § 94, S. 98), Bb (Hahn § 106, S. 110)

8 z.B. Bb: *Ich gloube in der allichun cristinlichun gloube, daz der alemahtige vater unde der sin einborne sun unde der von in zvein vramvarente heiligoste geist ein warer lebente trohtin got ist. An der heiligun trinemmide gloub ich und eren unde giho vasto eina gotelichun ebenselbewigun einselbwesenti, und an der einun gotelichun ebenselbewigun einselbwesendi gloub ich und eren unde giho vasto mit ungisceidener ebenselbgliche die viele heiligun trinemmede. Ich gloube die heiligun tribinemmede an demo ungisceidenen einwesente an einandera unvirwehsellichi unde uncisamine-gemisciliche. Ich glouba eina gotheit ... Den got einan alemahtigen gloub ich scepffare himilis und erde und alles des der ist ane sin selbes* (Hahn a.a.O.)
P II: *ich geloube an got, vater alweltigen, der da scheppher ist des himel und der erden. ich geloube an sin ainborn sun, unsern herren Jesum Christum. ich geloube an den vater und an den sun und an den heiligen geist und daz die drie namen ein war got ist* (Barbian a.a.O.)

9 P I und W II (Barbian, Übersicht)

sunes unte des heiligin gaistes ain warre got ist[10]. Wenn auch eine *textliche* Verwandtschaft zu anderen der altdeutschen Symbole besteht[11], so müssen wir hier – abgesehen von der genannten Verwandtschaft im Ausdruck – gerade wegen der gleichen Stellung im Symbol eine besondere Nähe zu W II feststellen.

b) Der Glaube mit der Christenheit an die Lehren der Kirche und die Gemeinschaft der Heiligen

Diese Stelle ist es, die unser Bekenntnis von der Aussageform her am deutlichsten von anderen Bekenntnissen zu unterscheiden scheint, denn es wird nicht der Glaube *an* die heilige *Kirche* und *an* die Gemeinschaft der Heiligen bekannt, sondern der Glaube an die *Glaubenswahrheiten* dieser Kirche. In Wirklichkeit liegt auch in dieser Aussage ein Bekenntnis an die Kirche und die Gemeinschaft der Heiligen verborgen, denn der Glaube an die Glaubenswahrheiten einer Gemeinschaft setzt das Anerkenntnis dieser, ins Theologische übertragen, den Glauben an diese Gemeinschaft voraus. Doch wollen wir den Gehalt dieser Aussage letztlich bestimmen und in Beziehung zu der parallelen Aussage in T setzen, so müssen wir uns vorher über den Sinn klar werden, der den Gliedern *sanctam ecclesiam* und *communio sanctorum* in diesem Bekenntnis beigemessen wird.

Der Ausdruck *ecclesia* (*εκκλησία*) ist der Septuaginta entlehnt, wo er als Übersetzung des hebräischen *quahal* diente. Dies war die gewöhnliche Bezeichnung für das erwählte Volk Israel bei der feierlichen Versammlung vor Gott[12]. Für die Christen sollte damit zum Ausdruck gebracht werden, daß sie das *neue Volk* Israel darstellen, den Erben all der versprochenen Heilstaten der kommenden Zeit[13]. Im zweiten Jahrhundert machte diese Auffassung einer etwas allgemeineren Platz. Die Kirche wurde als Gemeinschaft der an Christus Glaubenden[14] (die dadurch eine *Kirche* bildeten [Justinus]) mit konkretem,

---

10 P I lautet: *Ich geloub daz der vater und der sun und der heilige geist ein war got ist und immer wesen sol ane ende* (Barbian a.a.O.)

11 vgl. z.B. Nd: *Ic kelave, that the thre genenneden the vader en the sune en the helge gest en war godhid is.*
A: *Ich gloub, daz die drie benemde ain gwaire got ist . . .*
B III: *unde gloube, daz die dri gnendi ein warir got ist . . .*
Ba: *ich geloube an sin einbornen sun . . . der mit dem vater und mit dem heiligen geist ein warer got ist . . .* (alle Barbian a.a.O.)

12 Kelly S. 157

13 Kelly a.a.O.
Die gleiche Bedeutung wird auch durch das II. Vatikanische Konzil hervorgehoben, welches die Kirche „mit Vorliebe das neue Volk, das sich Gott erwählt hat, um es als Zeichen des Heiles unter allen Völkern aufzurichten" nennt (Winklhofer S. 72)

14 Schon Paulus hatte seine Briefe an die „Gemeinden Gottes" (*εκκλησια του θεου*). adressiert. (vgl. Barbian S. 214)

institutionellem Charakter (Clemens von Rom, Ignatius von Antiochien, Polykarp) verstanden[15]. Aber auch dort, wo das Wort „Kirche" nicht ausdrücklich gebraucht wurde, war der Gedanke des von Gott erwählten Volkes von frühester Zeit bestimmend und vorherrschend im theologischen Denken[16]. Er gehörte zu den Grundwahrheiten, deren alle Christen sich bewußt waren, und so war es nur natürlich, daß er auch Eingang in das Symbol gefunden hat, besonders als in der Mitte des zweiten Jahrhunderts Sekten auftauchten, von denen man sich als „Wahre Kirche" unterscheiden wollte. In jener Zeit wurde auch das Epitheton „heilig" hinzugefügt, das ebenso wie „Kirche" auf das Alte Testament zurückgeht, und das die Beziehung des erwählten Volkes zu Gott versinnbildlichen sollte[17]. „Heilig" meint daher auch nicht in erster Linie die subjektive Heiligkeit der Mitglieder, sondern die Beziehung des Ganzen zu Gott, die objektive Heiligkeit des Ganzen[18]. Die schon angedeutete Auseinandersetzung mit Sekten und der Umstand, daß die Verbindung „heilige Kirche" zum ersten Mal in der anti-gnostischen *Epistula Apostulorum* (um 140 oder 170) gebraucht wird, macht es wahrscheinlich, daß die Aufnahme in das Symbol zur Abwehr von Irrlehren geschah[19]. Dies muß zumindest eingeschränkt auch für R gelten[20], von dem sie dann in die verschiedensten Symbole weiterführte.

Dem Wort „Kirche" bzw. *ecclesia* kommt also im Symbol der Bedeutungsinhalt der „Versammlung der christlichen Gemeinde" und der „göttlichen Heilsinstitution" zu[21], es hat daher sowohl *personalen* als auch *institutionellen* Charakter. Daneben bedeutet „Kirche" aber auch den Versammlungs*ort* der Gemeinde[22].

Der Ausdruck *Gemeinschaft der Heiligen* findet sich in einer Glaubensregel zuerst bei Nicetas von Remesiana belegt[23]. Die ursprüngliche Heimat dieses Zusatzes glaubt Kelly in Südgallien[24], während Harnack und Elert[25] sie im Osten sehen (Cyrill von Jerusalem). Beide Meinungen werden mit den engen Beziehungen Nicetas' zu Gallien bzw. zum Osten begründet. Es steht unserer Untersuchung jedoch nicht zu, in diesem Streit Partei zu ergreifen, der sich nicht

15 vgl. Kelly S. 158

16 Kelly S. 159

17 Kelly S. 158

18 Kelly S. 159 und Barbian S. 215

19 Kelly S. 160; Altaner, 6. Aufl., S. 67; Barbian S. 216

20 Kelly a.a.O.

21 Barbian S. 214

22 Das Lehnwort „Kirche" bezeichnete ursprünglich das *Gotteshaus*, wurde dann aber bald auf die Gemeinde selbst übertragen. (vgl. Barbian a.a.O.)

23 Kelly S. 388

24 Kelly S. 389

25 Elert Theol. Literaturzeitung 74 (1954) 577–586, zit. nach Barbian S. 221, Anm. 490

nur auf die ursprüngliche Heimat, sondern, damit verbunden, auch auf die ursprüngliche Deutung bezieht: *personal* (Verbindung zur Kirche)[26] oder *sakramental (communio sanctorum = communio sacramentorum).* Beide Meinungen machen jedoch die Lehre von der Gemeinschaft der Heiligen aus. In karolingischer Zeit ist man sich des vollen Ausmaßes dieser Lehre bewußt: „Man empfand es als Selbstverständlichkeit, daß es außerhalb der Kirche keine Gliedschaft am Leibe Christi gebe, daß eine lebendige Zugehörigkeit zur Kirche aber nur möglich sei durch den Genuß des Fleisches und Blutes Christi"[27]. In der Auslegung des Artikels im *Symbolum* scheint aber die personalistische Deutung vorherrschend gewesen zu sein. Für Alkuin und die *Albini Confessio Fidei* sind „Kirche" und „Gemeinschaft der Heiligen" völlig identisch[28]. Dem entspricht es auch, daß die altdeutschen Symbole durchweg den Ausdruck „Christenheit" für „Kirche" gebrauchen und damit die personale Seite dieses Begriffes besonders herausstellen[29].

Auch in unserem Bekenntnis ist dieser Begriff personalistisch gedeutet. Dies wird allein schon durch die Verwendung des Wortes *kristilæg þioð*[30] – „Christenheit" für „Kirche" betont. Dieses personale Element wird durch die mit „und" angeschlossene Verbindung zu *allra heilagra manna samband* – „Gemeinschaft aller heiligen Männer" – noch unterstrichen. Wir sehen also auch hierin eine Berührung mit den altdeutschen Symbolen. Aber nicht nur die personale Seite des Kirchenbegriffes, sondern auch die Kirche als Institution ist angesprochen: In dem Satz *heilog kirkia hefir samðykt* – „dem die heilige Kirche zugestimmt hat" – kommt diese institutionelle Seite des Kirchenbegriffes klar zum Ausdruck[31]. Damit verbunden ist der Glaube an die Kirche als Heilsverkünderin[32]. Der formalen Auslegung nach steht dieser Gesichtspunkt sogar im Vordergrund. („Wir sollen glauben, was die ganze Christenheit glaubt . . .").

26 Der Begriff der Kirche umfaßt auch die Heiligen im Himmel, vgl. Nicetas, Symbolerklärung, Kap. 10: *Ecclesia quid aliud, quam sanctorum omnium congregatio? Ab exordio enim saeculi, sive patriarchae, sive Abraham, Isaac, et Jacob, sive prophetae, sive apostoli, sive martyres, sive ceteri justi qui fuerunt qui sunt, qui erunt, una Ecclesia sunt . . . Etiam angeli etiam virtutes et potestates supernae in hac una confoederantur Ecclesia.* (PL 52, 871)

27 Barbian S. 223

28 Barbian S. 224

29 z.B. P II: „ich geloube an die heilige christinheit" (Barbian, Übersicht)

30 eigentlich „christlicher Stamm; christliches Volk; christliche Nation", d.h. Kirche als Zusammenfassung der christlichen *Menschen*

31 Beachte hier die Verwendung von *kirkia* und nicht *kristilæg þioð* für „Kirche". Auch die Kirche als *historische* Institution ist angesprochen: *samðykt a ð r* – „früher zugestimmt". Damit ist die Stellung der Kirche gemeint, die sie bis jetzt, also in früheren Zeiten, in Streitfragen eingenommen hat.

Auffallend ist, daß unser Bekenntnis von den sonst üblichen Epitheta „einig", „heilig", „katholisch" und „apostolisch" nur das Epitheton „heilig" kennt. Es gleicht auch hierin den meisten der altdeutschen Symbole[33]. Durch das Wort „heilig" wird die Verbindung zu Gott hergestellt. Daß es nur im Zusammenhang mit der Kirche im institutionellen Sinn steht, darf nicht verwundern; für die Kirche im personalen Sinn ist sie im identisch gebrauchten „Gemeinschaft aller heiligen Männer" hergestellt.

Wir haben gesehen, daß unser Bekenntnis trotz der uns zunächst seltsam anmutenden Formulierung auch das Bekenntnis des Glaubens *an* die Kirche und die Gemeinschaft beinhaltet. Es ist ein Treuebekenntnis zur Kirche und deren Glaubenswahrheiten. Wenn der Glaube an die Glaubenswahrheiten besonders hervorgehoben ist, so kommt damit nur eine Seite der symboltextlichen Bedeutung des Wortes „Kirche" primär zum Ausdruck. Mitumfaßt und ausdrücklich angesprochen sind aber auch die personale und institutionelle Seite dieses Ausdrucks. In der Erwähnung des personalen Kirchenbegriffs und der Verwendung nur des Epithetons „heilig" haben wir wiederum eine Beziehung zu den altdeutschen Symbolen feststellen können.

Der in Frage stehende Artikel ist somit eine echte Glaubensaussage, und zwar ein Bekenntnis zu der Kirche und der Gemeinschaft der Heiligen selbst, und nicht bloß eine Statuierung der Lehre, wie man sie zuweilen bei anderen Bekenntnissen, besonders bei den *Bekenntnissymbolen,* am Schluß findet[34]. Diese stellen abschließend fest, daß der vorangegangene Symboltext die Lehre der katholi-

---

32 Daß die symboltextliche Bedeutung von Kirche auch „Verkünderin der ‚wahren Lehre'" ist, beweisen folgende Symbole: die von J.L. Jacobi veröffentlichte Glaubensformel, Hahn § 238, S. 349 (351): *Credo ecclesiam Christi electam illam solam esse, quae catholicam est, i.e. universali, quae una fide et caritate per universum orbem consistit* und der „Glaube der christlichen Kirche" nach Leidrad von Lyon, Hahn § 243, S. 356 (357): . . .*commendatio sanctae ecclesiae catholicae. Quia demonstratus est Deus, domonstretur et templum ipsius, quod est ecclesia sancta, una, vera, catholica, c o n t r a o m n e s h a e r e s e s p u g n a n s, nunquam expugnanda . . .*

33 vgl. z.B. Nd: *Ic kelave thie helge cerstenhid* (Barbian a.a.O.)

34 z.B. 4. Toletanum, Hahn § 179, S. 235 (236); D 485, S. 165 (166):
Haec est catholicae ecclesiae fides, hanc confessionem conservamus atque tenemus, quam quisquis formissime custodierit perpetuam salutem habebit. und die von J.L. Jacobi veröffentlichte Glaubensformel (oben Anm. 32):
Haec fides omnium recte credentium. Hanc qui tenuerit adjunctis bonis operibus juvante et hoc totum donanto Dei gratia, et in ea usque in finem perseveraverit vitam cum sanctis habebit aeternam.

schen Kirche darstellt, der es anzuhängen gilt, wobei vor einem Abweichen von dieser Lehre oft eindringlich gewarnt wird[35].

Wir kennen aber auch einige Symbole, die im Bekenntnistext selbst von der Verkündung durch die Kirche sprechen. Dies geschieht jedoch nicht als echte *Bekenntnis*-(Glaubens-)aussage, sondern eher in der Art einer Erklärung oder ebenfalls einer Statuierung[36]. Sie können daher als Vorbild für unser Symbol nicht herangezogen werden.

Eine echte Bekenntnisaussage stellt dagegen P I dar. Dieses altdeutsche Symbol formuliert: *ich geloube daz die heilige cristenhait mit deme cristengelube behalden ist*[37] und nach dem Glauben an die Gemeinschaft der Heiligen kommt die Stelle: *ich geloube alles des des ich christenmensche zu rechte gelouben soll*[38], um anschließend den Sündennachlaß zu bekennen. Hier finden sich echte Anklänge zu unserem Bekenntnis: Der Glaube an die Kirche wird nicht als

---

35 z.B. die zweite Symbolformel des Johannes von Jerusalem (Hahn § 213, S. 296 ff. (298)): „Wer nun mit diesen Lehren, die oben aufgeführt sind, übereinstimmt, der ist ein Genosse unserer Gemeinschaft, wer aber nur gegen einen von den oben angeführten Punkten ein Wort einwendet der ist unserer Gemeinschaft fremd"
oder das 16. Toletanum (D 568 ff. (575), S. 192 ff. (195)): . . . *atque omnes, qui . . . non crediderunt, perpetuae damnationis sententia ulciscentur atque in fine saeculi cum diabolo eiusque sociis ignivomis rogis cremabuntur.*

36 Vgl. den Text nach Notkers Katechismus (Anf. 11. Jh.) (Hahn § 101, S. 104 (105), lat. und deutscher Text): *Sanctam ecclesiam catholicam i universalem congregationem christianorum. Keloubo heiliga die allichun samenunga, diu christianitas heizet, diu fone diu allich heizet, uuanda si alliu sament eint geloubet unde eines jiehet unde dar ana ungeskeiden ist. Sanctorum communionem. Geloubo ze habenne deno heiligon gemeinsami,*
den Text nach einer Wiener Handschrift aus dem 11. Jh. (Hahn § 103, S. 107 (108), lat. und deutsch): *Sanctam ecclesiam catholicam. Gloube die heiligun allichun christenheit, diu fone diu allich heizit, uuanda si elliu sament ein gloubit, und ein gihit. unde dar ana ungiskeiden ist. Sanctorum communionem . . . Gloube ze habende dere heiligen gimeinsame*
und das Bekenntnis des Theodulph von Orleans (Hahn § 242, S. 355 (356)): *Credant ejusdem sanctae Trinitatis domum esse sanctam ecclesiam, a cujus communione discedentes schismatici et haeretici vocantur et in aeterna damnatione ponuntur. In ejus vero communione permanentes et membra Christi esse et remissionem peccatorum percipere et ad vitam aeternam pertinere.*
In zwei angelsächsischen Symbolen wird zwar im Bekenntnis selbst der Glaube an den Glauben der Kirche angesprochen, eine echte Beziehung zu unserem Bekenntnis wird aber wegen der engen Anlehnung dieser Texte an T nicht hergestellt, vgl. das Symbol nach einer Handschrift aus dem 9. Jh. (Hahn § 78, S. 86 (87), lat. u. ags. Text): *Ic gelyfe tha halgan gelathunge riht gelyfdan; Sanctam ecclesiam catholicam* und den Text nach einer Handschrift etwa um 1400 (Hahn § 86, S. 92 (93)): *I bileve in the hooli goost; Feith of hooli Chirche, communynge of seyntis.*

37 Barbian, Übersicht

38 a.a.O.

solcher bekannt, sondern umschrieben mit dem Glauben, daß die heilige Kirche den Christenglauben enthält. Die Stelle *ich geloube alles des des ich christenmensche zu rechte gelouben sol* läßt sich mit Fug und Recht unserem Text gleichsetzen: der Glaube „als Christenmensch" entspricht dem „was die ganze Christenheit glaubt" (*er tryr oll kristilæg þioð*). Und das „*zu rechte gelouben sol*" kann sich nur auf die unverbrüchlichen Glaubenswahrheiten beziehen, die die Kirche aufgestellt hat (*heilog kirkia hefir samðykt aðr með obrigðilægri staðfesto*). Unter den altdeutschen Symbolen finden wir weitere zwei, die unserem Bekenntnis hinsichtlich dieser Aussage sehr nahe kommen. Es sind dies W I und Bb. Diese beiden Bekenntnisse, die in ihren zweiten und dritten Artikeln fast wörtlich übereinstimmen[39], kennen ebenfalls den Glauben an die Glaubenswahrheiten der Kirche: W I: *ih gloube alla die uuarheit doro heiligen euangeligun. allez daz dir horit ze rehtere glouba, daz gloubo ih fasto nah den gotes gnadun, unde al daz uuidere ist dere rehten gelouba, daz lougeno ih noh daz neglouba ih. sus gelouba ih, trohtin got almahtiger: nu hilf aua, du filo gnadiger herro, allen minen ungelouben*[40]. Und Bb: *Ich gloubo alle die warheit des heiligan ewangeljen unde aller der heiligun scrifte, und allez daz der horit ci rehter gloubo, daz gloub ich vasto nah den gotes gnadon, unde al daz wider ist der rehtun gloubo, daz lougin ich noh daz nigloub ich. Sus gloub ich, trohtin got alemahtige: aber hilf, tu vile gnadie, herro, al min ungloubа*[41].

Wenn auch diese beiden Stellen am Schluß des Textes von W I und Bb stehen, und diese Bekenntnisse eine eigene Aussage über den Glauben *an* die Kirche und die Gemeinschaft der Heiligen haben (z.B. Bb *ich gloubo heiliga die einun allichun botelichun christinheit unde gemeinsami aller gotis heiligon*)[42], so stellen sie doch keine bloßen Bekräftigungsaussagen dar, sondern sind, vor allem in ihrem ersten Teil, echte Bekenntnisaussagen. Das Bekenntnis *ich gloubo alle die warheit des heiligen ewangeljen unde aller der heiligun scrifte und allez daz der horit ci rehter gloubo* (Bb) gibt inhaltlich das gleiche wieder, was P I und unser Bekenntnis meinen.

Ein weiteres Bekenntnis, welches den Glauben an die Glaubenswahrheit beinhaltet, ist das des Königs Reccared, welches er auf dem 3. Konzil von Toledo im Jahre 589 abgelegt hat[43]: *Sed sicut verae salutis indicium est, trinitatem in unitate et unitatem in trinitate sentire, ita erit consummatio justitiae, s i e a n d e m f i d e m i n t r a universalem e c c l e s i a m t e n e a m u s e t a p o s t o l i c a m o n i t a in apostolico positi fundamento s e r v e m u s*[44].

39 Vgl. über den Zusammenhang dieser beiden Barbian S. 60 mit weiteren Hinweisen.

40 Barbian, Übersicht

41 Hahn § 106, S. 110 (112)

42 Hahn a.a.O.

43 Es ist also älter als die genannten altdeutschen Symbole.

44 Hahn § 177, S. 232

Diese Aussage erinnert etwas an W I und Bb, sie steht textlich der Aussage unseres Bekenntnisses gleich, stellt aber eine reine Bekräftigungsformel dar und kann daher nur sehr bedingt als Vergleich herangezogen werden.

Die *Autorität* der Kirche, in Glaubensfragen eine Entscheidung zu treffen (vgl. *hefir samðykt með obrigðilægri staðfesto*) wird im Symbol des Julianus von Eclanum[45] ausdrücklich ausgesprochen: *Novum et vetus testamentum recipimus in illo librorum numero, q u e m c a t h o l i c a e c c l e s i a e t r a d i t a u c t o r i t a s*[46]. Diese Aussage ist, setzt man sie in Beziehung zum ganzen Bekenntnis, keine reine Bestätigungsformel, sie ist vielmehr eine tatsächliche Glaubensaussage. Ihr Aussagegehalt ist aber nicht so stark wie in unserem Bekenntnis: Das Bekenntnis des Julian ist ein *privates Bekenntnissymbol*, d.h. es ist mehr eine Darlegung und Erklärung der grundsätzlichen Glaubensregeln, ohne die Aussagekraft und den Aussagegehalt unseres Symbols zu erreichen. Ein Vergleich ist daher ebenfalls nur bedingt zulässig.

Es läßt sich als Ergebnis also festhalten, daß unser Bekenntnis, trotz der andersartigen Aussage, den gleichen Inhalt wie z.B. die entsprechende Stelle in T hat. Auch formal reiht es sich in die Tradition der verschiedensten Symbole ein. Formal und dem Aussagegehalt nach kommt es wiederum den altdeutschen Symbolen am nächsten, von denen P I, W I und Bb besonders hervorzuheben sind.

c) Sündenvergebung

Unser Bekenntnis kennt zwei sakramentale Formen des Sündennachlasses: die Taufe und die Beichte: „*ver skolum trua at syndir firirlatazt i skirn oc iðran oc scripta gang* . . ." – „wir sollen glauben, daß die Sünden vergeben werden in der Taufe und der Reue und der Beichte . . .". Hierin spiegelt es die ganze Lehre der kirchlichen Bußpraxis wieder, wie sie sich im Laufe der Jahrhunderte entwickelt und zum Verständnis des Bußsakraments beigetragen hat[47].

In der frühkirchlichen Zeit war die enge Beziehung zwischen Taufe und Sündennachlaß, wie sie in Apg. 2, 38 zum Ausdruck kommt, bestimmend für die Entwicklung der Bußpraxis. Mit dem Empfang des Taufsakraments wurden alle bisherigen Sünden getilgt. Daß aber auch hierzu eine innere Bußgesinnung gehört, zeigt die zitierte Stelle aus der Apostelgeschichte: „Tut Buße, und lasse sich ein jeglicher taufen auf den Namen Jesu Christi zur Vergebung der Sünden, so werdet ihr empfangen die Gabe des heiligen Geistes". Ursprünglich scheint die

---

45 vgl. über die zweifelhafte Urheberschaft Julians Hahn S. 293, Anm. 292

46 Hahn § 211, S. 293 (294)

47 Vgl. zum folgenden K. Rahner in LThK II (1958), Sp. 805 ff. und 826 ff.; Eichenseer S. 403 ff.; Barbian S. 227 ff.; Kattenbusch II, S. 706 ff.; Poschmann, Die abendländische Kirchenbuße (Kirchenbuße) S. 58 ff.; ders. Buße und Letzte Ölung (Buße) S. 42 ff.

Taufe die einzige Art der Vergebung gewesen zu sein, denn „erst im zweiten Jahrhundert wurde die Möglichkeit, von schwereren Vergehen, die erst nach der Taufe begangen worden waren, Lossprechung zu erlangen, mehr und mehr in Betracht gezogen"[48]. Durch die öffentliche Buße, bei der die begangenen Verfehlungen vor der versammelten Gemeinde bekannt wurden, und die voran- und nachgehenden Bußübungen wurde eine erneute Sündenvergebung erreicht. Diese öffentliche Buße sollte jedoch nur einmal möglich, also unwiederholbar sein (Hermas, Tertullian, Origines, Clemens von Antiochien)[49]. Ein endgültiger Heilsausschluß sollte damit jedoch wohl nicht ausgesprochen werden[50], diese Lehre ist vielmehr eher psychologisch und pädagogisch aufzufasssen[51], gedacht als Riegel gegen kirchlichen Laxismus[52]. Jedoch legten einzelne Kirchen die Frage der Rekonziliation weitgehend nach eigenem Ermessen aus. Si verweigerten z.B. die Kirchen von Elvira, Arles, Sardika und Saragossa bis ins vierte Jahrhundert hinein bestimmten Sündern im Einzelfall die Rekonziliation[53]. Im Westen wird aber an der Einmaligkeit der öffentlichen Buße die ganze patristische Zeit über festgehalten[54]. Jedoch werden sehr lange Bußzeiten, oft bis zum Sterbebett, ausgesprochen, mit der Begründung, daß „die Taufe ein schlechthinniger Gnadenerlaß sei und spätere Sünden daher nicht *in der Kirche* vergeben werden können, sondern nur durch eigenes Bußetun vor Gott abgebüßt werden können"[55]. Das heißt, daß das *accipere poenitentiam* auf das Lebensende verschoben wird, wobei zur Aufhebung der Exkommunikation das *agere poenitentiam* notwendig ist, welches Bekehrung und persönliche Buße bei christlicher Lebensführung umfaßt[56]. Hierzu gehören vor allem Gebet, Fasten und Almosen[57].

Im Symbolum bedeutete *remissio peccatorum* bis in die Mitte des vierten Jahrhunderts hinein nur die Vergebung durch die Taufe[58], erst später wurde sie

48 Eichenseer S. 411; vgl. auch Barbian S. 227
Es wird jedoch auch betont, daß bereits von Anfang an das Wissen um eine mögliche Sündenvergebung nach der Taufe vorhanden war, und ein derartiger Nachlaß auch gewährt wurde. Vgl. Rahner LThK II (1958) Sp. 806; Eichenseer S. 403; Poschmann, Buße S. 10 u. 33 ff.

49 Rahner a.a.O. Sp. 806, 807; Poschmann, Buße S. 54 ff.

50 Rahner a.a.O.

51 Eichenseer S. 406

52 Rahner a.a.O.

53 vgl. Rahner a.a.O.; Barbian S. 228

54 Rahner a.a.O. Sp. 807, 810, 812

55 Rahner a.a.O. Sp. 808

56 Barbian a.a.O.

57 vgl. Eichenseer S. 407

58 Eichenseer S. 412. Das läßt sich aus dem ursprünglichen Zweck des Symbols als Taufbekenntnis ableiten, vgl Eichenseer S. 403

auch auf die Vergebung durch private Bußübungen, wie Gebet, Fasten, Almosen ausgedehnt[59].

Unter Augustin und Leo dem Großen wurde das öffentliche Bekenntnis mehr und mehr durch ein geheimes abgelöst[60], bis dann ab dem sechsten Jahrhundert die Privatbuße aufkam, die ihre Heimat im iro-angelsächsischen Raum hat[61], und die sich im wesentlichen durch ein gegenseitiges Bekenntnis der Sünden und durch ihre Wiederholbarkeit auszeichnet[62]. Diese Form der Buße wurde in der karolingischen Zeit zur vorherrschenden. Das öffentliche Bekenntnis war nur noch für einzelne Kapitalverbrechen oder öffentliche Skandale vorgeschrieben[63] und wurde im Laufe der Zeit zu dem, was man gemeinhin unter *Paenitentia solemnis* versteht[64]. Der Sündennachlaß erfolgte nunmehr also entweder in Gestalt des Taufsakraments oder durch reuiges Bekenntnis (Beichte)[65] in Verbindung mit den Bußtaten (Gebet, Fasten, Almosen und sonstige gute Werke).

In unserem Bekenntnis kommt diese Lehre in ihrem ganzen Gehalt zum Ausdruck: Taufe und reuige Beichte in Verbindung mit einem bußfertigen Leben sind die Voraussetzungen des Sündennachlasses, der in dem Sakrament der Kommunion statuiert wird, und so daran erinnert, daß er nur möglich ist, weil Christus sein Fleisch und Blut für die Sünder hingegeben hat (vgl. Matth. 26, 28): *at syndir firirlatazt i skirn oc iðran oc skriptagang með hollde oc bloðe uars herra Jhesu Christi er i messonne hælgazt med böna hallde. með olmusugerðum oc fastum oc með allum aðrum goðum lutum er menn gera oc hugsa eða mæla.* Der in Frage stehende Zusatz entspricht also voll dem Bedeutungsgehalt von *remissio peccatorum* in T, er stellt ihn nur mit größerer Ausführlichkeit dar.

In anderen Bekenntnissen finden wir diese Ausführlichkeit kaum. Die östlichen Symbole bekennen nur die Taufe[66], bei den altdeutschen Symbolen finden wir

---

59 Eichenseer S. 412; vgl. Bekenntnis des Julianus von Eclanum: *Eum qui post baptismum peccaverit, per poenitentiam credimus posse salvari* (Hahn § 211 S. 293 (294))

60 vgl. Eichenseer S. 412 ff. und Barbian S. 229

61 Rahner a.a.O. Sp. 812; hierüber besonders Poschmann, Kirchenbuße S. 1 ff. u. 38 ff.; ders., Buße S. 65 ff.

62 vgl. Rahner a.a.O.; Barbian S. 228

63 Barbian S. 229; Rahner a.a.O. Sp. 814

64 Rahner a.a.O.; über *paenitentia solemnis* vgl. Poschmann Kirchenbuße S. 133 ff.; ders. Buße S. 80 ff.

65 Seit der karolingischen Zeit wird „Beichte" zum Ausdruck für das gesamte Bußverfahren (Rahner a.a.O.). Zur Beichte selbst vgl. Poschmann, Buße S. 73 ff. u. ders. Kirchenbuße S. 167 ff.

66 z.B. C: *Confitemur unum baptisma in remissionem peccatorum* (oben S. 17, 18)

diese Verbindung von Taufe und Beichte nur in dem Gemeindesymbol nach zwei Münchener Handschriften des 8. und 9. Jahrhunderts (Mü)[67]: *et remissionem peccatorum sive per baptisma sive per poenitentiam.* Daß aber diese Lehre in ihrem vollen Gehalt bekannt war und auch Eingang in das Symbol gefunden hat, zeigt W I, der den Sündennachlaß durch die Taufe und im Zusammenhang mit der persönlichen Rechenschaft anläßlich des jüngsten Gerichts den Nachlaß durch reuige Buße kennt: *Unde giho eina toufa in den antlaz allero slahta sundona . . . ih glouba an durnohtigi becherda unde ana rehte riuuua unde an begiht allero sundono unde meintatun uollen geuuissen ioh uuaren dinen antlaz*[68]. Danach fährt W I fort: *ih glouba, ube mennisclih nah uuarere sinero bigiht die sunta niemer negeauerit, noh er andere meintati furder negeuuurchet, ube er rehto riuuuonte unde statliche buozet, so imo fone gote denne geboten uuirdet, unde er so lebendo disan gegenuuerten lib ferentet, daz imo dehein sin ubeltat an demo iungisten taga da geuuizzen neuuirdet*[69]. Der gleiche Text findet sich bei Bb[70]. Hier wird also nochmals die Möglichkeit des Sündennachlasses durch Bußfertigkeit ausgesprochen. Die anderen Bekenntnisse kennen meist nur den *antlaz aller miner sunden nach warre riwe*[71].

Die altdeutschen Symbole kennen also ebenfalls eine Erweiterung des Gliedes *remissio peccatorum.* Wenn sie in der Regel aber nur das eine Moment der Sündenvergebung, die Reue und die Beichte, herausstellen, so beruht das darauf, daß diese Betonung angesichts der erst jüngst entstandenen Privatbuße besonders angebracht erschien, und zum anderen, weil das zweite Moment, die Taufe, ja gesicherte Lehre war, und deshalb eine gesonderte Aufnahme offenbar nicht rechtfertigte. Hinzu kommt noch, daß die altdeutschen Symbole in der Regel während des Gottesdienstes bei der sog. *Offenen Schuld*, also als ein Beichtbekenntnis, verwendet worden sind[72]. Auch dies erklärt die Auslassung der „Taufe". Das Moment der Reue und Beichte wird dagegen zum Teil sehr

---

67 Hahn § 94, S. 98 (99)
Die gleiche Formulierung findet sich in dem Bekenntnis Karls des Großen in dem Brief an Elipand und die spanischen Bischöfe (MGH Conc. II, 157 ff.): *et veram remissionem sive per baptismum sive per poenitentiam* (a.a.O. S. 164).

68 Barbian, Übersicht

69 a.a.O.

70 Hahn § 106, S. 110 (112)

71 W II, Barbian a.a.O.
G II: *unt gelob antlaz miner sundon nah luttere piihte* (a.a.O.)
Beachte H: *Credo remissionem omnium peccatorum, de quibus p a e n i t e n t i a m e g i et c o n f e s s i o n e m f e c i et ultra non iteravi* (a.a.O.)

72 Darauf wird im Zusammenhang mit der Besprechung des Typus' unseres Bekenntnisses (Tauf- oder Bekenntnissymbol) näher eingegangen werden, vgl. unten S. 152 ff.

ausführlich beschrieben, es findet sich auch in den Gliedern über die persönliche Rechenschaft am jüngsten Tag wieder[73].

Wenn auch unser Bekenntnis mit der von ihm gebotenen Zusatzaussage von der Form her im wesentlichen eine singuläre Erscheinung ist, so können doch auch hier gewisse Ähnlichkeiten zu altdeutschen Symbolen gesehen werden: zu Mü wegen der ausdrücklichen Verbindung von Taufe und Beichte, zu W I und Bb (jedoch nur geringe) wegen der Ausführlichkeit bei der Darstellung der Buße. Inhaltlich dagegen unterscheidet es sich nicht von anderen Symbolen.

d) Auferstehung des Leibes

Mit der Formulierung „daß jedermanns *Körper* ... (Leib) *auferstehen* soll" – *at huers manz likamr ... skal þa upp risa* – betont unser Bekenntnis die Identität des menschlichen Leibes vor dem Tode und nach der Auferstehung. Es ist heute gesicherte Bedeutung von *carnis resurrectionem*, daß der *ganze* Mensch wieder da ist, der Mensch mit Leib und Seele, wobei der Leib auferweckt wird und sich mit der durch den Tod nicht berührten Seele wieder vereinigt[74].

Dieser Zusatz, der wahrscheinlich in Ägypten zum ersten Mal Aufnahme in die Tauffrage und die Glaubensformel fand, findet sich in einer Vielzahl von Symbolen[75]. Er läßt sich auf eine Abwehr von Irrlehren zurückführen, so im

---

73 Die Erwähnung der persönlichen Rechenschaft erfolgt in den altdeutschen Symbolen in Verbindung mit der Auferstehung des Fleisches und wird meist im Anschluß an die Aussage über das jüngste Gericht gebracht, z.T. aber auch im Anschluß an die Sündenvergebung. Unser Bekenntnis kennt keine eigentliche persönliche Rechenschaft in der Art eines Bekenntnisses der eigenen Werke (B I: *ich gloube, daz ich rede geben sol aller miner wercho ...*, Barbian, Übersicht), eine Berücksichtigung der *Taten* findet aber doch statt, vgl. hierzu unten e), S. 64 ff.

Bei dieser Aussage heben die altdeutschen Symbole ebenfalls die Sündenvergebung durch Bekenntnis und Buße hervor, vgl. z.B. P II: *und rede geben sol aller der sunden die ich ie geteht, sunder er eine der ich bichtich worden bin und buze gephangen habe und die geleistet habe nach genaden und nach rechte* (Barbian a.a.O.).

74 Winklhofer S. 79

75 Vgl. z.B. Fides Damasi: *nos ab eo resuscitandos die novissima in hac carne, qua nunc vivimus* (D 71 ff., S. 39 ff. (72, S. 40); Hahn § 200, S. 275 (276)); Symbol des Phoebadius von Aginnum: *Exspectamus in hujus morte et sanguine emundatos remissionem peccatorum consecutos, resuscitandos nos ab eo in his corporibus et in eadem carne, qua nunc sumus sicut et ipse in eadem carne, qua natus et passus et mortuus est, resurrexit et animas cum hac carne vel corpora nostra accepturos ab ea ad vitam aeternam praemium boni meriti aut sententiam pro peccatis aeterni supplicii* (Hahn § 189, S. 258 ff. (260));

16. Toletanum: *Exemplum nobis sua resurrectione impedens, sicut ille vivificans nos post duos dies tertio vivus resurrexit a mortuis, sic nos etiam in huius saeculi fine resurrecturos, usquequaque credamus. Non in aeria, vel in phantasticae visionis umbra, ut quorumdam improvanda opinio praestruit, sed in veridicae carnis*

Westen vor allem gegen den *Priscillianismus*[76], welcher unter anderem auch die Auferstehung des Leibes leugnete. Er hat sich auch nach Überwindung des Priscillianismus in Glaubensformeln gehalten, so finden wir ihn z.B. auch noch in dem Symbol des Kaisers Michael Paläologus, welches ja von der Kurie selbst ausgearbeitet war[77]: *Credimus etiam veram resurrectionem huius carnis, quam nunc gestamus* ...[78]. Auch in vielen Bekenntnisschriften, vor allem aus der karolingischen Zeit, ist dieser Zusatz enthalten[79], so daß es ganz natürlich ist, daß er auch Eingang in eine Reihe der altdeutschen Symbole fand. So bringen ihn Nd, H, G I, B I, P II und Mü, zum Teil bei der Aussage über die Auferstehung (Nd, H, G I, Mü)[80], zum Teil bei der Aussage über das jüngste Gericht (B I, P II)[81]. Während diese Bekenntnisse die Identität besonders herausstellen, kennt ein Großteil der anderen nur die „Auferstehung des Leibes" (P I, A, Wi, Ba, B III)[82]. Aber auch dabei ist die Identität des Leibes angesprochen, genau wie bei *carnis resurrectionem*[83] und unserem Begriff *likamr*. Gemeint ist, daß nur der Körper selbst wieder aufersteht nicht aber die Seele, denn die ist vom Tode nicht berührt worden[84].

Die angelsächsischen Symbole halten sich genau an den Text von T (z.B.: *And flaesces aerist*[85], *flesces up arisnesse*[86]). Nur der Text aus der *Necessary*

---

substantia, in qua nunc sumus et vivimus (D 568 ff., S. 192 ff. (574, S. 194)); Symbol des Gennadius von Massilia: *Sicut enim Christus in eadem carne, qua mortuus jacuit in sepulchro, tertia die resurrexit, ita et nos in futuro judicio, id est in adventu Christi, in eadem carne, in qua nunc vivimus, omnes resurrecturi sumus* (Hahn § 240, S. 353 (354)).

76 Barbian S. 238; zum Priscillianismus vgl. oben S. 42 Anm. 88

77 vgl. oben S. 28, Anm. 18

78 a.a.O.

79 vgl. Barbian S. 239 ff.

80 vgl. Mü: *et me resurrecturum in eadem carne, qua nunc vivo* (Hahn § 94, S. 98 (99); H: *Credo quod isto eodemque corpore in quo hodie appareo mori debeo, resurgere debeo* (Barbian, Übersicht)
Nd: *Ic kelave that ic sundige mennische in theme sulven live, the ic hir nu scine, sterven scel, wir ubstanden scel* (Barbian a.a.O.)

81 vgl. P II: *ich geloube daz er dannen cumen sol ame jungesten tage zu erteilend einem ygelichen mensche al nach sinen werken. ich geloube daz ich ersterben muz und an dem jungsten tage von dem tode wider uf ersten sol an dem selben liebe dar an ich hie erschine* (Barbian a.a.O.)

82 alle Barbian a.a.O. Vgl. A: *Ich gelob urstendi mines libes*

83 Von den altdeutschen Symbolen kennt nur W II die Auferstehung des *Fleisches: Ich gloube die urstende minis flaischis* (Barbian a.a.O.)

84 nur Li läßt auch die Seele auferstehen: *Ich gloub urstende mins libs und miner sel* (Barbian a.a.O.)

85 Text nach einer Handschrift v. 1030 (Hahn § 79, S. 87 (88))

86 Text nach einer Handschrift v. 1125 (Hahn § 80, S. 88 (89))

Doctrine and Erudition for any Christian Man von Heinrich VIII. aus dem Jahre 1543 macht hiervon eine Ausnahme und kennt *the resurrection of the body*[87]. Wegen seines jüngeren Alters kann er aber zum Vergleich nicht herangezogen werden.

Unser Bekenntnis reiht sich also mit der Betonung der Identität des Leibes, die in dem Wort *likamr* zum Ausdruck kommt, in eine lange Kette verschiedenster Symbole ein, unter anderen sind auch hier wiederum fast alle altdeutschen Symbole vertreten. Nur für die Besonderheit „jedermanns Körper, der in die Welt gekommen ist oder kommen kann bis zum Gerichtstage (*er i er komin heiminn eða koma kan til doma dags*) konnte ein Vorbild nicht gefunden werden.

e) Das ewige Leben

Unser Bekenntnis vermeidet den Ausdruck „ewiges Leben". Es kennt nur die „endlose Trauer" – *endalausan ofagnað* – der Schlechten und die „ewige Freude" – *eilifan fagnað* – der Guten. Gerade diese Unterscheidung aber macht die Bedeutung dieser Symbolaussage aus. Das ewige Leben zusammen mit dem Herrn ist nur für die Gerechten gedacht, die vor dem Gericht bestehen konnten, während für die Ungerechten die ewige Verdammnis wartet. Das 4. Toletanum formuliert es so: *„Percepturi ab ipso, alii pro justitiae meritis vitam aeternam, alii pro peccatis supplicii aeterni sententiam"*[88] und die von J.L. Jacobi veröffentlichte Glaubensformel unbekannten Ursprungs[89]: *„Credo futuram resurrectionem omnium hominum, impiorum ad damnationem aeternam, justorum autem in vitam aeternam*[90]. Und den Unterschied zwischen *impii* und *iusti* macht der nachfolgende Satz klar: *Haec fides omnium recte credentium. Hanc qui tenuerit adjunctis bonis operibus, juvante et hoc totum donante Dei gratia, et in ea usque in finem perseveraverit, vitam cum sanctis habebit aeternam*[91]. Diese ausdrückliche Erklärung des *vita aeterna* mit der Unterscheidung des Loses der Gerechten und der Ungerechten findet sich sehr häufig in den westlichen Symbolen: Im Symbolum *Quicumque*[92], dem bereits erwähnten 4. Toletanum[88], dem 6. Toletanum[93], dem

87 Hahn § 89 S. 94

88 Hahn § 179, S. 235 (236); D 485 S. 165 (166)

89 Hahn § 238, S. 349

90 Hahn a.a.O. S. 351

91 Hahn a.a.O.

92 Hahn § 150, S. 174 (177); D 75, 76, S. 40 ff. (76, S. 42): *et qui bona egerunt, ibunt in vitam aeternam, qui vero mala, in ignem aeternum*

93 Hahn § 180, S. 236 (237); D 490 ff., S. 168 ff. (492, S. 169). Dieses Symbol kennt nur den *Lohn* der Gerechten und die *Strafe* der Ungerechten: *quem etiam venturum in fine exspectamus saeculorum et cum resurrectione omnium aequissimo suo judicio redditurum justis praemia et impiis poenas*

16. Toletanum[94], dem Bekenntnis des Phoebadius von Aginnum[95], der *Fides Damasi*[96], dem Bekenntnis des Pelagius I.[97], dem Bekenntnis Gregors des Großen[98], der erwähnten, von Jacobi veröffentlichten Formel[89], dem dem Gennadius von Massilia beigelegten Bekenntnis[99] und dem Bekenntnis des Hrabanus Maurus[100].

Die altenglischen Symbole kennen nur den Ausdruck *vita aeterna*[101], während zwei der altdeutschen Symbole, nämlich W I und Bb ebenfalls die Unterscheidung des ewigen Lebens und der ewigen Verdammnis kennen[102].

---

94 D 568 ff. S. 192 ff. (574, S. 194): *recepturus ab eo aut pro propriis actibus interminabilis beatudinis regnum, aut pro suis sceleribus perpetuae damnationis interitum*

95 Hahn § 189, S. 258 (260): *Exspectamus ... corpora nostra accepturos ab eo ad vitam aeternam praemium boni meriti aut sententiam pro peccatis aeterni supplicii*

96 Hahn § 200, S. 275 (276); D 71, 72, S. 39, 40 (72, S. 40): *et habemus spem, nos consecuturos praemium boni meriti aut poenam pro peccatis aeterni supplicii* und ähnlich der von Jacobi entdeckten Formel: *Haec lege, haec crede, haec retine, huic fidei animam tuam subjuga, et vitam consequeris et praemium a Christo*

97 Hahn § 229, S. 334 (336): *Et justos quidem per largissimam gratiam dei ... aeternae vitae praemiis donaturum, in societate videlicet angelorum ... iniquos autem ... in iteritum permanentes, qui viam domini aut non agnoverunt, aut cognitam diversis capti praevaricationibus reliquerunt, in poenis aeterni atque inextinguibilis ignis, ut sine fine ardeant ...*

98 Hahn § 231, S. 337 (338): ... *daturus sanctis perpetua praemia caelestis, iniquis autem supplicia ignis aeterni*

99 Hahn § 240, S. 353 (354): *ut illo tremendo judicio dei non cum impiis et peccatoribus in poenas retrudamur aeternas, sed dei misericordia largiente atque auxiliante cum sanctis et justis aeterna gaudia mereamur*

100 Hahn § 244, S. 357 (358): *Ut summi Dei bonis fruamur aeternis ... Ipsum quoque Satanam cum angelis suis atque cultoribus aeterno incendio condemnandum ...*
Meginhard von Fulda bekennt am Ende seiner Darlegung des Glaubens: *Ego vero justo judici et piissimo retributori credo, qui dixit: Ibunt illi in supplicium aeternum, isti vero in vitam aeternam* (Matth. 25, 46). *Amen.* (Hahn § 245, S. 359 ff. (363))

101 *And thaet ece lif* (Text nach einer Handschrift aus d. 9. Jh., Hahn § 78, S. 86 (87)); *Lif eche* (Text der Handschrift von 1125, Hahn § 80, S. 88 (89))

102 W I: *also glouba ih daz alle mennisgin an den houbenthaften sunda ioh die meintatlichen achuste folgerichesont unde foluuonant unbecherta ioh unuuarlicho riuuuonta disan lib ferentent, daz die fone rehtere gotis urteili danni ferfluochti farent mit demo tiufalo unde mit allen den unreinen keisten in daz euuigi fiur dero hella. ih geloube daz alle rehte gloubigi unde rehte lebende mennisgen unde alle die durnohtlicho uone unrehte ze rehte sih pecherent unde die iro sunda rehte riuuonte disan gagenuurtigen lib folferendent, daz die gesegenoti alle ze demo euuigen libe uarent.* (Barbian, Übersicht)
Bb: *Alsamo gloubich, daz allè menniscin, an den die meintatlichun sunda joh die houbethaftin achuste vollegirichisont unde vollewonent, unde sie an iro florinisse umbicherto joh unwarlicho riuonte disan lib vollevirendont, daz die vone rehtemo*

Aber auch die anderen altdeutschen Bekenntnisse, die nur den Glauben an das ewige Leben kennen[103], kennen ebenfalls diese Unterscheidung. Dies geht aus dem bei den meisten dieser Symbole enthaltenen Artikel über die persönliche Rechenschaft beim jüngsten Gericht hervor, zum Teil ist sie dort wörtlich enthalten: *Ich glouben daz er noch chomen scol ze demo iungesten tage unte daz ich danne ersten scol an demo selben libe, da ich hiute ane schine. Ich gloube, daz ich rede geben scol aller miner wercho unte daz ich irteilet scol werden al nah minen werchen e i n t w e d e r z e m o e w i g e n l i b e o d e r z e m o e w i g e n t o d e*[104]. Mü[105] kennt nur in der Schlußstatuierung (*Haec est fides vera . . .*) eine Ermahnung zum rechten Leben auf Erden, um dadurch das ewige Leben zu erlangen: *ut credundo subjugati recte vivant, recte vivendo cor mundent, corde mundato quod credunt et intelligant, ut vitam aeternam habeant*[106]. Etwas ähnliches findet sich am Schluß des Kapitels *De resurrectione mortuorum* des 16. Toletanums: . . . *ac tempore iudicii coram Christo et sanctos angelis eius adstantes unusquisque referet corporis sui propria, prout gessit, sive bonum, sive malum, recepturus ab eo aut pro properis actibus interminabilis beatitudinis regnum, aut pro suis sceleribus perpetuae damnationis interitum*[107]. Wenn man unser Bekenntnis mit diesen Bekenntnissen, die alle zwischen dem ewigen Leben für die Gerechten, was der ewigen Freude in unserem Bekenntnis gleichzusetzen ist, und der ewigen Verdammnis für die Ungerechten unterscheiden, vergleicht, so müssen wir feststellen, daß vom Text her am meisten Ähnlichkeit mit den altdeutschen Bekenntnissen, und zwar mit W I und Bb, besteht. Diese Bekenntnisse haben ebenfalls die Bestimmung, daß diejenigen, die *meintatliche sunden* (*illa*) begangen haben und unbekehrt und keine echte Reue (*umbicherto joh unwarliche riuonte – eigi iðraduzt með ifirbot*) in diesem Leben (*disan lib – þessa heims*) zeigten, mit dem Teufel und seinen unreinen Geistern in der Hölle verflucht sein werden (*virvluohte varent mit demo tiuvele joh mit allen den unreinen geistern . . . der helle – hafa endalausan ofagnað með fiandanum*[108] *oc hans örendrækum i haeluiti*). Diejenigen aber, die Gutes getan haben (*sem gott hafa gort* – ahd. längere Umschreibung: *rehtgloubige unde rehte lebente menniscen unde alle die der durnohtliche von unrehte ci rehte sich*

gotes urteilde denne virvluohte varent mit demo tiuvele joh mit allen den unreinen geisten in daz ewiga viur der helle. Ich gloubo, daz alle rehtgloubige unde rehte lebente menniscen unde alle die der durnohtliche von unrehte ci rehte sich bicherent unde die dir rehto riuonte disan gaginwartigen lib vollevirendont daz die gisegnito aber denne ci demo ewigen himilriche varent. (Hahn § 106, S. 110 (112))

103 z.B. W II: *Ich gloube den ewigen lib* (Barbian a.a.O.)

104 B I (Barbian a.a.O.)

105 Hahn § 94, S. 98

106 Hahn a.a.O. S. 99

107 D 568 ff. (574), S. 190 ff. (195)

bicherent unde die dir rehto riuonte . . .) in dieser Welt (*þessa heims – disan gaginwartigen lib*) dürfen mit Gott im Himmelreich sein (*hafa eilifan fagnað með guð oc hand hælgum i himiriki – daz die giseginoto aber denne ci demo ewigen himilriche varent*)[109].

Nur im letzten Halbsatz also unterscheiden sich unser Bekenntnis und die altdeutschen Bekenntnisse etwas. Während jenes von der ewigen Freude mit Gott und seinen Engeln im Himmelreich spricht, kennen diese nur das Beisammensein im Himmelreich. Aber dieser Unterschied ist zu minimal, um die offensichtliche Ähnlichkeit des ganzen Absatzes zu überdecken.

Die „Freude" hingegen finden wir ausdrücklich im 11. Toletanum (*et futuri saeculi g a u d i a exspectamus*)[110] und im Bekenntnis, das dem Gennadius von Massilia beigelegt ist (*et justis a e t e r n a g a u d i a mereamur*)[111].

Eine weitere Beziehung zu den altdeutschen Symbolen ist noch nachzuholen: In nG ist nach *himna riki* angefügt *uttan enda*. Dies findet seine Entsprechung in *an end*[112] von Li (*und nach disem leben das ewig leben an end*)[113]. Wenn dieses „ohne Ende" auch in unserem, der Besprechung zugrundegelegten, Bekenntnis durch *e n d a l a u s a n ofagnað* bzw. *fagnað* zum Ausdruck kommt, so haben wir hier doch eine wörtliche Entsprechung im Text.

Eine sehr enge Beziehung besteht auch zu dem Bekenntnis Karls des Großen von 794[114], welches ebenfalls den *impiis* die ewige Verdammnis mit dem Teufel und seinen Engeln[115], den *sanctis* aber den ewigen Ruhm mit Christus und seinen Engeln verkündet: *Credimus et omnes homines resurrecturos esse et singulos secundum sua opera iudicari, impios eternis suppliciis damnandos cum diabolo et angelis eius, sanctos vero eterna gloria coronados cum Christo et sanctis angelis eius in saecula sempiterna*[116].

Wir sehen, daß auch in dieser letzten Glaubensaussage eine große Ähnlichkeit mit den altdeutschen Symbolen besteht, besonders mit den beiden, die wir unter anderem schon bei der Besprechung über den Glauben an die Glaubenswahrhei-

---

108 *Fjandi* bedeutet sowohl , Feind" als auch „Teufel" (letztere Bedeutung wahrscheinlich nach dem altenglischen *feond*, vgl. de Vries, Etymol. Wörterbuch). Auch im Deutschen wird im theologischen Bereich für „Teufel" oft das Wort „Feind" gebraucht. Interessant ist übrigens, daß das für *fjandi* synonym gebrauchte *djofull* (vgl. BL, nG, AKr, Js, AM 313) ein Lehnwort aus dem Niederdeutschen ist (de Vries S. XXIX).

109 ahd. Zitate aus Bb

110 Hahn § 182, S. 242 (248); D 525 ff. S. 175 ff. (540, S. 180)

111 s. Anm. 99

112 *an* ist hier ohne Zweifel mit *ohne* zu übersetzen

113 Barbian, Übersicht

114 Am Ende des Briefes an Elipand, MGH Conc. II, S. 157 ff. (163, 164).

115 vgl. Js, nG *englom* für *örendrækum*

116 a.a.O. S. 164

ten der Kirche herausgestellt haben, nämlich W I und Bb[117], aber auch mit dem erwähnten Bekenntnis Karls des Großen.

4. Vergleich mit nordischen Bekenntnissen

Wir haben es bis jetzt bewußt vermieden, unser Bekenntnis in Beziehung zu anderen nordischen Bekenntnissen zu setzen, es hätte den Gang der Untersuchung nur verwirrt. Wir wollen das darum an dieser Stelle nachholen, aber nicht, wie wir es bis jetzt getan haben, in einem Vergleich der einzelnen Artikel, sondern einen *en bloc* Vergleich vornehmen. Das erscheint mir angebrachter, da wir nun nicht mehr die *Entwicklung* der einzelnen Artikel und Aussagen berücksichtigen müssen, sondern lediglich festzustellen haben, ob *verwandte Aussagen* vorhanden sind.

Aus Norwegen und Island sind uns aus jener Zeit drei weitere Bekenntnisse überliefert. Schwedische und dänische Bekenntnisse konnten nicht ausfindig gemacht werden, obwohl gerade in Dänemark etwa um 1260 ebenfalls ein neues Bekenntnis entstanden sein soll. So erwähnt Pontoppidan ein Mahnschreiben des Papstes Urban IV., welches dieser 1264[1] auf Beschwerde des dänischen

---

117 Barbian S. 65 ff. vergleicht den *Scarapsus* Pirmins mit den altdeutschen Symbolen und zieht aus der Gegenüberstellung der ebengenannten Stellen aus W I und Bb und den Bemerkungen in Kap. 28a des Scarapsus: *iusti vero et qui fuerunt peccatores, qui veram penitentiam egerunt et in bonis operibus perseveraverunt, ut in carne percipiant regnum dei* (Jecker, Das Leben des hl. Pirmin, S. 65) die Folgerung, daß in W I und Bb „ein aus Symbolmaterial angereicherter *Scarapsus Scarapsi* vorliege". (Barbian S. 71).
Die Übereinstimmung wird noch deutlicher, wenn man die folgenden Stellen im Scarapsus, die Barbian nicht bringt, zum Vergleich heranzieht: *quia iustum iuditium dei est ut illa anima et caro, qui hic in presenti vita veram penitentiam egit et . . . in bonis operibus perseveraverit ipsa caro et anima cum Christo et cum omnibus sanctis in paradiso laetetur cum angelis . . . . Quia et hoc iustum iudicium dei est, ut illa caro et anima, que hic in presente vita peccavit et penitentia vera non egit et in malis operibus perseveraverit, ipsa caro et anima in inferno sine fine crucietur* . . . (Jecker a.a.O.).
Wenn Barbian seine Folgerung, W I und Bb seien ein *Scarapsus Scarapsi* so verstanden wissen will, daß eine „Zusammenfassung zum Zweck kurzer und doch vollständiger Unterweisung" vorliege (a.a.O.), so wird dies aufgrund dieser Ähnlichkeiten durchaus verständlich. Dennoch wird man einige Vorsicht walten lassen müssen, denn bei W I und Bb handelt es sich um Glaubensformeln, wenn auch um stark aufgeblähte, während dem *Scarapsus* dieser Symbolcharakter nicht zukommt. Die im *Scarapsus* selbst enthaltenen Glaubensformeln stellen – wie schon erwähnt – T dar. Aus diesem Grund hat auch ein direkter Vergleich unseres Bekenntnisses, welches in seinem Schluß eindeutig W I und Bb entspricht, mit Textstellen des *Scarapsus* außer Betracht zu bleiben. Es soll jedoch nicht bezweifelt werden, daß der *Scarapsus* als Vorbild für einige der sich nach und nach entwickelnden eigenständigen altdeutschen Symbole

Königshauses an den Erzbischof von Lund, Jakob Erlandsen, einen äußerst streitbaren Kirchenfürsten[2], schickte, in dem es unter anderem heißt[3]: „Uebrigens, als du dich mit irdischen Königen verunwilligtest, und dieselbe verfolgtest, satztest du dich auch dem himlischen Könige, durch den alle Könige und Fürsten regieren, entgegen, indem du dich unterstundest, daß Gebeth des Herrn, welches Christus selber machte[4], zu corrigiren, ich möchte aber wohl sagen, zu verderben, imgleichen auch die Glaubens-Artickel, welche die Ehrwürdige und heilige Väter (*non dicit Apostolos, sed Patres Symb. conditores*) mit so grossem Fleis und Wohlbedacht zusammen geschrieben haben, allen gläubigen Christen zum Unterricht, als worin alles was wir Glauben und bekennen enthalten ist. Du hast auch dasjenige gethan, was noch mehr zu tadeln und zu verdammen ist, da du nemlich die Prediger deines Stifts in ihrer gewöhnlichen Zusammenkunft eidlich dazu hast wollen verpflichten, daß sie das Glaubens-Bekenntnis und Vater unser, so wie du es corrigiret hast, annehmen, und darnach ihre anvertraute Gemeinde unterrichten solten"[5]. Leider ist es mir nicht gelungen, den Text dieses Bekenntnisses ausfindig zu machen, bzw. nähere Aufschlüsse hierüber zu erlangen. Aus den Berichten über die Zusammenkunft der dänischen Bischöfe 1256 in Vejle (Wedel), die sich mit der schonischen Kirchenverfassung beschäftigte und daher als „Annahmeort" durchaus denkbar wäre, besonders da die meisten der dort versammelten Bischöfe Jakob gleichgesinnt waren, geht hierüber nichts hervor[6]. Möglicherweise handelt es sich auch um eine andere Zusammenkunft, auf der Jakob versucht haben soll, sein Bekenntnis zur Annahme zu bringen, denn das Papstschreiben spricht von einer „gewöhnlichen Zusammenkunft der Prediger des Stifts"[7]. Aber auch hierfür konnten keine

gedient haben mag, und daß etlichen dieser Symbole, möglicherweise auch unserem, – besonders, soweit sie den Charakter eines Bekenntnissymbols oder als Vorlage für katechetische Unterweisung gedient haben – der gleiche Bedeutungsinhalt wie dem *Scarapsus* zukommt.

1 Das genaue Datum ist der 4. April 1264, vgl. Dipl. Dan. II. R. Bd. 1 Nr. 422, S. 321.

2 vgl. über dessen Auseinandersetzungen mit dem dänischen Königshaus und dem Vatikan u.a. Weibull in Newman, Lunds Domkyrkas Historia I, S. 326 ff. und Skyum-Nielsen, Kirkekampen i Danmark 1241–1290 S. 58 ff

3 Übersetzung nach Pontoppidan

4 das Pater noster

5 Pontoppidan I, S. 715; Original in Bull. Dan. Nr. 607 S. 479 (481) und Dipl. Dan. II, 1 a.a.O. (324)

6 Vgl. über diese Zusammenkunft Danmarks Historie, Bd. IV, S. 91 ff. und Erslev, Den senere Middelalder (Danmarks Riges Historie II), S. 45 ff.. Skyum-Nielsen S. 89 ff. und Weibull in op.cit. S. 331 ff. Der Text der dort verabschiedeten Konstitution, die Pontoppidan eine „unerhörte Konstitution" bezeichnet, da sie direkte Angriffe auf den König enthalten habe, findet sich bei Pontoppidan I, S. 681 ff..

7 Aber auch in Vejle waren neben den Bischöfen und Vertretern der Domkapitel auch Gemeindepriester vertreten, vgl. Erslev a.a.O.

Unterlagen gefunden werden. Diese Begebenheit wird wahrscheinlich nie mehr ganz aufgeklärt werden können, das Schreiben selbst erwähnt auch einen mutmaßlichen Grund hierfür: „Als auch die Priester solches nicht haben eingehen wollen[8], sondern eingewandt, der gemeine Mann würde in Ketzerey verfallen, woferne man ihnen einen andern Glauben fürpredigen würde, als den die Römische Kirche angenommen hat, siehe da hastu besagte Prediger gezwungen, mit Eid zu versprechen, daß sie solch dein Vorhaben und Ansinnen keinem Menschen jemahls offenbahren wolten, damit der Römische Stuhl solches nicht erführe"[9]. Daß auch der Papst nichts genaues weiß, geht hieraus hervor: „Ist nun dem in der Warheit also, kanst du den Argwohn der Ketzerey und falscher Lehre ohne Zweiffel nicht entgehen"[10].

---

8 die eidliche Verpflichtung, s.o.

9 Pontoppidan I S. 715, 716

10 Pontoppidan I S. 716. Dipl. Dan. und Bull. Dan. a.a.O.: *Quod si in ueritate fulcitur* ...

Auch Skyum-Nielsen ist der Ansicht, daß wir die wirklichen Begebnisse auf jener Synode „sicher nie erfahren werden" (Kirkekampen S. 179). Er führt diese, wie er sagt, „ungeheuerliche Beschuldigung" darauf zurück, daß wahrscheinlich ein an dieser Synode teilnehmender königstreuer Priester eine derartige Anschuldigung dem Königshaus zugespielt hat, und diese dann Eingang in die Klageliste der Königin von 1260–1261 gefunden hat, die Grundlage für die Bulle des Papstes vom 4.4.1264 ist (Skyum-Nielsen, Studier og tekster S. 41). Der Vorwurf des Papstes, meint Skyum-Nielsen, kann „nicht ohne weiteres akzeptiert werden, und er ist auch in sich selbst nicht glaubwürdig". Denn weder in den vielen anderen älteren Klagelisten gegen Jakob Erlandsen (Skyum-Nielsen setzt den angeblichen Vorfall in die Zeit von 1254–1258) findet man etwas derartiges, noch findet sich irgendwo eine Stütze für die Glaubwürdigkeit der Aussage: „Men da er det mærkeligt, at der intetsteds forlyder noget lignende i de mange ældre klagelister imod ham, heller ikke nogen støtte for paalideligheden. Det kan tilføjes, at efterretningen maa stamme fra en af de præster, som deltog i den paagældende synode, altsaa et angiveri fra en af de kongevenlige præster i Lunde stift." (Studier og tekster a.a.O.).

Fraglich ist außerdem, welches Bekenntnis Jakob geändert haben soll. Weibull (in op. cit. S. 340), der sonst diese Begebenheit nicht weiter erwähnt, und Skyum-Nielsen (Kirkekampen S. 178) gehen davon aus, daß es das nizänische Symbol gewesen sei, ohne jedoch weitere Ausführungen hierzu zu machen. Roos geht in anderem Zusammenhang kurz auf die Bulle des Papstes ein und hebt von den vielen darin enthaltenen Vorwürfen besonders den hervor, daß Jakob im „Pater noster und Credo Änderungen vorgenommen habe". (Heinrich Roos, Die Modi Significandi des Martinus de Dacia, Beiträge zur Geschichte der Philosophie und Theologie des Mittelalters, hrsgg. v. A.M. Landgraf, Bd. XXXVII, Heft 2, Münster u. Kopenhagen 1952, S. 59). Hier ist also von einem bestimmten Credo nicht die Rede. Paludan-Müller, der in seiner Abhandlung ‚Kong Erik Glipping og den romerske Kurie i Kongens Strid med Ærkebiskop Jakob Erlandsen' auf S. 330 ff. das Schreiben des Papstes in dänischer Übersetzung bringt, verweist in einer Anmerkung auf L. Helweg, Den danske Kirkes Historie indtil Reformationen I, S. 619 und schließt sich dessen Meinung an, daß es ebenfalls das nizänische Symbol gewesen sei, welches Jakob zu

Für uns bezeichnend ist in diesem Zusammenhang der Hinweis der Priester, daß sie keinen anderen Glauben predigen wollen, als den, den die „Römische Kirche angenommen hat". Das erinnert in der Formulierung an unseren Text, daß „wir das glauben sollen, dem die heilige Kirche zugestimmt hat".

Die norwegischen und isländischen Bekenntnisse sind: das Credo aus Perg. 4to Nr. 15 der Königlichen-Bibliothek in Stockholm, Bl. 68 a und b, das altisländische Bekenntnis aus derselben Handschrift[11], Bl. 67 a und b und das Bekenntnis aus dem 3. Statut des Erzbischofs Pál. Wir wollen dieses letztere Bekenntnis, obwohl es aus einer späteren Zeit stammt[12], der Vollständigkeit halber hier mit aufnehmen. Es lautet:

I nampne guðz amen. Weer eghum allir crisnir men at trua a ein sannan guð foður alzvaldanda scapara himins oc iarðar. oc a hans einka son þen sama guð varn herra Jhesum Christum sem giætin var af helghum anda. borin af Mariu möy, pindr vndir Pylato. krosfestir oc i iorð grafuin. steig niðr till heluitis en a þriðia deghi stoð han upp af dauða. var her a iorðrike siðan xl dagha till þes er han steig upp till himpna. sitir a högri hand alzualldanda guðz. scall þeðan koma at döma lifs oc dauða. Weer eighum oc at trua a heilaghan anda sem er sannir oc hin samme guð með foður oc syni. oc at ein er heilogh kirkia sem er samnaðir allra cristinna manna. Weer eighum oc at trua at varar syndir firirgefuaz oss i skirn. oc sua þær sem wer gerum siðan ef wer iðrumzst scriptberum oc ifuirbötum eftir þy sem lerðir menn visa oss þeir sem þer till ero skipaðir oc vald hafua af heilagri kirkiu. Weer eighum oc at trua at wer sculum up standa af dauða huar i þeim sama likama sem nu hefuir han oc taka verðlaun eftir þy sem

ändern versuchte (op. cit. S. 332 Anm. 1). Im Wortlaut der Bulle heißt es: ... *et simbolo, quod veneranda et provide antiquorum sanctorum patrum auctoritas cum multa maturitate ac attentione ad eruditionem et instructionem fidelium compilavit* (was Pontoppidan zu seinem Einschub *non dicit Apostolos, sed Patres Symb. conditores* veranlaßt haben dürfte), ... *correctiones, immo verius corruptiones apponere et ... sacerdotes ... adjurare, quod ... Credo in unum Deum secundum tuas correctiones reciperent* ... (Bull Dan. S. 481). Dies kann sich sowohl auf N, aber auch auf *C* beziehen, denn beide beginnen mit *Credo* bzw. *Credimus in unum deum* und wurden auf einem Konzil verfaßt, bzw. mit einem solchen in Verbindung gebracht. Sicher scheint wenigstens, daß es sich nicht um eine Änderung des *apostolischen* Symbols gehandelt hat, denn es ist wenig wahrscheinlich, daß Urban IV. von der zu der Zeit noch geltenden Legende, daß dieses Symbol auf die Apostel zurückgehe, abgerückt ist und die Urheberschaft einer *antiquorum sanctorum patrum auctoritas* zugeschrieben hat (vgl. auch Paludan-Müller a.a.O.).

Gerade für die Untersuchung unseres Bekenntnisses ist die Begebenheit der angeblichen Änderung eines Symbols nicht uninteressant, denn Jakob Erlandsen hatte gute Beziehungen zu Norwegen, besonders enge Verbindungen bestanden mit König Håkon, dem Vater von König Magnus. Wenn auch unser Symbol ein *apostolisches* ist, so wäre doch eine gewisse, zumindest zeitliche Parallele vorhanden.

11 Die Handschrift stammt ungefähr aus der Zeit um 1200. Vgl. näheres hierzu unten S. 85 ff.

12 Das Statut stammt aus den Jahren 1336–1346

wer gerðum her. godhir men eilifua glædhi i himerike. en vandir men eilifuar kualir i heluite. En huer sem oðruiss truir. oc ey heldir þessa tru sem nu er told firir vtan ef han fer till heluitis kuala[13].

Sofort fällt uns die Ähnlichkeit des Anfangs auf: *ver skolum trua* und *weer eghum trua* – „wir sollen glauben" und „wir haben zu glauben", ebenso die häufige Wiederholung von *weer e(i)ghum at trua.* Dieses Symbol, das ist ebenfalls sehr schnell festzustellen, läßt sich genau wie unser Bekenntnis auf T zurückführen. Es hat jedoch weniger Zusätze als unser Bekenntnis. Im wesentlichen sind es die, die wir schon von unserer obigen Besprechung kennen. Im ersten Artikel fällt uns die Hervorhebung von *einn sannan guð* auf, die wir aber schon von verschiedenen südlichen Symbolen her kennen (*credo in unum verum Deum*). Der zweite Artikel entspricht fast völlig T, es fehlen also die in unserem Bekenntnis festgestellten Zusätze. Auffallend ist nur die Bezeichnung Christi als Gott (*hans einka son þen sama guð*) und die Erwähnung des 40-tägigen Erdendaseins nach der Auferstehung. Im Gegensatz zu unserem Bekenntnis findet sich das Glied *sitir a högri hand alzualldanda guðz*, wobei aber das übliche *patris* weggelassen wird. Der dritte Artikel ist wieder etwas freier behandelt. Wie in unserem Bekenntnis findet sich zu Beginn die Betonung der Trinität. Der Glaube an die Kirche ist etwas anders dargestellt als bei unserem Bekenntnis. Der Glaube an die Glaubenswahrheiten fehlt, die Kirche ist in erster Linie personalistisch gedeutet (*er heilogh kirkia sem er samnaðir allra cristinna manna*). Zu bemerken ist noch die Betonung *u n a ecclesia – at einn er heilogh kirkia.* Die Aussage über die Sündenvergebung gibt die bereits bei unserem Bekenntnis gefundene Erkenntnis wieder: Vergebung durch Taufe und Beichte (*at varer syndir firirgefuaz oss i skirn. oc sua þær sem wer gerum siðan ef wer iðrumzst scriptberum oc ifuirbötum eftir þy sem lerðir menn visa oss þeir sem þer till ero skipaðir oc vald hafua af heilagri kirkiu* – „daß unsere Sünden uns in der Taufe vergeben werden, und so auch diejenigen, die wir später begehen, wenn wir bereuen mit Beichte und Buße, darnach wie gelehrte Männer uns zeigen, die dazu verordnet sind und Gewalt haben von der heiligen Kirche"). Wer mit den *lerðir menn* gemeint ist, ob die Priester, die den Beichtenden die Bußtaten auferlegen, oder die Verfasser von Bußbüchern, braucht hier nicht entschieden zu werden. Bei der Aussage von der Auferstehung des Fleisches wird noch mehr als in unserem Bekenntnis die Identität des Leibes betont (*i þeim sama likama sem nu hefuir*) und der Gedanke der Rechenschaft des einzelnen angeschlossen. Mit der Aussage über die Vergeltung nach den jeweiligen Taten wird wie in unserem Bekenntnis die Aussage über das ewige Leben verknüpft (*oc taka verðlaun eftir þy sem wer gerðum her. godhir men eilifua glædhi i himerike.*

---

13 NgL III S. 285. Deutsche Übersetzung bei Hahn § 121, S. 126 und Kattenbusch I S. 201.
Bei der Schreibweise wurden wiederum ꝩ durch f und ø durch ö ersetzt.

en vandir men eilifuar kualir i heluite – „und Vergeltung empfangen nach dem was wir hier taten, gute Menschen ewige Freude im Himmelreich, schlechte Menschen aber ewige Qualen in der Hölle"). Zum Schluß kommt die, wie wir gesehen haben, nicht ungewöhnliche, jedoch für den Norden neue, Statuierung des Glaubens: *En huer sem oðruiss truir. oc ey heldir þessa tru sem nu er told firir vtan ef han fer till heluitis kuala* – „Und jeder, der anders glaubt und nicht hält diesen Glauben, wie er nun gesagt ist, der fährt zu der Hölle Qual".

Das Bekenntnis aus dem Statut des Erzbischofs Pál ist straffer als unser Bekenntnis. Es steht T näher, der erste und zweite Artikel entsprechen fast völlig T. Im dritten Artikel sind Anklänge an unser Bekenntnis in den Aussagen über die Trinität, die Sündenvergebung und das ewige Leben. Auch dieses Bekenntnis ist durch eine imperative Pluralform und den mehrmaligen Glaubensansatz ausgezeichnet.

Das Credo, wie es uns im *Homiliubók* nach Perg. 4to Nr. 15 der Kgl. Bibliothek in Stockholm überliefert ist, lautet lateinisch und altisländisch folgendermaßen[14]:

Credo in Deum	*Ec true a Guþ*
patrem omnipotentem	*foþor almatkan*
creatorem celi et terre	*scapara himins oc iarþar*
Et in iesum christum	*oc a iesus crist*
filium eius unicum	*son hans eingeten*
dominum nostrum	*droten varn*
Qui conceptus est	*þan es geten es*
de spiritu sancto	*af anda helgom*
Natus ex Maria uirgine	*boren fra Mario meyio*
Passus sub pontio pilato	*pindr vnder pondverskom pilato*
Crucifixus	*crosfestr*
mortuus	
et sepultus	*oc grafen*
Descendit ad inferna	*niþr ste hann til niþrstaþa*
Tertia die resurrexit	*a þriþia dege reis hann*
a mortuis	*upp fra dauþom monnom*
Ascendit ad celos	*upp ste hann til himna*
Sedet ad dexteram	*sitr hann til heogre handr*
dei patris omnipotentis	*guþs foþor allmattegs*
Inde uenturus est	*þaþan mon hann coma*
iudicare uiuos et	*at deoma kyqua oc*

14 Text nach Homiliubók, ed. Fr. Paasche, Bl. 68 und ed. Wisén, S. 148 ff. Der Text ist ursprünglich lateinisch. Über dam lateinischen Text steht kleingedruckt die isländische Übersetzung. In den lateinischen Text sind isländische Erklärungen der einzelnen Glaubensaussagen eingeschoben.

mortuos	*dauþa*
Credo et in	*ec true en oc*
spiritum sanctum	*a anda en helga*
sanctam ecclesiam	*helga cristne*
catholicam	*almennelega*
sanctorum communionem	*heilagra sameigin*
remissionem peccatorum	*aflausn synþa*
Carnis resurrectionem	*hollz upriso*
& uitam eternam	*oc lif eilegt*
amen.	*vist.*[15]

Wir sehen, daß es sich wortwörtlich um T handelt. Die isländische Übersetzung ist etwas unbeholfen. Das erklärt sich aber daher, daß die Übersetzung zwischen den einzelnen Zeilen über jedes lateinische Wort geschrieben wurde und daher Wort für Wort erfolgte. Auffällig ist noch, daß *mortuus* nicht übersetzt wurde. Das findet seine Erklärung darin, daß *mortuus* ganz am Rand des Blattes außerhalb des normalen Textes steht. In den isländischen Erklärungen, die in den lateinischen Text eingeschoben sind, findet sich jedoch das entsprechende *dauðr*. Beim Lesen des Originaltextes hat man unwillkürlich den Eindruck, als sei die isländische Übersetzung durch denjenigen erfolgt, der den lateinischen Text mit den isländischen Anmerkungen auf die Pergamentrolle, die uns den Text überliefert, übertragen hat. Bei diesem Bekenntnis ist weiterhin auffallend, daß es noch ganz auf dem Boden der Apostellegende steht. Die einzelnen Glaubensaussagen werden eingeleitet mit *Petrus ait, Andreas dixit, Jacobus dixit* usf., was wir bei der Wiedergabe des Textes nicht mit abgedruckt haben. Wenn man nur den Text dieses Bekenntnisses nimmt, so ergibt sich ein wesentlicher Unterschied zu unserem Bekenntnis. Wir wollen aber auch noch die Erläuterungen des obigen Bekenntnisses zu Vergleichszwecken heranziehen.

Die isländischen Erläuterungen des obigen Bekenntnisses[16]:

Petrus ait: Credo in deum. *Sa truer ifalaust a guþ. es alla hiolp oc eorna þyckesc i guþe eiga. sem es. en sa mon huer a ecke girnasc fyr boþet oc enskes varna þess es veita scal.* patrem omnipotentem. *þui es hann ei faþer. at hann heuer ei son attan. en afþui almáttegr at hann ma allt þat gera es hann vill;* creatorem celi et terre. *J nafne himins scal skilia andlega hlute alla oc ósynelega. en iorþen iarteiner alla likamlega hlute oc synelega. þat ero allar skepnor; andreas dixit.* Et

15 Im Text wurde lediglich eine Angleichung von Groß- und Kleinschreibung einzelner Buchstaben vorgenommen (Beispiel: *aNda = anda*).

16 Da die Erläuterungen z.T. die Glaubenssätze wiederholen, werden diese im lateinischen Original des Zusammenhangs wegen wiederholt und drucktechnisch hervorgehoben. Dabei werden auch die Sätze der Apostellegende, die teils im Text, teils über dem Text in gleicher Form wie die Übersetzung stehen, mit aufgenommen. Die isländische Übersetzung wurde weggelassen, da diese nicht zum eigentlichen Text gehört. Der Text folgt der Ausgabe von Wisén.

in iesum christum. *Jesús es hiálpare a ora tungo. þuiat hann helpr ꝍllom sinom monom. en cristus es smurþr at þyþa. þuiat hann es fullr ens helga anda es andleg smurning es kallaþr.* filium eius unicum dominum nostrum; *Jacobus dicit.* Qui conceptus est de spiritu sancto. Natus ex Maria uirgine. *þót vér seem aller oskmeger fꝍþor af hans miskun. þa es þó iesus ein einga sonr hans. es geten es af anda helgom. oc boren fra mario meyio. sem enge maþr anar; iohannes:* Passus sub pontio pilato. Crucifixus. mortuus. *Pindr es hann til þess at ver seem ópínder. i vellde pilatus. oc a cros festr til þess at gefa oss deóme hue hendr órar skolo negldar vera eþa bundnar fra synþom oc feotr. allra þeira mana es cristner erom i fiorom skautom heimsens. sem crossen es ferskeýttr. þar umb mælte david conungr þetta málnu. Syngue aller lof goþe þeir es leýster ó i austre oc i vestre. i norþre. oc i suþre. Dauþr vas hann likams dauþa til at gefa oss andar lif es áþr vꝍrum dauþer í synþom.* et sepultus. *þa erom vér dauþer i grꝍf lagþer. oc risum kykver upp. es vér erom synþger aþr oc fiándans þrælar. komom siþan hreiner ór skírnar brvnnenom oc guþs born til lífs boren.* Descendit ad inferna. *Niþr sté ꝍnd hans til helvíta at leysa alla sína men þaþan. Philippus dixit.* Tertia die resurrexit a mortuis. *þui reís hann upp a enom þriþia dege helldr an fyr eþa siþar. at hann leýste oss fra þrimr hlutom þeim es til hverar synþar ero hafþer áþr algorver verþe. fra fiánda aminingo. oc manzfýst. oc róþnom vilia. Thomas ait.* Ascendit ad celos. *Matheus dicit.* Sedet ad dexteram dei patris omnipotentis. *Vppste hann til þess at vér of stígem upp oc sitr till hǿgre handar guþs foþor almátegs.* Inde uenturus est iudicare uiuos et mortuos. *Faþer es ólikamlegr oc hefr eonga likams hꝍnd. en sonr sitr sva a heogre hꝍnd fꝍþor. at hann es slícr sem faþer. en þui es hann sitia sagr heldr an standa. at hann es þar til huílldar komen. oc af þui ꝍþro at sitiande maþr scal deoma. en hann mon þaþan koma at deoma lifendr i góþom verkom. oc dauþa i synþom. iacobus dixit.* Credo et in spiritum sanctum; *sanctam ecclesiam catholicam sanctorum communionem remissionem peccatorum. Ek true en oc a anda en helga sem a fǫþor oc a son. þuiat þær þriar skilningar ero aliafnar oc eitt.* sanctam ecclesiam catholicam. *helga truec vera þa eina cristne es almenneleg es. en eige þa helga es villo men kendo; Maþias dixit* sanctorum communionem. *heilagra sameign. i tru oc ástar vercom.* remissionem peccatorum. *Aflausn synþa es is siau hlutom. i skírn oc i synþa iþron. i olmosgerþom oc i óheiptræke. i kenningo viþ breóþr ora at þeir varne viþ illo en geore gott i huslon oc i bana fyr guþs sakar.* Carnis resurrectionem. *True ec at hver maþr scal upprisa a dómsdége meþ sínom likama beortum eþa suortom;* & uitam eternam amen. *þat lif es eilegt. es ei hefr veret. oc es. oc vesa mon. himinrikes lif. eþa sa es þetta mælte. ec em gata. oc et sana oc lif*[17] [18]

---

17 s. Anm. 15

18 Es schließt sich dann eine ausführliche Beschreibung des ewigen Lebens an, mit der Ermahnung, ein gutes Leben zu führen, *at vér megem forþasc eilífar qvalar oc comasc til himnescra fagnaþa.* (ed. Wisén, S. 150)

Diese Erläuterungen geben uns ein Bild der Auslegung des Glaubensbekenntnisses. In ihnen finden wir einiges wieder, was wir als Besonderheiten an unserem Bekenntnis vermerkt haben: den Ausdruck *i vellde pilatus*, die Höllenfahrt *at leysa alla sína men þaþan*. Eine bemerkenswerte Auslegung erfährt *vivos et mortuos*: *vivi* werden den Guten, den Gerechten gleichgestellt, sie werden nach ihren guten Taten beurteilt, *mortui* sind die Schlechten, sie werden nach ihren Sünden beurteilt (*at deomo lifendr i goþom verkom. oc dauþa i synþom*). Zu Beginn des dritten Artikels wird auf die Trinität eingegangen, die Sündenvergebung erfolgt durch die Taufe und die Beichte in Verbindung mit Almosen etc. (*Aflausn synþa es i siau hluton i skírn oc i synþa iþron. i olmosogerþom oc* . . .). Eine fast völlige Entsprechung finden wir bei der Auferstehung des Fleisches: *ver skolum trua at huers manz likamr . . . skal þa upp risa – true ec at hver maþr scal upprisa . . . meþ sínom likama*).

Wir sehen also, daß in den Erläuterungen sich ein Teil des Gedankenguts findet, welches unser Bekenntnis auszeichnet. Das Credo selbst läßt jedoch keinen gewinnbringenden Vergleich zu.

Dagegen ist das altisländische Bekenntnis aus derselben Handschrift wesentlich interessanter für uns. Hier der Text[19]:

Ec true a guþ fœþor almatkan scapera himins oc iarþar oc allrar skepno scapera. Ec true a hans einga sun. drótten varn iesum crist es geten es af anda helgom oc boren fra mario meyio hingat i þena heím beþe guþ oc maþr. Ec true þui at hann óx her upp i þessom heime sem elle hverr mapr. fyr utan synþer. ec t.þ. at hann fastaþe. xl daga oc nátta samfast oc sat fiandanom freístne. Ec t. þ. at hann gǫrþe allskyns iarteiner sem i guþspiollom er sagt. Ec t. þ. at hann vas selldr oc hondlaþr siþan at vilia sinom. bunden oc barþr hrécþr oc at haþe hafþr. Ec t. þ. at hann vas píndr vnder ponzkom pilato iarle. Ec t. þ. at hann vas a cros festr a þeim dege es vér kollom fostodagen langa at miþiom dege oc dó a crossenom likams daþa i eycþ dags. Ec true at hann var lagþr spióte andaþr a crossenem vnder hondena hǫgre. Ec trui þui. at þar kom ór bǽþe blóþ oc vatn. Ec t.þ. at licame hans vas grafen. en œnd hann meþ guþdomscrafte sté niþr til helvítis. oc braut helvítis byrge oc batt fiandan. Ec t.þ. at hann leysti oss meþ þui blóþe fra vellde fiandans. Ec t.þ. at hann leyste ór helvite alla þa men er honom þótto þess vera verþer. Ec. t.þ. at hann reis upp af dauþa a þriþia dege epter pils sína meþ þui manfólke ollo er hann leýste ór helvíte. Ec t.þ. at hann sýndesc mario móþor sine oc postolom sínom. át oc drack meþ þeim. Ec true þui at hann var her siþan er hann reis upp af dauþa unz hann sté til himna upp at augsióndom postolom sínom a þeim dege er vér kœllom upstigningar dag. Ec t.þ. at hann er i himna dyrþ stýrande skepno sine meþ guþe almótkom feþr. Ec t.þ. at hann mon þaþan

19 Homiliubók, ed. Paasche, Bl. 67; ed. Wisén, S. 145, 146. Der Abdruck erfolgt nach Wisén.

koma a enom efsta dege at doema of allt mankyn. þat er dóms er vert. Ec true a anda helgan at hann es iamt guþ sem faþer oc sunr. Ec t.þ. at sa er ein guþ. faþer oc sunr oc en helge ande. Ec t.þ. at su er heilog cristne oc almenneleg trua er postolar guþs buþo. Ec t.þ. at heilagra manna samneyte es hiarta hrein oc heilact. Ec t.þ. at mér mono synþer fyr gefasc ef ec vil af láta oc yuer beóta. oc viþ siá viþ ógorom synþom. Ec t.þ. at þat es holld oc blóþ drottens mins es ver kollom corpus domini vilec þui bergía of sin eþa oftar a ij misserom at kene mana ráþe mér til hiálpar oc synþa bótar. Ek t.þ. at ec scal upp rísa a dóms dege oc taka þa œmbon verka mina hvártz veret hafa góþ eþa ill. Ec t.þ. at iller men mono hafa oc recner vera i helvítís píningar meþ diofle oc œ́rom hans. þui true ec oc at góþer men eigo þa vistar vón meþ gvþe almótkom i himinsrikis dýrþ svat aldrege keomr fyr enda.

Meþ þeire trv iáte ec guþe almótkom. en ec niti fiánda oc hans vercom[20].

Dieses Bekenntnis zeichnet sich durch dieselben Eigenheiten aus, die wir bei unserem Bekenntnis bereits besprochen haben: so die oftmalige Wiederholung des *ec true*, das in unserem Bekenntnis dann zu *ver skolum trua* transponiert wird. Im zweiten Artikel haben wir ebenfalls die Aussagen, daß Christus aus der Hölle alle die erlöste, „die es wert waren" (*er honom þótto þess vera verþer*). Wir haben die Erwähnung des Erdendaseins (erschien seiner Mutter und seinen Jüngern, aß und trank mit ihnen – *at hann syndesc Mario móþor sine oc postolom sínom, át oc drack meþ þeim*). Zu Beginn des dritten Artikels wird die Trinität betont (ich glaube, daß sie ein Gott sind: Vater und Sohn und der heilige Geist – *ec true þui at sa er ein Guþ faþer oc sunr oc en helge ande*), die Vergebung der Sünden durch Bekenntnis, Reue und Buße wird erwähnt (*at mér mono synþer fyr gefasc ef ec vil af láta oc yuer beóta*), und die Unterscheidung der Gerechten und Ungerechten im ewigen Leben wird getroffen: *at iller men mono hafa oc recner vera i helvítís píningar meþ diofle oc œ́rom hans . . . at goþer men eigo þa vistar vón meþ guþe almotkom i himinsrikis dýrþ svat aldrege keomr fyr enda.* Der letzte Halbsatz entspricht dem *utan enda* in nG. Genau wie in unserem Bekenntnis ist die Aussage „sitzend zur Rechten des Vaters" nicht erwähnt, wenn auch des Wirkens Christi als Herrscher neben Gott Erwähnung getan wird. Aber es gibt auch Unterschiede: Im ersten Artikel ist Gott nicht nur der Schöpfer des Himmels und der Erde, sondern auch aller Kreatur: *oc allrar skepno scapera.* Das wahre Gott- und Menschsein Christi wird im zweiten Artikel besonders hervorgehoben: *i þessa heím beþe guþ oc maþr . . . at hann óx her upp i þessom heime sem elle hverr maþr, fyr utan synþer.* Das vierzigtägige Fasten wird ebenso erwähnt, wie eine genaue Beschreibung des Todes am Kreuz: *at hann fastaþe xl daga oc natta . . . oc dó a crossenom likams darþa i eycþ dags . . . at hann var lagþr spióte andaþr a crossenom under hondena høgre . . . at þar kom ór bæþe blóþ oc vatn.* Christus brach die Hölle auf und

20 vgl. Anm. 15

überwand den Teufel: *braut helvítis byrge oc batt fiandan.* Er stand zusammen mit denen, die er erlöst hatte, auf: *reis upp af dauþa . . . meþ þui manfólke ollo er hann leýste ór helvíte.* Die Himmelfahrt geschah vor den Augen seiner Jünger: *sté til himna upp at augsióndom postolom sinom.* Das jüngste Gericht wird nicht über die Toten und Lebendigen bzw. nach den Verdiensten, sondern über die ganze Menschheit kommen (*at doema of allt mankyn*). Bei der Aussage über die Sündenvergebung wird die Vergebung in der Taufe ausgelassen, die Bußtaten werden nicht erwähnt, dagegen wird die Echtheit des Fleisches und Blutes Christi in der Messe betont, dessen Opfer uns Hilfe für Reue und Buße ist[21] (*at þat es holld oc blóþ dróttens mins es ver kollom corpus domini vilec þui bergía of siu eþa oftár a ij misseron at kene mana raþe mér til hiálpar oc synþa bótar*). Mit dem Gedanken der persönlichen Auferstehung wird der der persönlichen Rechenschaft verbunden (*at ec scal upp rísa a dóms dege oc taka þa œmbon verka mina hvártz veret hafa góþ eþa ill*). Die Aussage über die Kirche wiederum entspricht mehr unserem Bekenntnis: es werden das Bestehen der heiligen Kirche und die Gebote Gottes, wie sie durch die Apostel überliefert sind, geglaubt (*at su er heilog cristne oc almeneleg trua er postolar guþs buþo*). Hier haben wir also ein weiteres Vorbild für die Aussage in unserem Bekenntnis.

Bei einer Gegenüberstellung der drei isländischen bzw. norwegischen Bekenntnisse, also des ebenerwähnten altisländischen, unseres und desjenigen des Erzbischofs Pál[22], kann man zwar gewisse Ähnlichkeiten, jedoch nicht ohne weiteres ein Abhängigkeitsverhältnis untereinander feststellen. Alle drei Bekenntnisse gleichen im Aufbau und Aussagegehalt T, wobei das altisländische Bekenntnis am freiesten behandelt ist. Gleichzeitig ist mit abnehmendem Alter eine Straffungstendenz und Hinwendung zu T festzustellen: das altisländische Bekenntnis als das älteste zeigt am wenigsten Ähnlichkeit mit T, unser Bekenntnis bringt bereits weniger Zusätze und ist im ersten Teil des zweiten Artikels fast völlig identisch mit T, das Bekenntnis des Erzbischofs Pál entspricht in seinem zweiten Artikel nahezu völlig T und hat auch einen strafferen dritten Artikel. Berücksichtigt man diese Straffungstendenz und auch die zum Teil gleichlautenden Aussagen im dritten Artikel, so erscheint es möglich, daß sich das Bekenntnis des Erzbischofs Pál aus unserem Bekenntnis entwickelt hat. Umgekehrt hat sich unser Bekenntnis nicht aus dem altisländischen entwickelt. Dieser Annahme stehen die zum Teil erheblichen Unterschiede in der Art und dem Umfang der Zusätze entgegen. Vor allem spricht die Gestaltung des zweiten Artikels dagegen, der in unserem Bekenntnis in seinem ersten Teil auf Zusätze

---

21 Damit berührt es sich wieder mit unserem Bekenntnis: auch dieses erwähnt das „Fleisch und Blut unseres Herrn Jesu Christi, das in der Messe geweiht wird" und uns ein Weg der Sündenvergebung ist.

22 Der Text von T – auch in der isländischen Übersetzung – kann bei dieser Gegenüberstellung außer Betracht bleiben.

vollkommen verzichtet und im zweiten Teil auch nicht allzuviel Zusätze bringt, die sich aber von denen im altisländischen Bekenntnis in der Aussage und zum Teil auch im Gehalt unterscheiden, während sich im altisländischen Bekenntnis gerade der zweite Artikel, mehr noch als der dritte, durch seine weitläufigen Zusätze auszeichnet. Allein die Ähnlichkeit in der Art und manchmal auch in der Form der Zusätze vermag eine gegenseitige Abhängigkeit nicht herbeizuführen. Diese Ähnlichkeit rührt vielmehr daher, daß beide Bekenntnisse von altdeutschem Symbolgut beeinflußt sind[23]. Das soll nun aber nicht heißen, daß das altisländische Bekenntnis auf unser Bekenntnis überhaupt nicht eingewirkt hat. Ein geringer Einfluß kann durchaus vorhanden gewesen sein, eine Abhängigkeit zu diesem Bekenntnis, derart, daß unser Bekenntnis sich aus ihm entwickelt hat, besteht dagegen nicht. Wir haben es daher zumindest mit zwei verschiedenen und eigenständigen Bekenntnissen zu tun, die zwar gewisse Ähnlichkeiten zeigen, jedoch voneinander völlig unabhängig sind. Das dritte Bekenntnis, das des Erzbischofs Pál, ist zwar auch ein eigenständiges Symbol, hier erscheint eine Abhängigkeit zu unserem Symbol jedoch durchaus möglich.

5. Zusammenfassung

Wenn wir an dieser Stelle eine kurze Zwischenbilanz unserer bisherigen Untersuchung ziehen, so läßt sich folgendes Ergebnis gewinnen:
Unser Bekenntnis gleicht im Aufbau T, es bringt bis auf eine Ausnahme[1] alle Glaubensaussagen, die für T bestimmend sind. Es ist daher ein *apostolisches* Bekenntnis mit T als Muttersymbol. Manche Aussagen erfolgen in einer Umschreibung, entsprechen aber ihrem Gehalt nach denen in T. Die zunächst auffälligste Besonderheit ist der Gebrauch des Plurals und des Imperativs, aber hierfür haben wir unter einigen Abarten des Apostolikums Vorbilder finden können. Das Bekenntnis ist durch zum Teil sehr weitläufige Zusätze ausgezeichnet, dies ist jedoch keine Besonderheit, wie gerade der Vergleich mit anderen

---

23 Für unser Bekenntnis vgl. oben passim. Bezüglich des altisländischen Bekenntnisses ist dieser Einfluß ganz offensichtlich. Eine genauere Untersuchung wird bei der Auseinandersetzung mit der Theorie Maurers über die Kenntnis des Symbols in Norwegen erfolgen, vgl. unten S. 86 ff.

1 *sedet ad dexteram Dei patris omnipotentis*

Symbolen, besonders mit den altdeutschen, gezeigt hat[2]. Die Auslegung dieser Zusätze hat ergeben, daß darin die Essentialia der kirchlichen Lehre wiedergegeben sind, wie sie sich bis zu jenem Zeitpunkt entwickelt haben[3]. Sie werden als echte *Glaubensaussagen* gebracht.

Unser Bekenntnis steht deutlich unter dem Einfluß des altdeutschen Symbolmaterials[4], welches wiederum in seinen Zusätzen die gesamte Entwicklung der Symbolliteratur widerspiegelt. Dabei konnten wir aber nicht ein bestimmtes Symbol als Vorbild finden[5]. Zwar ist bei einigen Aussagen eine gewisse Nähe zu einzelnen der altdeutschen Symbole festzustellen, aber für das *gesamte* Bekenntnis haben diese nicht als Vorbild gedient. Auch das Alter dieser Bekenntnisse läßt keinen Rückschluß auf bestimmte Vorbilder zu[6]. Wenn Kattenbusch schreibt, man „bringe die Formel vor allem in Vergleich mit der *fides catholica* des Honorius Augustodunensis" (H)[7], so können wir das nur als Hinweis auf das altdeutsche Symbolmaterial im ganzen gelten lassen. Denn eine *besondere* Verwandtschaft zu H, dessen Text ja der Vorlage eines altdeutschen Symbols

---

2 Aus der Fülle des Symbolmaterials konnte natürlich nur eine gewisse Auswahl zum Vergleich herangezogen werden, so daß unsere Untersuchung in dieser Beziehung keinen Anspruch auf Vollständigkeit erheben kann. Von den altdeutschen Symbolen wurden zwanzig als repräsentative Auswahl erwähnt. Diejenigen der altdeutschen Symbole, die im wesentlichen T gleichen, sind nicht berücksichtigt. (Siehe Berner Handschrift (7./8. Jh.), Hahn § 90, S. 95; St. Gallener Handschrift (7./8. Jh.), Hahn § 91, S. 96; St. Gallener Handschrift (8. Jh.), Hahn § 93, S. 97, SD V, S. 27; Wolfenbütteler Handschrift (9. Jh., Weißenburger Catechismus), Hahn § 95, S. 99, SD VI, S. 30; Amalarius von Trier (gest. 813), Hahn § 96, S. 100; Düsseldorfer Handschrift (9. Jh.), Hahn § 97, S. 101; Lambacher Handschrift (13. Jh.), Hahn § 113, S. 118. Die Fundstellen in MSD mögen den jeweiligen Anmerkungen bei Hahn entnommen werden.)

3 Vgl. insbesondere die Erläuterungen des isländischen Credo (oben S. 74 ff.) und das Bekenntnis des Kaisers Michael Paläologus (oben S. 28, Anm. 18), welches ja eine kurze Zusammenfassung des Verständnisses der römischen Kirche vom Glaubensbekenntnis darstellt. In ihm wird z.B. u.a. ausdrücklich das Leiden der *Menschheit* Christi, das Gericht nach den Werken der Menschen und der Glauben an die Kirche als Verkünderin erwähnt.

4 Vgl. auch Bang, Udsigt S. 273. Bang teilt nur den Text des Bekenntnisses mit und fügt lediglich hinzu, daß es sich um eine „selbständige Arbeit mit deutschen Paraphrasen als Vorbild" handele.

5 vgl. auch Bang a.a.O. Anm. 1

6 Es sind auch Texte verwendet worden, die in Handschriften erst später als unser Bekenntnis überliefert sind. z.B. Li, Ba, He, Nd. Da aber die Texte selbst ungleich älter sind, haben wir auch sie bei Vergleichen erwähnt. Eine besondere Ähnlichkeit unseres Bekenntnisses zu besonders „zeitnahen" altdeutschen Bekenntnissen läßt sich jedenfalls nicht feststellen.

7 Kattenbusch I, S. 201, Anm. 4

nachgebildet ist[8], besteht *nicht*. Die altdeutschen Symbole nehmen zusammen mit den nordischen Bekenntnissen eine Sonderstellung ein: Sie bringen zwar erhebliche Zusätze, behalten aber im wesentlichen die Form von T bei, während die anderen Bekenntnisse in denen wir ähnliche Zusätze finden, wesentlich freier behandelt sind und eigentlich eine *expositio fidei* darstellen.

Altenglische Symbole haben nicht als Vorbild gedient. Wiewohl auch in den altenglischen *Homilien* das ganze Spektrum der kirchlichen Lehre vorhanden ist, z.B. die Auseinandersetzung mit Irrlehren, hat dieses nicht Eingang in die *Symbole* gefunden. Sie gleichen, bis auf ganz geringe Zusätze, alle T. Ebenso ist kein Einfluß von C zu bemerken. Soweit in unserem Bekenntnis auch östliches Symbolgut enthalten ist, ist dies mit dessen Rezeption in westliche Symbole zu erklären.

Im Norden selbst haben wir ein altisländisches Bekenntnis, welches verwandte Züge aufweist, ohne damit aber eine Abhängigkeit unseres Bekenntnisses zu begründen. Unser Bekenntnis ist ein *eigenständiges* Werk[9], dessen Vorbilder eindeutig die altdeutschen Symbole – und zwar in ihrer Gesamtheit – sind. Dieser Einfluß wird uns auch noch bei der nun folgenden Untersuchung über die Kenntnis dieses Symbols in Norwegen beschäftigen.

---

8 Kattenbusch II, S. 865, Anm. 112; Barbian S. 131 ff.

9 Das geht auch daraus hervor, daß unser Bekenntnis in mancher Beziehung den Ursprungssymbolen näher steht als die altdeutschen Symbole.

III. KENNTNIS DES SYMBOLS IN NORWEGEN

Nachdem wir nun unser Bekenntnis näher fixiert und die Beziehungen zu anderen Bekenntnissen aufgezeigt haben, wollen wir untersuchen, auf welchem Wege es nach Norwegen gekommen ist. Es gibt hierüber im wesentlichen zwei Theorien, die beide im vorigen Jahrhundert aufgestellt worden sind, nämlich die von P.A. Munch[1] und Richard Keyser[2] und die von Konrad Maurer[3]. Wir werden im folgenden diese beiden Theorien darstellen, sie einer eingehenden Kritik unterziehen, um uns dann eine eigene Meinung bilden zu können.

Munch ist der Auffassung, daß das Bekenntnis durch Kardinal Nikolaus von Albano nach Norwegen gekommen sei. Dieser Kardinal, auch Nikolaus Breakspear genannt, der nachmalige Papst Hadrian IV., kam 1152, einer norwegischen Anregung folgend, als Legat Papst Eugens III. nach Norwegen, um die norwegische Kirche zu reformieren und ein norwegisches Erzbistum zu errichten. Dabei wurde das Bistum Nidaros zum Erzbistum erhoben, dem nunmehr neben den anderen norwegischen Bistümern Oslo, Bergen, Stavanger und dem neugegründeten Bistum Hamar auch die beiden Bistümer in Island, Holar und Skálholt, und die Bistümer in Grönland, auf den Färöern und den Süderinseln unterstanden. Doch nicht nur die äußere Reform, durch die Norwegen von dem dänischen Erzbistum Lund herausgelöst wurde, sondern auch die innere Reform[4] war Aufgabe des Kardinals. Anläßlich dieser soll Nikolaus den Norwegern und auch den Schweden, für die derselbe Auftrag bestand[5], einen Katechismus hinterlassen haben, den Munch als Zusammenfassung der vornehmsten Glaubensregeln verstanden wissen will, und der nichts anderes gewesen sein könne als das ein Jahrhundert später in den Gesetzen Magnus Lagabøters auftauchende Glaubensbekenntnis. Munch schreibt hierzu in einer Anmerkung zu der Mission Nikolaus' in Schweden: „Der siges og (se Manrique *Ann. Cist.* S. 46) at han skal have givet Nordmændene og Sviarne en Katechismus, hvis Indhold siden fulgtes, saa længe Katholicismen varede. Forholder det sig virkelig saa, kan denne Katechismus

1 Det norske Folks Historie II, S. 871, Anm. 3 und IV, 1. Teil, S. 492

2 Historie I, S. 226 u. 440, 441 und II, S. 8

3 Glaubensbekenntnis, insbes. S. 561 ff.

4 Verbot des Waffentragens in den Kaufmannsstädten, Errichtung von Domkapiteln in den Bistümern zur Wahl des Bischofs, etc., vgl. Keyser, Historie I, S. 222 ff.

5 In Schweden scheiterte die Errichtung eines eigenen Erzbistums vor allem an der Uneinigkeit der Svear und Goten über den Sitz dieser Metropole. Erst 1164 wurde das Erzbistum Uppsala durch den Kardinallegaten Stephan von Orvieto errichtet, vgl. hierzu und zur Einrichtung einer kirchlichen Organisation in Schweden Kumlien, S. 294 ff. (Uppsala: S. 302 ff.).

neppe have bestaaet i andet end en kort Opstilling af de fornemste Troeslærdomme, og i saa Fald er det aabenbart den, *der aller først findes forudskikket den ved Midten af 13. Aarhundrede i Norge før Island udarbejdede saakaldte Haakonarbok*[6] *og som siden er uforandret gjengiven ved Begyndelsen af den nyere norske Landslov Christenret*"[7]. Hier drückt sich Munch also noch vorsichtig aus. Er sagt nur, daß, wenn die Überlieferung mit dem Katechismus stimmt, dieser offenbar unser Bekenntnis darstellt. Doch bei der Besprechung des neueren Gulathingsrechtes wird die Überlieferung des Katechismus bereits zur Gewißheit, und nur noch dessen *Vorbild* für unser Bekenntnis wird für wahrscheinlich erachtet: „Efter denne Indledning[8] indføres Troesartiklerne, *sandsyneligvis efter den fra Cardinal Nicolaus' Tid opstillede Formular*"[9]. Keyser folgt äußerst vorsichtig dieser Argumentation: „Kardinal Nikolaus skal have givet Nordmændene og Svearne en Katechismus, hvis Indhold siden fulgtes, saalenge Katholicismen varede. Medfører denne Beretning Sandhed, da maa man udentvivl forstaa den saaledes, at Nikolaus har meddeelt den norske Geistlighed en af ham forfatted, med den dagjældende romerske Lære nøie stemmende, forklarende Fremstilling af Troesartiklerne til Brug ved Christendoms-Undervisningen; og *er dette rigtig, saa er der igjen al Sandsynlighed for, at* det er *denne Nikolaus's Fremstilling* der i *norsk Oversættelse findes indført som Begyndelse til Christendomsbolken* i de nyere Landslove for Norge og Island fra Midten af det trettende Aarhundrede"[10]. Auch er sagt also nur, daß „wenn dies richtig ist" (d.h. wenn Nikolaus einen Katechismus mit einer erklärenden Darstellung der Glaubensartikel eingeführt hat) „so besteht wiederum alle Wahrscheinlichkeit dafür, daß es diese Darstellung Nikolaus' ist, die man in norwegischer Übersetzung als Beginn des Christenrechtsbalkens in den neueren Landrechten für Norwegen und Island von der Mitte des 13. Jahrhunderts ab findet". Etwas später allerdings, bei der Besprechung der norwegischen Kirchenverfassung des Zeitraumes 1152–1263, ist sich Keyser schon sicherer, daß dieses Bekenntnis von Kardinal Nikolaus stammt, und er äußert die Vermutung, daß es ursprünglich in Latein abgefaßt war und erst später, eventuell auf dessen Anordnung und unter dessen Aufsicht ins Norwegische übertragen wurde[11]. Bei

6 Hákonarbók war bis in das 16. Jahrhundert die Bezeichnung für die Járnsiða.

7 Munch II, S. 871, Anm. 3. Hervorhebungen vom Verf.

8 Eingangsformel, Thingfahrtsbalken

9 Munch IV, 1, S. 492; Hervorhebungen vom Verf.

10 Keyser op. cit. S. 226; Hervorhebungen vom Verf.

11 op. cit. S. 440, 441:
„Den skriver sig utvivlsomt fra en ældre Tid, fra det her omhandlede Tidsrums Begyndelse; og det er, som forhen yttret, heel sandsynligt, at den egentlig er opstilled og stadfæstet af Kardinal Nikolaus i 1152 som en i fuldkommen rettroende Udtryk affattet Bekjendelse af Christendommens Hovedlære .... Er denne Anskuelse rigtig ... der maa man antage, at den af ham er oprindelig forfattet paa Latin og siden paa hans Bud og muligen endog under hans Opsigt, overført i det norske Sprog ...."

der Besprechung des Christenrechts König Magnus' geht Keyser auf das Bekenntnis selbst nicht mehr ein. Er erwähnt nur, daß an der Spitze die „erwähnte Entwicklung der Glaubenslehre des Christentums" steht und verweist auf die oben zitierten Stellen[12].

Munch und Keyser berufen sich also bei ihrer Meinung, das Bekenntnis bei Magnus Lagabøter gehe auf Nikolaus zurück, auf den dem Nikolaus zugeschriebenen Katechismus und setzen diesen mit unserem Bekenntnis gleich.

Konrad Maurer dagegen ist der Ansicht, daß das in Frage stehende Glaubensbekenntnis schon wesentlich früher als zu Nikolaus' Zeiten in Norwegen bekannt gewesen sei. Er meint, daß es bereits mit Einführung des Christentums nach Norwegen gekommen sein müsse und begründet dies damit, daß uns bereits aus früherer Zeit apostolische Glaubensbekenntnisse aus Island und Norwegen überliefert seien, und in Norwegen, ebenso wie in anderen Ländern, die Vorschrift bestanden habe, daß jedermann das Credo und das Pater noster kennen müsse[13].

Hierbei übersieht Maurer jedoch, daß es sich bei den früheren nordischen Bekenntnissen, nämlich T im Original und der isländischen Übersetzung, dem altisländischen und unserem Bekenntnis um *verschiedene* Symbole handelt, die zwar das *apostolische* Symbol bzw. Abarten hiervon darstellen, aber im Text zu verschieden sind, als daß man sagen könnte, es handle sich um das gleiche Bekenntnis.

Maurer zitiert zum Nachweis seiner Argumentation jene isländische Übersetzung von T[14]. Dabei kann gerade dieses Bekenntnis seine These nicht untermauern, daß *unser* Bekenntnis schon wesentlich früher in Norwegen bekannt war als zu der Zeit, aus der es uns überliefert ist, denn unser Bekenntnis ist ein nationales *Eigen*symbol, wenn auch abhängig von T, und läßt sich daher nicht mit dessen Übersetzung gleichstellen. Wenn wir Maurers These streng auslegen, dann ist sie bereits hiermit widerlegt, denn ein dem unseren Bekenntnis *gleiches* Symbol finden wir in früherer Zeit in Norwegen nicht. Die Abhängigkeit von T und die Gleichartigkeit des Aussagen*inhalts* genügen für eine solche Annahme nicht. Der Zweck der Untersuchung Maurers war aber vor allem, die These Munchs und Keysers zu widerlegen, daß unser Bekenntnis auf Nikolaus zurückgehe. Es konnte ihm also nur darum gehen, daß bereits *vor* Nikolaus ein *ähnliches* nationales Bekenntnis in Norwegen bekannt war. Dieser – von uns modifizierten – These Maurers könnte allenfalls das altisländische Bekenntnis[15] recht geben, dieses wird von ihm jedoch nicht zitiert. Er hat es offensichtlich auch nicht

12 Historie II, S. 8

13 Glaubensbekenntnis S. 559 ff.

14 op. cit. S. 560

15 oben S. 76 ff.

gekannt, obwohl er bei dem Abdruck des von ihm erwähnten isländischen T auch auf die Fundstelle für jenes Bekenntnis verweist, dies aber nicht näher ausführt[16]. Auch in der übrigen Literatur ist dieses Bekenntnis noch nie berücksichtigt worden. Maurer konnte jedoch von seinem Ausgangspunkt auch nicht auf den Unterschied der beiden Bekenntnisse kommen, weil er unser Bekenntnis pauschal als apostolisches Bekenntnis bezeichnet[17] und es für ihn somit nur darum ging, irgendein vorher in Norwegen bekanntes *apostolisches* Symbol zu finden, wozu sich freilich T als *das* apostolische Symbol besonders leicht anbot, während es in Wirklichkeit auch von seiner These aus, darum ging, die Entwicklung eines eigenen *nationalen* Symbols zu verfolgen.

Durch das Vorhandensein des altisländischen Bekenntnisses sind wir also in der Lage zu erkennen, daß bereits vor unserem Bekenntnis ein von T abweichendes nationales Eigensymbol bestanden hat. Daß es aus Island stammt, und wir aus Norwegen selbst kein früheres Glaubensbekenntnis überliefert haben[18], darf uns nicht bekümmern, denn, wie schon erwähnt, bestanden zwischen Island und Norwegen so vielfältige Beziehungen, die besonders für die Kirche noch dadurch intensiviert wurden, daß die isländischen Bistümer Suffraganbistümer von Nidaros wurden, daß es als gesichert angesehen werden muß, daß dieses Bekenntnis auch in Norwegen bekannt war[19].

Das Alter dieses Bekenntnisses kann mangels genauerer Angaben hier schlecht bestimmt werden. Zweifellos gehören die in Membran Nr. 15 4to der Kgl. Bibliothek in Stockholm enthaltenen Homilien zu den ältesten isländisch-norwegischen Handschriften[20], aber für eine genaue Altersbestimmung bedürfte es eingehender Untersuchungen, vor allem textkritischer, literaturgeschichtlicher und vergleichender Art, die zu führen hier nicht der Ort ist. (Zu beachten wäre bei einer *schrifthistorischen* Untersuchung neben anderem vor allem der Gebrauch von *þ* für das spätere *ð* (*guð – guþ; maðr – maþr*[21]). Grob geschätzt dürfte dieses Bekenntnis – d.h. die Handschrift – aus der Zeit um 1200

16 op. cit. S. 560 Anm. 1 zitiert Maurer: „Homiliubók S. 148–50 (ed. Wisén) und dazu S. 145".
Auf S. 148–150 befindet sich T mit den isländischen Erläuterungen, auf S. 145/146 das altisländische Bekenntnis.

17 op. cit. S. 559

18 Im Gammel norsk homiliebok und in anderen Quellen sind uns nur ein paar Stellen überliefert, die die Kenntnis des Glaubensbekenntnisses vorschreiben, nicht jedoch das Bekenntnis selbst. Lediglich das Pater noster ist uns in Text und Auslegung überliefert. (Homiliebok, ed. Indrebø S. 153 ff.; ed. Unger S. 195 ff.)

19 beachte in diesem Zusammenhang auch die verschiedenen identischen Homilien im Gammel norsk homiliebok und im (isländischen) Homiliubók.

20 Unger, Gammel norsk homiliebok, S. IV; Wisén, Homiliubók, S. ij

21 vgl. hierzu Spehr, S. 20 ff.

stammen[22]. Hægstad setzt das Alter des Homiliubók, in dem dieses Bekenntnis enthalten ist, sogar in die Zeit von 1150–1200 an[23].

Wichtig bei der Altersbestimmung ist noch ein Punkt, der auch bestimmend für die ganze Entwicklung des Bekenntnisses ist, nämlich der Einfluß altdeutschen Symbolmaterials[24]. Haben wir schon bei unserem Bekenntnis eine große und deutlich erkennbare Verwandtschaft zu den altdeutschen Symbolen feststellen müssen, so gilt das wegen der Ähnlichkeit unseres Bekenntnisses mit dem altisländischen Bekenntnis auch für dieses. Aber gerade die Aussagen, die von unserem Bekenntnis verschieden sind[25], erhärten diese Verwandtschaft. Wir finden sie alle ebenfalls in den altdeutschen Symbolen:

In B I, P I, P III, Li, H, M, W I, A, Ba, B III, Bb ist Gott ebenfalls nicht nur der Schöpfer des Himmels und der Erde, sondern auch der ganzen Schöpfung[26]. W I und W II betonen wie das isländische Bekenntnis, daß Christus von der ewigen Magd Maria als wahrer Mensch und Gott geboren wurde[27]. Besondere Anklänge bestehen beim Leben Christi auf dieser Erde: P II, W I, A, W II, Bb betonen das

---

22 Wisén a.a.O.; Indrebø, Gamal norsk homiliebok S. *42 ff., vgl. auch die textvergleichenden Untersuchungen Indrebøs zu den norwegischen Homilien (a.a.O.)

23 in Hoops Reallexikon III, S. 336 (ed. 1915–16). Wisén a.a.O. weist auf eine Ansicht des Isländers Jon Sigurðsson hin, welcher das Alter im 12. Jahrhundert, nach näherer Bestimmung sogar um das Jahr 1150 ansetzt, was nach dem Schweden Rydqvist „ej är utan sannolikhet", also nicht unwahrscheinlich ist.

24 Den Einfluß der Aufnahme christlichen Gedankenguts und kirchlicher Lehrmeinungen auf die Altersbestimmung (eines Gesetzes) stellt besonders Imbert, S. 395 und passim heraus.

25 Gemeint sind die Zusätze dieses Bekenntnisses, die unser Bekenntnis nicht enthält.

26 isl. Bekenntnis: *scapera himins oc iarþar oc allrar s k e p n o scapera*
P I: *der geschaffen hat himel und erde und allen den dinch, die da inbendigen bevangen sint* (Barbian, Übersicht)
H: *creatorem caeli et terrae et totius creaturae*
P III: *der der schepfer ist himels und erde und aller s c h e p h t*
W I: *Der dir skephari ist himelis unde erda unde allero g e s k e p h i d i* (alle Barbian a.a.O.)

27 isl. Bekenntnis: *oc boren fra mario meyio hingat i þessa heim beþe guþ oc maþr*
W I: *unde geboren uuart fone sancta Mariun, magit uuesentero, uuarer got unde uuarer mennisco* (Barbian a.a.O.)
W II: *daz er geborn wart uone miner frowen sancte Mariun, der euuigin magede, warre got, warre mennesche* (Barbian a.a.O.)
Bb: *So gloub ich daz des gotes sunes svanger wart diu sin kiukista muoter magid ewiga sancta Maria, und daz er . . . giborn wart, iro ie wesente einer unvirwartun ewigun magide, bedin sament durnohte got unde durnohte mennisco* (Hahn § 106, S. 110 ff.)
Mü: *natum ex Maria virgine verum deum et verum hominem* (Hahn § 94, S. 98, 99)
B I betont diese Doppelnatur beim Leben Christi in dieser Welt: *Ich gloub . . . daz er geboren wart in den iungesten ziten uone sancte Mariun der ewigen magede . . . daz er hien werlte was warer got warer mennescho ane sunto* (Barbian a.a.O.)

Erdendasein Christi „wie ein anderer Mensch, nur ohne Sünde“[28]. Das Fasten der vierzig Tage und Nächte haben W I und Bb[29], M kennt nur das Fasten der vierzig Tage. W I und Bb kennen weiterhin den Glauben an die Zeichen und Wunder Christi, wie sie in der Schrift überliefert werden[30]. Die Leidensaussage ist ebenso aufgebläht wie die der altdeutschen Symbole. Auch diese kennen ein „verraten, gebunden verspottet, geschlagen“[31]. Auffallend ist jedoch, daß das isländische Bekenntnis den Zusatz von T *passus sub Pontio Pilato* übernimmt, der bei den altdeutschen Symbolen höchst selten erscheint. Geradezu typisch für die nordische Vorstellungswelt wird Pilatus als Jarl bezeichnet, Pontius wird genau wie in der isländischen Übersetzung von T adjektivisch gebraucht (*ponzkom* und *pondverskom* – „der Mann von Pontus“)[32]. Die Angabe der genauen Todesstunde und des Tages (*a þeim dage es ver kollum fostodagen langa*

---

28 isl. Bek.: *at hann óx her upp i þessom heime sem elle hverr maþr fyr utan synþer*
P II: *hie in erdriche waz als ein ander mensche, sunder alleine daz er nie kein sunde geteht*
W I: *daz der heiligi Christ an dirre uuerlte lebete also ein ander mennisco . . . unde er nio negesundoti*
A: *daz er an dirre werlte was als ain ander mensche, wan daz er nien gesundot*
W II: *daz er in dirre werlte was als ain anderre mennesche, ane sunde aine* (alle Barbian a.a.O.)
Bb: *daz der haltente Christus,an dirre werlte lebeta als ein ander menisco, . . . und er nigisundota* (Hahn a.a.O.)

29 isl. Bek.: *at hann fastaþe xl daga oc nátta samfast oc sat fiandanom freistne*
Bb: *und er sa cistunt in demo einode gewasteta unezzente samint vierzig taga unde nahta, und er da bichorot wart vone demo unreinesten geiste* (Hahn a.a.O.)
W I: *unde er sa ze erist fiercig taga unde naht fastota unde er bechoret uuart fone demo tiufelo* (Barbian a.a.O.)

30 isl. Bek.: *at hann gørþe alskyns iarteiner sem i guþspiollom er sagt*
W I: *ih glouba diu unzalahaften siniu zeichun unde die chrefte sinero uundere ioh lera, also die fier euuangeliste cellent* (Barbian a.a.O.)
Bb: *ich gloubo diu unzalehaftin sinin zeichen unde wunderkrefte joh lera, also die vier evangeliste cellent* (Hahn a.a.O.)

31 z.B. Nd: *ic kelave, that he thur use notthrutthe gevangen wart, gebunnen wart, bespottet wart, gehalslaged wart, gevillet wart, gecrucighet wart*
W I: *daz er fone Iude sinemo iugeren uerraten uuart, uona den iuden gefangen uuart, gebunten uuart, pespiren uuart, gehalslagot uuart, geuuillet uuart, an daz chruci genegelet uuart* (beide Barbian a.a.O.)
Bb: *daz er vone Juda sinemo jungeren virraten wart, vone den Judon givangen wart, gibunden wart, gispuen wart, gihalslagot wart, bivillit wart, an des crucis galgan ginegelit wart . . .* (Hahn a.a.O.)
isl. Bek.: *Ec t.þ. at hann vas selldr oc hondlaþr . . . bunden oc barþr hrecþr oc at háþe hafþr . . .*

32 ähnlich übrigens das angelsächsische Credo nach Aelfric: *Gedrowod under dan pontiscan Pilate* (Taranger, Indflytelse S. 199; Hahn § 79, S. 87, 88)
Das Bekenntnis bei Hahn hat nicht die gleiche sprachliche Originalität wie bei Taranger.

at miþiom dage) ist eine Eigenheit dieses Bekenntnisses, doch schon für die nächste Aussage, daß Christus in die Seite gestochen wurde, und daß aus der Wunde Blut und Wasser floß, finden wir wieder eine Parallele in W I und Bb[33]. Bei der Höllenfahrt Christi wird betont, daß die Seele Christi mit der Gottheit zur Hölle fuhr. Auch hierfür finden wir entsprechende Stellen bei den altdeutschen Symbolen, und zwar bei P I, M, W I, Bb, Mü[34], während P II, Li, Nd, Ba nur die Höllenfahrt der Seele kennen, ohne zu erwähnen, daß ein Verlust der Gottheit während der Höllenfahrt *nicht* eingetreten ist. Christus brach die Hölle auf und besiegte dadurch den Teufel. Gerade dieses „Brechen" ist typisch für die altdeutschen Symbole[35]. Über die Bedeutung des Erlösungsgedankens bei der Höllenfahrt Christi, wie er auch in dem altisländischen Bekenntnis zum Ausdruck kommt, haben wir uns bereits bei der Besprechung unseres Bekenntnisses ausführlich Gedanken gemacht, ebenso über dessen häufige Verbreitung bei den altdeutschen Symbolen. Für das altisländische Bekenntnis typisch ist jedoch, daß Christus bei der Auferstehung auch diejenigen mit sich nahm, die er aus der Hölle erlöst hatte. Dies wird zwar vom Erlösungsgedanken umfaßt, aber in sonst keinem Bekenntnis ausdrücklich erwähnt. Dagegen finden wir wieder wörtliche Parallelen beim Erdendasein und bei der Himmelfahrt. Das isländische Bekenntnis berichtet, daß Christus seiner Mutter Maria und seinen Jüngern erschienen ist, und daß er mit ihnen gegessen und getrunken hat (*at hann sýndesc Mario moþor sine oc postolom sínom át oc drakk meþ þeim*). Dann erwähnt es noch einmal, daß er nach der Auferstehung hier war (*at hann var her siþan er hann reis upp af dauþa*). Gemeint ist, daß er hier in *dieser Welt* war. Aus der Stellung der Worte und dem Umstand, daß das Erdendasein ja bereits mit der Erscheinung vor Maria und den Jüngern und dem Essen und dem Trinken erwähnt ist, kann man folgern, daß ursprünglich diesem zweiten Satz wahrscheinlich noch eine Ergänzung beigefügt war, entweder „in dieser Welt" oder „vierzig Tage", die dann bei der Niederschrift fortgelassen wurde. Das

---

33 isl. Bek.: *ec true at hann var lagþr spiote andaþr a crossenom under hondena hǫgre. Ec trui þui at þar kom ór bæþe blóþ oc vatn*
W I: *Ih glouba daz er also toter in sine situn geụundot uuart, unde dannan sament uz floz pluot unde uuazer* (Barbian a.a.O.)
Bb: *Ich gloubo daz er also toter in sina sittun giwundot wart unde sament da uz floz bluot unde wazzer* (Hahn a.a.O.)

34 isl. Bek.: *en ǫnd hann meþ guþdomscrafte sté niþr til helvitis*
P I: *daz sin heilige sele mit der gotheit zu der helle vur*
W I: *daz diu sin heiligista sela do fone demo lichnamen ze helli nider fuor mit dero sinero gotelichen chrefti* (beide Barbian a.a.O.)
Bb: *daz diu sin heiligosta sela do vone demo lichaman zi hello nider vuor mit der siner gotelichen krefte* (Hahn a.a.O.) (Vgl. W I *gotelichen chrefti* und isl. *guþdomscrafte*)

35 isl. Bek. *oc braut helvitis byrge oc bratt fiandan*
P I, P II *und die zubrach*; P III *und die brah*;
Li, M und die brach; Wi *und die zerbrach*;
Ba *di zerbrach* (alle Barbian a.a.O.)

Bekenntnis bei Magnus Lagabøter erwähnt nur das vierzigtägige Beisammensein mit den Jüngern, die altdeutschen Symbole hingegen berichten, wie ebenfalls schon erwähnt, zum Teil recht ausführlich über die Erscheinung vor den Jüngern und das gemeinsame Essen und Trinken[36]. Auch die Himmelfahrt im Beisein seiner Jünger wird von den altdeutschen Symbolen bezeugt[37].

Etliche der altdeutschen Symbole, die ein Beisein der *Jünger* nicht kennen, erwähnen ein Beisein derer, die „es würdig waren“[38]. Genau wie unser Bekenntnis erwähnt das altisländische Bekenntnis ausdrücklich die Bezeichnung „Himmelfahrtstag“ – *upstigningar dag.*

Auch im dritten Artikel weisen, neben den Aussagen, die mit denen unseres Bekenntnisses übereinstimmen, und deren Verwandtschaft zu den altdeutschen Symbolen bereits bei der Besprechung unseres Bekenntnisses aufgezeigt wurde, gerade auch die Unterschiede zu unserem Bekenntnis auf die altdeutschen Symbole hin. Wir haben bereits oben darauf hingewiesen, daß die altdeutschen Symbole die Sündenvergebung durch die Taufe nicht ausdrücklich nennen. Das isländische Bekenntnis kennt ebenfalls nur die Vergebung durch Bekennen und reuige Buße[39]. Der Gedanke der persönlichen Rechenschaft, den das isländische Bekenntnis beinhaltet, finden wir bei den altdeutschen Symbolen bei B I, P I,

---

36 W I: *unde er sinen iungeren irskein, uuiben ioh mannun . . . , az unde tranc sament sinen iugeron also ein ander mennisco* (Barbian a.a.O.), ebenso Bb (Hahn a.a.O.)
A: *daz er entschain nach siner urstendi sinen iungern unt sinen guoten friundin*
Nd: *at inde drang mit sinen iungheren*
H: *et post resurrectionem comedit et bibit cum suis discipulis* (alle Barbian a.a.O.)

37 z.B. H: *Et postea in quadragesima die sursum ad caelos ivit suis discipulis inspicientibus*
Li: *ze himel fuor ze angesicht siner junger* (beide Barbian a.a.O.)
W I: *ce himeli fuor, sinen iungeren ana schenten* (Barbian a.a.O.), ebenso Bb (Hahn a.a.O.)

38 P II, Nd, M, Ba.
A: Jünger *und* die es würdig waren: *ze der angesicht siner iunger unt aller mangelich, die sin uuirdig uuarent* (Barbian a.a.O.)
isl. Bek. *at mér mono synþer fyr gefasc ef ec vil af láta oc yuer beóta*
B I: *Ich gloube antlaz miner sunteno ube sie mich rehte geriuwent*
W II: *Ih gloube den antlaz aller miner sunden nach warre riwe*
G II: *unt gelob antlaz miner sundon nah luttere piihte*
H: *Credo remissionem omnium peccatorum de quibus paenitentiam egi et confessionem feci et ultra non iteravi*
W I: *ih glouba an durnohtigi becherda unde ana rehte riuuua unde an bigiht allero sundeno unde meintatun uollen geuuissen ioh uuaren dinen antlaz* (alle Barbian a.a.O.)
Bb: *ich gloubo an durnohter bicherida und an stater rehter riuwa und an der warun bigihta aller slahte sundon joh meintaton vollen giwissen joh waren dinen antlaz, nah demo giheizzinan vestin gidinge, der unsih gihalten toige der alemahtigun gnade.* (Hahn a.a.O.)

P II, Li, Nd, H, W I, A, G I, G III, Bb teils bei der Auferstehung des Fleisches, teils bei der Aussage über das jüngste Gericht[40].

Aus alledem ergibt sich, daß dieses altisländische Bekenntnis in noch stärkerem Maße von den altdeutschen Symbolen beeinflußt ist, als das bei dem Bekenntnis Magnus Lagabøters der Fall ist. Dieser Umstand und der damit zusammenhängende Einfluß der deutschen Kirche auf die norwegische werden bei der genauen Altersbestimmung dieses Bekenntnisses unbedingt zu berücksichtigen sein.

Die gegenseitigen Wechselbeziehungen der norwegischen und der deutschen Kirche sind bis jetzt leider noch sehr wenig beachtet und einer Bearbeitung unterzogen worden. Bis jetzt war man immer der Meinung, die norwegische Kirche wäre hauptsächlich unter dem Einfluß der britischen Kirche gestanden, besonders nach den Untersuchungen Tarangers[41]. Das mag für das erste halbe Jahrhundert nach Beginn der Christianisierung zugetroffen haben, da ja Norwegen in erster Linie von britischen Mönchen und Priestern missioniert worden ist, und in der ersten Zeit die Konsolidierung des Christentums vor allem eine Sache der Könige war, die dabei ähnlich rigoros vorgingen wie etwa Karl der Große mit den Sachsen, und die schon aufgrund ihres weltlichen Herrschaftsgebietes nach Westen tendierten. Dennoch muß aber gesehen werden, daß der größte Teil der Auseinandersetzungen um kirchliche Lehrmeinungen auf dem Kontinent stattfand, und daß daher die norwegische Kirche mit dem Erreichen einer gewissen Selbständigkeit und der allmählichen Befreiung aus der königlichen Vormundschaft sich mehr und mehr nach Süden orientierte[42]. Es ist dies jedoch ein längerer Entwicklungs- und Umschichtungsprozeß, der einer

---

40 isl. Bek.: *at ec scal upp rísa a dóms dege oc taka þa œmbon verka mina hvártz veret hafa goþ eþa ill*
H: *Credo, quod isto eodem corpore . . . resurgere debeo, deo rationem reddere debeo de omnibus quae umquam feci sive bona sive mala. Et ibi retributionem accipiam secundum hoc quod in ultimis inventus fuero*
W I: *ih gloube, daz danne aller menisclih fure sih selben gote reda geben scol, so uuio er gelebet unde geuurchet habet, uuola oder ubelo, unde daz imo dara nah glonot uuerde*; ähnlich Bb (Hahn a.a.O.)
Nd: *Ic kelave, that ic sundige mennische . . . wir ubstanden scel gode rithen given scel aller there thinge, the ic gefrumede, godere gif uvelere* (alle Barbian a.a.O.). Vgl. auch oben S. 61, 62.

41 Den angelsaksiske Kirkes Indflydelse paa den norske, Kristiania 1890.
Die frühen Einflüsse, von Hamburg und Bremen (Adalbert) ausgehend, die mit der Errichtung des Erzbistums in Lund als beendet betrachtet werden (Gerhardt-Hubatsch, Deutschland und Skandinavien, S. 43 ff.), seien hier einmal außer Betracht gelassen.

42 Vgl. schon den Brief Gregors VII. an König Olav Kyrre, gelehrte, wohlgeborene junge Norweger zur Ausbildung nach Rom zu schicken, da es wegen der großen Entfernung schwierig sei, Ausbilder nach Norwegen zu schicken (DN VII, 1).

eingehenderen Untersuchung wert wäre, als es hier geschehen kann. Dabei spielt das altisländische Bekenntnis eine wesentliche Rolle. Denn anhand des ebenfalls in Norwegen bekannten T lassen sich keine Einwirkungen nachweisen, da dieses als offizielles Bekenntnis der römischen Kirche immer gleich war und auch in der Originalsprache verwendet und wahrscheinlich nur des besseren Verständnisses wegen sowohl für Priester als auch für Laien in die jeweilige Landessprache übersetzt wurde. Aus einem Vergleich *dieses* Bekenntnisses (T) mit anderen Bekenntnissen lassen sich daher keine Schlüsse ziehen, und so unterliegt auch Maurer einem Fehlschluß, wenn er die isländische Übersetzung von T mit dem Bekenntnis von Aelfric oder demjenigen in Notkers Katechismus vergleicht[43] und aus der Ähnlichkeit folgert, daß dieses Bekenntnis sowohl von England als auch von Deutschland aus nach Norwegen eingeführt sein könne. Was Maurer übersieht, ist dies, daß allen drei Bekenntnissen T zugrundeliegt, und daß sie nur Übersetzungen von T sind, die zwangsläufig gleich sein müssen und daher ihrem *Inhalt* nach überhaupt keinen Schluß über die Einführung aus einem dieser Länder zulassen, daß sie aber nicht originär sind.

Auch die *sprachliche Form* läßt keine eindeutigen Rückschlüsse auf die Einführung zu. Die altisländische Übersetzung von T hat zwar eine große Ähnlichkeit mit den altenglischen Symbolen, aber diese beruht auf der sprachlichen Verwandtschaft von Altnordisch und Angelsächsisch, besonders Northumbrisch[44]. Aus einem sprachlichen Vergleich lassen sich daher keine Anhaltspunkte für die Einführung des Symbols gewinnen. Selbst die Verwendung etlicher Ausdrücke, die wir sonst nicht in den nordischen Bekenntnissen finden, wie z.B. *niþrstaþa* für „Hölle, Unterwelt", oder *kyqua* für „Lebendige" lassen keine Rückschlüsse zu. *Niþr* oder das jüngere *niðr* ist ein gemein-germanisches Wort und findet sich im Althochdeutschen wie im Altenglischen und Altfranzösischen, wenn auch die Form *niþr s t a þ a* einzigartig sein dürfte. *Kyqua* hingegen geht auf eine indogermanische Wurzel zurück $(g^{u}ig^{u}o)$[45]. Die häufige Verwendung der entsprechenden angelsächsischen Abwandlungen (*cucan, cucum, quiche, quike, quikke, quyke, queke, qwyke*) in den britischen Symbolen kann daher auch zu keinen anderen Schlüssen führen, denn auch in einem altdeutschen Symbol finden wir dieses Wort: in dem Glaubensbekenntnis aus einer St. Gallener Handschrift des achten Jahrhunderts heißt es *qhuekhe*[46]. Form und Inhalt der isländischen Übersetzung von T geben daher, entgegen

43 Glaubensbekenntnis S. 563

44 vgl. hierzu die Gegenüberstellungen von Pater noster und Credo in den beiden Sprachen bei Taranger, Indflytelse S. 196 ff. Vgl. auch die Credi bei Hahn §§ 78 ff. (S. 86 ff.). Taranger wählt zu seiner Gegenüberstellung das Credo nach Aelfric aus, vgl. hierzu oben S. 87, Anm. 32

45 vgl. de Vries unter „*kvika*"

46 Hahn § 93, S. 98 (99); MSD I LVII, S. 209; SD V, S. 27

Maurers Meinung, nichts für die Einführung dieses Bekenntnisses (T) aus England bzw. Deutschland her. Hierzu muß vielmehr auf die allgemeine Missionsgeschichte zurückgegriffen werden.

Dieser Frage wollen wir aber nicht weiter nachgehen. Wichtig für unsere Untersuchung war, daß zu unterscheiden ist zwischen nationalen (reinen) *Übersetzungen* von T und nationalen *Abwandlungen* von T. Nur letztere sind originär und lassen daher Rückschlüsse auf die Einwirkung anderen Symbolguts zu. Aufgrund dieser Unterscheidung konnten wir auch den Einfluß altdeutschen Symbolguts auf unser Bekenntnis feststellen, wohingegen ein solcher angelsächsischen Symbolguts nicht vorliegt, weil diese Symbole sich alle eng an T halten.

Maurer hat diese Unterscheidung nicht getroffen, sondern aus der allgemeinen Klassifizierung unseres Bekenntnisses als apostolisches Symbol und aus etlichen Quellenstellen über die Kenntnis eines Glaubensbekenntnisses in Norwegen voreilig geschlossen, daß *unser* Bekenntnis bereits sehr früh in Norwegen bekannt war. Hierin liegt der Fehler der Theorie Maurers.

Wir können also abschließend zu dieser Theorie folgendes festhalten:

In Norwegen war bereits sehr früh ein Glaubensbekenntnis bekannt, welches schon mit der Missionierung nach Norwegen gekommen sein dürfte. Das ergibt sich aus einigen Stellen aus den Sagas[47] und den Rechtsquellen[48]. Bei diesem Bekenntnis muß es sich um T, und zwar im Original, als dem Mutter- und Grundsymbol aller abendländischen Kirchen gehandelt haben, wobei es hier offengelassen werden kann, von welchem Land dieses Bekenntnis nach

---

47 Bereits Olaf Tryggvasson soll den isländischen Dichter Hallfreð vandraedaskald unmittelbar nach dessen Taufe das Lernen des Credo und des Pater noster aufgegeben haben (*Olafss. Tryggvasonr* Kap. 266, Fltbk. I S. 316, 317)
In der *Færeyinga Saga,* Kap. 56 wird berichtet, daß der neunjährige Sohn Sigmund seiner Mutter Thora auf ihr Befragen, was er bei Thrand gelernt habe, antwortet: das Pater noster und das Credo:
ok var sveinninn Sigmundr þar hjá henni, son hennar, hann var þá niu vetra gamall, ok hinn, skjótligsti at sjá. Módir hans spurdi, hvat þrandr hefdi kennt honum ... en hann kvedst ... þá spyrr hún hvat fóstri hans hefdi kennt honum i helgum frædum, Sigmundr kvedst numit hafa pater noster oc k r e d d u n a
(Fær. saga, ed. Rafn u. Mohnike, Kbh 1833, S. 257)

48 z.B. das Christenrecht Þorlaks und Ketils (etwa um 1122 geschrieben) in Kap. 1: *Hvereom manni er vit hefir til oc hyggindi, karli oc kono, er skylldt at kunna pater noster oc c r e d o i n D e u m* (zit. nach Jon Olafsson, *Syntagma de Baptismo*, S. 184 Anm. a)
Vgl. auch die Übereinkunft der Bischöfe Gissur von Skálholt und Jon Øgmundr von Hola aus dem Jahre 1107, von der Finnur Jonsson berichtet: *Constituit etiam ut quivis maturae aetatis ad minimum semel quovis anno cathedram Holensem adiret. C o n f e s s i o n e m A p o s t o l i c a m & orationem dominicam, quemvis memoriter tenere, bisque quotidie mane et vespere una cum precatiunculis canonicis recitare jussit* (Finnur Jonsson, *Hist. Eccl. Isl.* Bd. I, S. 324)

Norwegen eingeführt worden ist. Daneben bestand eine Übersetzung von T. Inwieweit diese tatsächlich verbreitet war, kann ebenfalls dahingestellt bleiben. Erst einige Zeit später entstand eine Abwandlung von T, nämlich das altisländische Bekenntnis, welches eindeutig von altdeutschem Symbolgut beeinflußt ist, und welches daher auf ein Einwirken der deutschen Kirche zurückgeht. Dieses ist das erste Zeugnis eines eigenen nationalen Symbols in Norwegen und Island. Eine weitere Abwandlung von T, die ebenfalls unter dem Einfluß von altdeutschem Symbolgut steht, ist dann unser Bekenntnis. Das altisländische und unser Bekenntnis gleichen sich zwar in ihrer *Art*, stellen insgesamt gesehen jedoch *verschiedene* Bekenntnisse dar. Beide gehen auf das älteste in Norwegen und Island bekannte Bekenntnis (T) zurück, sie unterscheiden sich aber ebenfalls recht deutlich von diesem. Wir haben also aus verschiedener Zeit drei verschiedene Bekenntnisse überliefert, aus den Quellen läßt sich daher nicht belegen, wie Maurer dies tut, daß unser Bekenntnis bereits wesentlich früher, wie Maurer meint, schon vor der Zeit des Kardinals Nikolaus, bekannt war.

Aus der Betonung der Verschiedenheit dieser Bekenntnisse ergibt sich gleichzeitig ein Anhaltspunkt für die Kritik an der These Munchs und Keysers. Diese behaupten ja nicht, daß durch Nikolaus von Albano das Glaubensbekenntnis überhaupt erst in Norwegen eingeführt wurde[49], sondern daß das Glaubensbekenntnis, wie es uns von *Magnus* überliefert ist, durch Nikolaus nach Norwegen gekommen ist. Wir haben erwähnt, daß das altisländische Bekenntnis in Handschriften enthalten ist, die etwa um 1200 entstanden sind. Damit ist jedoch noch nichts über die Entstehung des Bekenntnisses selbst gesagt, diese ist vielmehr wesentlich früher anzusetzen. Nimmt man eine Entstehungszeit zwischen 1150 und 1200 an, so kann es durchaus sein, daß – vorausgesetzt die Prämisse stimmt, daß Nikolaus einen Katechismus verfaßt hat – dieses *altisländische* Bekenntnis auf Nikolaus zurückgeht. Dann würde aber nur dieses Bekenntnis auf Nikolaus zurückgehen, nicht aber auch unseres, denn unseres ist gegenüber dem altisländischen ein selbständiges und keine bloße organische Fortentwicklung. Und Munch und Keyser behaupten gerade, daß *unser* Bekenntnis auf Nikolaus zurückgeht! Wenn das altisländische Bekenntnis also aus der Zeit nach Nikolaus stammt, dann ist damit bereits die These Munchs und Keysers widerlegt.

Nun kann es aber auch sein, daß das altisländische Bekenntnis bereits aus der Zeit vor Nikolaus stammt. Wir haben ja gesehen, daß auch das Alter der *Handschriften* ungleich eingeschätzt wird. Wenn wir deren Alter zwischen 1150 und 1200 annehmen[50], dann ist es in diesem Fall sogar sehr wahrscheinlich, daß

49 wenn sie sich auch auf einige mittelalterliche Autoren beziehen, die anführen, daß es Nikolaus war, der das Christentum in Norwegen eingeführt habe.

50 Hægstad in Hoops Reallexikon III, S. 336; vgl. auch die Meinung Sigurðssons und Rydqvists bei Wisén, S. ij (oben S. 86 Anm. 23)

die *Entstehung des Bekenntnisses* zeitlich vor Nikolaus liegt, also vor 1150. Dann wäre es jedoch denkbar – immer die Annahme vorausgesetzt, daß Nikolaus einen Katechismus erlassen hat –, daß durch Nikolaus eine Neufixierung des Wortlautes vorgenommen wurde, und daß diese Änderung zu unserem Bekenntnis geführt hat. Dieser Spur werden wir im folgenden nachgehen.

Munch beruft sich zur Bestätigung seiner Vermutung, Nikolaus habe einen Katechismus hinterlassen, auf Manrique, *Ann. Cist.* II S. 46[51], Keyser beruft sich auf Munch und zitiert noch Suhm, Historie af Danmark, Bd. VI, S. 135 und gibt an, daß beide Manrique folgen[52].

Tatsächlich schreibt Suhm in dem erwähnten Werk, nachdem er die Errichtung des Erzbistums und das Verbot des Waffentragens in den norwegischen Kaufstädten geschildert hat über das Wirken von Kardinal Nikolaus: „Men det allerbeste han gjorde, var, at han skal have givet de Norske og Svenske en Catechismus, hvis Indhold de siden fulgte, saa længe de vedbleve den Catholske Lære"[53] und beruft sich dabei unter anderem auf die zitierte Stelle bei Manrique[54]. Interessant ist, daß auch Suhm nicht mit Bestimmtheit sagt, daß Nikolaus einen Katechismus verfertigt hat, sondern nur einen solchen den Norwegern und Schweden „gegeben haben soll".

Es ist unmöglich, die bei Suhm zitierten Stellen alle nachzuprüfen, da sie einmal Belege für ein ganzes Kapitel sind und daher für unsere Frage zum Teil gar nichts hergeben, und zum anderen, weil sie nicht mehr alle verfügbar sind.

Eine Stelle jedoch, in der es mit Bestimmtheit heißt, daß Nikolaus einen solchen Katechismus verfertigt hat, konnte nachgeprüft werden: Es ist dies Erik Pontoppidan, der in Bd. I seiner *Annales Ecclesiae Danicae Diplomatici* auf S. 261 schreibt: „Auch ist zum Ruhm gedachten Cardinals nicht zu verhehlen, daß er zum Dienst derer Norweger und Schweden, einen Catechismus verfertiget". Pontoppidan beruft sich dabei auf das Zeugnis eines Alexander, der in seinem Werk *Histor. Select. Eccl.* c. 17, S. 216 geschrieben hat: *Nicolaus Cardinalis Catecheses scripsit ad populum Norvegiae & Sveciae, & librum de legatione sua*[55]. Maurer, der sich in seiner Kritik der These Munchs und Keysers eingehend mit einigen der mittelalterlichen Autoren auseinandergesetzt hat, setzt diesen bei Pontoppidan zitierten Alexander einem bei Suhm zitierten Natalis Alexander gleich[56]. Mir erscheint es fraglich ob diese Folgerung richtig ist, da sich Suhm und Pontoppidan offensichtlich auf zwei verschiedene Werke

51 Munch II, S. 871 Anm. 3

52 Keyser, Historie I, S. 226 Anm. 3

53 Suhm a.a.O.

54 S. 148 Anm. 13

55 Pontoppidan a.a.O.

56 Maurer, Glaubensbekenntnis S. 567

beziehen[57], doch ist diese Frage für unsere Untersuchung nicht von Bedeutung, so daß wir sie auf sich beruhen lassen können. Bei dem erwähnten Natalis Alexander (1639–1724)[58] heißt es über Nikolaus, wobei wir dem bei Maurer abgedruckten Zitat folgen[59]: *Ipsum scripsisse Catecheses ad Populos Norvegiae et Sveviae, Homilias quasdam, librum de legatione sua* . . . . Angelus Manrique (1577–1649)[60] hingegen, der von Suhm und Keyser zitiert wird, berichtet über die Mission des Kardinals, einem Zitat des Panninus (Panvinius) folgend, daß Nikolaus die Norweger erst zum christlichen Glauben bekehrt habe[61] und fügt dann hinzu: *Addit Chaconius, Paulum Cortesium referens: ‚Catechismaticas leges, ab ipso latas perseverare in eisdem provinciis hactenus incorrupta traditione*[62]. Für uns ist nur dieser letzte Zusatz wichtig. Alphons Chaconius oder Ciacconius (1540–1599)[62] schreibt in der von dem italienischen Jesuiten Augustinus Oldoinus (1601 – Ende des 17. Jahrhunderts) besorgten Ausgabe der *Vitae et res gestae Pontificum Romanorum et Cardinalium* über Nikolaus: *De eo Paulus Cortesius: Nicolaus Britannus vir disertus fuit, cuius tum maxime est cognita in dicendo vis, cum ab eo in Germania Penuni et Bastarnae sint lustralis aquae baptismi aspersione loti; itaque non sine causa ab eo dicunt Catechismaticas Leges esse latas quibus hodie ea gens solet incorrupta traditione frui*[64] und *At non multo post ad populos immanitate barbaros et disiunctissimos Danorum et Noruegiorum nationes Legatum misit. Qua legatione prudentissima confecta . . . gentem illam barbaram et rudem in Lege Christiana diligenter instruit*[65]. Als *Nova additio Aug. Oldoini* bezeichnet findet sich noch eine Notiz, die über die verschiedenen literarischen Werke Kardinal Nikolaus' berichtet, und die unter anderem erwähnt: *De sua legatione librum unum. Homilias quasdam. Catechismaticas leges ad Populos Noruegiae et Sueuiae*[66]. Auch der Karmeliter

57 Pontoppidan zitiert: *Alexand. Histor. Select. Eccl. c. 17, p. 216*
Suhm zitiert: *Natalis Alexandri Hist. eccl. T. 6, p. 453*

58 vgl. über ihn LThK VII (1962) Sp. 797

59 op. cit. S. 568

60 Jöcher, Gelehrtenlexikon II, S. 52 (ed. 3, 1733), zit. nach Maurer a.a.O.

61 *Cisterciensium seu verius ecclesiasticarum annalium,* II, S. 46 (1642): (Papst) *Eugenius . . . Nicolaum Brekspear instituit Apostolum. qui eas provincias Christo subiugaret. Extat conversionis eorum per eundem Legatum memoria celebris inter omnes authores, ex quibus Panninus pauca exerpsit . . . sed quae nobis sufficiant pro instituto: 'Nicolaus (ait) ab Eugenio Papa missus, . . . qui praedicando gentes easdem barbaras lustralis laticis fonte lavans, ad fidem Christi traduxit . . .*, zit. nach Maurer a.a.O.

62 a.a.O.

63 vgl. LThK II (1958) Sp. 1201

64 I, S. 1044, 45, zit. nach Maurer op. cit. S. 569, Anm. 6

65 I, S. 1057, zit. nach Maurer op. cit. S. 570, Anm. 1

66 I, S. 1062, zit. nach Maurer a.a.O. Anm. 2

Ludovicus Jacobus a. S. Carolo (1608–1670)[67] zählt in seiner *Bibliotheca Pontifica* die literarischen Werke Nikolaus' auf und nennt unter anderen: *De sua legatione lib. 1. Homiliarum lib. 1. Catechismaticas leges ad populos Noruegiae et Sueuiae ex Paulo Cortesio, Decretalium Epistolarum lib. 1*[68]. Maurer[69] hat versucht, auf den bei Manrique, Ciacconius und nun auch bei Jacobus a.S. Carolo zitierten Paulus Cortesius (den Dalmatiner Paul Cortese de San Gimignano, 1465–1510)[70] zurückzugehen, aber ein Werk mit dem bei Jacobus a.S. Carolo erwähnten Titel nicht ausfindig machen können, und in den anderen Werken des Paulus Cortesius nichts entsprechendes feststellen können. Es ist dies jedoch ebenfalls nicht wesentlich, da Ciacconius die einschlägigen Stellen des Cortesius wörtlich zitiert hat. Daraus ergibt sich, daß auch Cortesius die *catechismaticae leges* kannte, jedoch nicht das Volk nannte, für welches sie bestimmt waren[71]. Maurer faßt seine Untersuchung in diesem Punkt dergestalt zusammen[72], daß er zwei Berichtsreihen unterscheidet nämlich eine über den Auftrag und das Wirken des Kardinals an sich, mit *eventueller* Erwähnung der *catechismaticae leges*[73] und die andere, die nur die literarischen Werke Nikolaus' aufzählt, freilich mit Erwähnung der *catechismaticae leges*[74]. Maurer meint zwar, daß gerade für die literaturgeschichtliche Reihe die von Nikolaus angeblich verfaßte Schrift *De legatione sua*, von der schon Suhm sagt, daß sie entweder „verschwunden ist oder noch verborgen in irgendeinem Winkel liegt"[75], endgültigen Aufschluß geben könnte[76], glaubt aber bezüglich der *catechismaticae leges* – soweit sie tatsächlich hinterlassen sind, was Maurer zunächst unterstellt – ein endgültiges Ergebnis gefunden zu haben: Er beruft sich auf Cäsar Baronius (1538–1607)[77], welcher über Kardinal Nikolaus in den *Annales ecclesiastici*, XI, S. 398 (Köln 1609) berichtet: *Processu uero modici temporis, cognita ipsius honestate, et prudentia, de latere suo ad partes Norvegiae Legatum Sedis Apostolicae destinavit, quatenus verbum vitae in ipsa Provincia praedicaret, et ad faciendum omnipotenti Deo animarum lucrum studeret. Ipse vero tamquam minister Christi, et fidelis ac prudens dispensator*

67 vgl. LThK VI (1961) Sp. 1181

68 I S. 105, zit. nach Maurer op. cit. S. 571, Anm. 4

69 op cit. S. 572

70 LThK III (1959) Sp. 72
vgl. über ihn auch Dittrich in Wetzer und Welte, Kirchenlexikon, 2. Aufl. 1884, Sp. 1139

71 Maurer a.a.O.

72 op. cit. S. 573

73 erwähnt bei Cortesius, Ciacconius, Manrique, unerwähnt bei Panvinius

74 Jacobus a.S. Carolo, Oldoinus, Natalis Alexander

75 Suhm VI, S. 135

76 a.a.O.

77 vgl. LThK I (1957) Sp. 1270

mysteriorum Dei gentem illam barbaram et rudem in lege Christiana diligenter instruxit, et ecclesiasticis eruditionibus informavit. Divina itaque dispensatione Apostolatus sui diem praeveniens, defuncto Papa Eugenio, et Anastasio in eius locum ordinato, ad Matrem suam sanctam Romanam Ecclesiam, auctore Domino, remeavit, relinquendo pacem regnis, legem barbaris, quietem ecclesijs, ordinem clericis et disciplinam, et Deo populum acceptabilem sectatorem bonorum operum[78]. Maurer meint nun, Natalis Alexander, Angelus Manrique, Alphons Ciacconius (auch in der Fassung des Augustinus Oldoinus) und Ludovicus Jacobus a.S. Carolo, die unter Bezugnahme auf Paulus Cortesius von dem Katechismus – *catechismaticae leges* – des Nikolaus berichten, hätten diese Stelle bei Cäsar Baronius, in der er schreibt, Nikolaus habe die Norweger *in lege Christiana* und den *ecclesiasticis eruditionibus* unterrichtet und den *barbaris* eine *lex* hinterlassen, mißverstanden, indem sie aus *lex Christiana* und *ecclesiastici eruditiones* die *catechismaticae leges* abgeleitet hätten[79].Unter *catechismaticae leges* könne, so schreibt Maurer[80], nicht ein Katechismus in unserem Sinne verstanden werden. Er beruft sich dabei auf Bang[81], der ebenfalls die Ansicht Munchs und Keysers als auf einem Mißverständnis beruhend ansieht und darauf hinweist, daß das Wort „Katechismus“ erst unter der Reformationszeit die Bedeutung erhalten hat, die wir ihm heute geben, nämlich eine leicht faßliche Darstellung der christlichen Lehre für den Unterricht der Kinder[82]. Im Mittelalter habe das Wort vielmehr den Unterricht bedeutet, den die Paten ihren Patenkindern zur Vorbereitung auf die Taufe erteilten[83]. Diese Unterrichtung habe Nikolaus in eine feste Form gebracht[84], d.h. er habe Vorschriften erlassen, die sich „entweder auf die Ordnung der Taufe und der sie vorbereitenden liturgischen Handlungen, oder aber auf die Art und den Umfang des Religionsunterrichtes bezogen, der nach der Taufe dem Kinde durch seine Eltern und Pathen zu ertheilen war“[85]. Nun scheint mir aber sehr wahrscheinlich, daß Munch und Keyser genau dies meinen, denn eine andere Art christlichen Unterrichts als der Taufunterricht war zu der Zeit Nikolaus von Albanos unbekannt, nur daß sie für die Regelung dieses Unterrichts den modernen Terminus „Katechismus“ gebrauchen. So ließe sich dieses ihr „Mißverständnis“ nicht erklären.

---

78 zit. nach Maurer op. cit. S. 573, 574

79 S. 574

80 a.a.O.

81 Udsigt S. 271, Anm. 1

82 Maurer und Bang a.a.O.

83 Maurer und Bang a.a.O. mit Hinweisen auf G. v. Zezschwitz, System der christlich-kirchlichen Katechetik I, S. 17–25 und II, S. 31–41

84 Bang a.a.O.

85 Maurer S. 575

Denn auch dieser Taufunterricht umfaßt das Lehren und Lernen des Credo. Wenn Nikolaus eine solche Ordnung erlassen hat, so könnte damit also tatsächlich eine genauere Feststellung des Wortlauts des Symbolums verbunden sein, die dann nach Munch und Keyser Aufnahme in die späteren Gesetze gefunden hat. Maurer lehnt auch dies mit dem Hinweis auf die Varianten des Bekenntnisses aus späterer Zeit ab[86]. Diese Begründung vermag jedoch nicht zu überzeugen. Er bezieht sich auf unser Bekenntnis und das Bekenntnis aus dem 3. Statut des Erzbischofs Pál und übersieht dabei wiederum das altisländische Bekenntnis, welches wir oben besprochen haben, und welches wahrscheinlich ebenfalls aus der Zeit nach Nikolaus stammt. Maurers Begründung mit dem Hinweis auf die verschiedenen Varianten könnte nur dann richtig sein, wenn diese Varianten alle aus der gleichen Zeit stammten. Dies würde in der Tat einer genauen Fixierung des Wortlautes widersprechen, aber auch nur dann, wenn diese Varianten in der Zeit unmittelbar nach der Mission des Kardinals entstanden wären. Die drei Bekenntnisse, um die es sich hier handelt, sind uns jedoch aus verschiedener Zeit überliefert, beginnend mit dem altisländischen Bekenntnis aus der Zeit um 1200 oder etwas früher, dann unser Bekenntnis aus der Zeit zwischen 1260 und 1270 und das Bekenntnis Páls etwa aus den Jahren 1336–1346.

Bezüglich unseres Bekenntnisses und desjenigen des Erzbischofs Pál glauben wir sagen zu können, daß deren Entstehung gerade wegen des Umstandes der Überlieferung zusammen mit einer Gesetzesreform bzw. Teilreform der Kirchenordnung zeitlich auseinanderliegen muß, und zwar jeweils kurz vor den betreffenden Reformen, und daß aus diesem Grunde beide auch zeitlich nach dem altisländischen Bekenntnis liegen müssen.

Wir hätten dann drei zeitlich auseinanderliegende Varianten des Glaubensbekenntnisses. Wegen des unterschiedlichen Alters kann man daher auch nicht sagen, daß die Existenz der Varianten der Fixierung des Symboltextes durch Nikolaus unmöglich mache; denn es könnte, beginnend bei Nikolaus von Variante zu Variante eine Neufixierung des Wortlautes erfolgt sein. Damit ist aber dieser Argumentation Maurers – der Hinweis auf die verschiedenen Varianten, die eine Fixierung des Wortlautes des Symbols durch Nikolaus im Rahmen einer Regelung des Taufunterrichtes unmöglich machten – der Boden entzogen. Nimmt man zusätzlich an, daß das altisländische Bekenntnis zeitlich vor Nikolaus liegt – und das war ja unser Ausgangspunkt – dann haben wir nur zwei Varianten, die erhebliche Zeit nach Nikolaus auftauchen und die zeitlich auseinanderliegen, wobei die erste „Variante" unser Bekenntnis wäre. In Wirklichkeit wäre es in diesem Fall gar keine Variante im eigentlichen Sinn, vielmehr würde es – da kein „Zwischenglied" mehr belegt wäre – die Fixierung durch Nikolaus darstellen. Erst das Bekenntnis Páls wäre dann die eigentliche

86 a.a.O.

Variante. Von diesem Bild mußte auch Maurer ausgehen, denn er hat ja das altisländische Bekenntnis nicht berücksichtigt bzw. gar nicht gekannt. Gerade bei diesem Bild kann man nicht argumentieren, daß die Fixierung des Wortlautes durch Nikolaus unmöglich sei, weil aus späterer Zeit zwei Varianten überliefert sind, denn auch diese beiden Bekenntnisse liegen zeitlich auseinander. Die Unterschiedlichkeit hat sich also erst in der Zeit *nach* Entstehung unseres Bekenntnisses ergeben. Der Fehler in Maurers Argumentation liegt darin, daß er das unterschiedliche Alter der Bekenntnisse nicht in Rechnung gestellt hat.

Bei unseren bisherigen Überlegungen sind wir davon ausgegangen, daß die *catechismaticae leges*, die Nikolaus hinterlassen haben soll, sich auf den Taufunterricht und damit auch auf das Glaubensbekenntnis bezogen. Maurer, der dies nur als Prämisse für seine eben erwähnten Überlegungen vorausgesetzt hat, lehnt aber diese Meinung grundsätzlich ab. Er schreibt, daß die *lex*, die Nikolaus den Norwegern hinterlassen haben soll, die in dem Zitat des Baronius ebenfalls genannte *lex Christiana* gewesen sein kann, , in welcher Nikolaus sie" (die Norweger) „unterrichtet haben will und unter den *eruditiones ecclesiasticae*, welche er ihnen angedeihen ließ", könnten „ebenso leicht nur die Lehren verstanden werden, welche er ihnen in bezug auf so mancherlei Punkte der kirchlichen Verfassung und Disciplin ertheilte, über welche er mit ihnen zu verhandeln hatte"[87]. Bereits Kattenbusch hat kurz darauf hingewiesen, daß diese Argumentation nicht überzeugt[88]. Baronius unterscheidet ja selbst zwischen *lex Christiana*, in der Nikolaus unterrichtete, und bloßer *lex*, die er hinterlassen haben soll. Würde man diese beiden Begriffe gleichsetzen, so würde das, streng zu Ende gedacht, bedeuten, daß es erst Nikolaus war, der die christliche Lehre den Norwegern überbrachte und „zurückließ", denn mit *instruere in lege Christiana* kann doch nur eine Unterweisung in der christlichen Lehre gemeint sein. Daß Baronius selbst nicht dieser Meinung ist, obwohl man diese aus den Ausdrücken *gentem illam barbaram et rudem in lege Christiana . . . instruxit* und *quatenus verbum vitae in ipsa provincia praedicaret* schließen könnte, geht daraus hervor, daß er erwähnt, daß Nikolaus auch *quietem ecclesijs, ordinem clericis et disciplinam* hinterlassen hat, was in der kurzen Zeit, die er in Norwegen weilte, sicher nicht möglich gewesen wäre, hätte nicht bereits vorher eine Kirche bestanden. Mit *instruere in lege Christiana* muß daher wohl ein Erörtern von Grundproblemen und Streitfragen gemeint sein[89], und *lex* ist nicht als Synonym für *lex Christiana* aufzufassen. Daß *lex* auch nicht die Reform der Kirchenverfassung bedeutet, geht schon aus der besonderen Erwähnung von

87 op. cit. S. 576

88 Kattenbusch I S. 201

89 Interessant ist, daß auch die Aufgabe des Kardinallegaten Stephan von Orvieto, der 1163 Magnus Erlingsøn krönte, und der ein Jahr später das schwedische Erzbistum Uppsala errichtete, von der Legende mit *instruendo, docendo, commodendo et praedicando* umschrieben wird, vgl. Bull, Den pavelige Legat Stephanus i Norge, S. 12

ordinem clericis et disciplinam hervor. Baronius gibt somit keinen Anhaltspunkt für die Widerlegung der Ansichten Natalis Alexanders, Manriques, Ciacconius' und Ludovicus Jacobus a.S. Carolos.

Dagegen erscheint es merkwürdig, daß gerade die Stellen, die am meisten über die Mission des Kardinals Nikolaus in Norwegen Auskunft geben könnten, nämlich die zeitgenössischen isländischen und norwegischen Quellen, gerade zu diesem Punkt schweigen. Sie berichten zwar über die Ankunft des Kardinals und die Errichtung des Erzbistums aber sonst wird kaum etwas erwähnt.

So berichten die *Annales Reseniani*[90] über das Jahr 1153: *Erki stoll com i Noreg*[91] und *Henrik Høyers Annaler*[92]: *ÆErkistoll kom i Noreg*[93], die *Lögmannsannáll*[94] über das Jahr 1152: *settr erkebyskops stoll j Nidarose*[95] und die *Gottskalks Annaler*[95] über dasselbe Jahr: *Nicvlas cardinali kom til Noregs. Ercį stoll i Nidar oss. byskup stoll i Hamri*[97]. *ut kvoma Klængs byskups*[98].

Am ausführlichsten berichten noch die *Annales regii*[99] (ebenfalls über das Jahr 1152): *vigðr Kló'ngr byskup til Skálaholltz af Eschieli erchibyskupi i Lvnndi. Nicholaus Albanensis episcopus chardinali kom i Noreg. þá var settr erchistóll i Noregi. ok var Jón byskup af Stafangri fyrstr erchibyskup i Niðarósi. þá var ok settr byskupstóll i Hamarkávpangi. ok var Arnalldr byskup af Gró'nlanndi fyrstr byskup. Tekinn af vapnabvrðr i kávpstoðum i Noregi. Sóttar vetr*[100]. Wenn Nikolaus eine Ordnung des Taufunterrichts hinterlassen hat, so möchte man annehmen, daß dies da es doch sicher von gleicher Bedeutung wie das Verbot des Waffentragens in den Kaufstädten war, auch des Berichts würdig gefunden worden wäre.

Ebenso schweigen Torfæus in seiner *Historia Rerum Norvegicarum* und Finnur Jonsson in seiner *Historia Ecclesiastica Islandiae*, die ebenfalls nur von der Errichtung des Erzbistums berichten[101].

Auch das Schreiben des Papstes Anastasius IV., des Nachfolgers von Eugen III.,

---

90 nach AM 424 4to; diese und die folgenden Annalen sind von G. Storm in den „Islandske Annaler", Chra. 1888 zusammengefaßt.

91 Isl. Ann. S. 21

92 nach AM 22 fol.

93 Isl. Ann. S. 60

94 nach AM 420 B 4to mit Zusätzen nach AM 420 C 4to

95 Isl. Ann. S. 253

96 nach Nr. 5 8° unter den isländischen Handschriften und Varianten von AM 412 4to und 429 A 2 4 to der Kgl. Bibl. in Stockholm

97 die erwähnte Errichtung des Bistums Hamar

98 Isl. Ann. S. 322

99 nach Nr. 2087 4to der Slg. der Kgl. Bibl. in Kopenhagen

100 Isl. Ann. S. 115

vom 30.11.1154[102], in dem er die Errichtung des Erzbistums Nidaros bestätigt erwähnt nichts von der Einhaltung einer von Nikolaus gegebenen Taufordnung. Die dem Abdruck dieses Briefes in DI vorangehende Erklärung der Mission des Kardinals durch den Herausgeber Jón Sigurðsson erwähnt nur die Errichtung des Erzbistums, die Reform der Kirchenorganisation mit Einsetzung der Chorbrüder in allen „Domkirchen", d.h. den Kirchen am jeweiligen Bischofssitz (die erwähnten Kapitel, die auch zur Wahl des Bischofs und Erzbischofs zuständig waren), die Einführung des Peterspfennigs, das Verbot des Waggentragens in den Kaufstädten und das Verbot der Priesterehe[103]. Es wird dann noch die Stelle in Snorres Heimskringla erwähnt, wo es heißt, daß Nikolaus in vieler Hinsicht die Lebensweise und Sitten der Norweger geändert habe, und daß kein Ausländer je so einmütig freundlich und ehrerbietig aufgenommen wurde wie Nikolaus[104].

Jón Sigurðsson meint, daß es wahrscheinlich diese Gebote des Kardinals (Reform der Kirchenorganisation, Peterspfennig, Verbot der Priesterehe und des Waffentragens) sind, die von den kontinentalen Historikern als *catechismaticae leges* verstanden und von Suhm als Katechismus gedeutet worden sind[105]. Suhm habe, so heißt es dort, wahrscheinlich das Wort *siðu* (Sitte, Gewohnheit) in dem Bericht Snorres mißdeutet und ihm eine Bedeutung beigemessen, wie sie ihm erst später zugekommen ist mit der Unterscheidung in „katólskan sið og lútherskan sið"[105].

101 vgl. Finnur Jonsson I, S. 232. Torfæus III, S. 531, 532. Torfæus zählt noch die neuen Suffraganbistümer auf und berichtet dann vom Wirken des Kardinals in Schweden und von seiner späteren Tätigkeit als Papst.

102 DI I, S. 204 ff. (208 ff.) und NgL I S. 439–441

103 Kardínálinn dvaldi hèrumbil tveggja mánaða tíma í Noregi, og skipaði kirkjunnar málum, þó að vèr höfum nú ekki svo ljósar sögur um skipanir hans, og verðum öllu framar að álykta um þær af breytíngum þeim er eptir fylgðu. I Suðrlöndum var þessi ferð svo fræg, að sumir hafa sagt svo frá að kardínálinn hafi fyrstr kristnað Noreg. (Vgl. einige der oben zitierten Kirchenhistoriker, Anm. d. Verf.) En það er víst, að hann grundvallaði kirkjuvaldið í Noregi, svo að það fór æ siðan vaxanda. Hann stofnsetti erkistólinn í Niðarósi og biskupsstól nýjan í Hamarkaupángi; hann setti kórsbræðr við allar dómkirkjur í Noregi, og áttu þeir síðan mestan þátt í kosníngum biskupa og erkibiskupa, en leikmenn alls engan; hann jók rèttindi manna til að gefa gjafir til heilagra staða; hann fèkk innleiddan Rómaskatt, eða Pètrspeníng, og hann tók til að banna prestum hjónabönd. Hann bannaði einig vopnaburð i kaupstöðum. (DI I S. 206)

104 a.a.O. S. 207, vgl. *Saga of sonum Haralds gilla, Sigurdi, Inga og Eystein*, Kap. 23; *Heimskringla*, ed. Unger (1868) S. 744, 745

105 DI I S. 206 Anm. 2: „þessi boð kardínálans eru líklega þau ‚trúargreina lög' (*catechismaticae legés*) sem sagnafróðir menn í Suðrlöndum hafa sagt að hann hafi innleidt í Noregi og Sviþjóð, og hafi staðið ávallt siðan (Manrique. *Annall. ordin. Cisterciens.* Lugdun. 1642, Fol. II, 46); en það er mishermt hjá Suhm (Hist. af Danm. VI, 135), að hann hafi samið ‚trúargreinir' (*catechismus*), og þarf því ekki að geta til, að frá honum sè komin trúarjátníngin i Kristindómsbálki i Járnsíðu og víðar (Munch III, 871 athgr. 3)."

Snorre schreibt über die Mission des Kardinals:

„Der Kardinal Nikolaus aus Rom kam nach Norwegen zur Zeit der Haraldssöhne, denn der Papst hatte ihn nach Norwegen gesandt. Der Kardinal war heftig erzürnt über Sigurd und Eystein, und diese waren genötigt sich mit ihm auszusöhnen. Dagegen stand er außerordentlich gut mit Ingi und nannte ihn seinen Sohn.

Als sich aber alle mit ihm ausgesöhnt hatten, erwies er ihnen die Gnade Jon Birgirssohn zum Erzbischof in Drontheim zu weihen und er verlieh ihm das Gewand, das Pallium heißt und er bestimmte, daß der Sitz des Erzbischofs zu Nidaros an der Christuskirche sein sollte, wo der heilige König Olaf ruht. Vorher aber waren nur Volksbischöfe in Norwegen gewesen. Der Kardinal ordnete an, daß kein Mann mehr ungestraft mit Waffen die Handelsplätze betreten durfte, außer den zwölf Männern die das Gefolge des Königs bildeten. Er besserte in mancher Hinsicht die Lebensweise der Männer in Norwegen, so lange er im Lande weilte. Niemals ist ein Ausländer nach Norwegen gekommen, den alle in gleicher Weise ehrten oder der in gleicher Weise Einfluß auf das ganze Volk hatte wie er. Er zog darauf wieder nach Süden, nachdem er reiche Freundschaftsgaben empfangen hatte, und erklärte, er würde immer der größte Freund der Norweger bleiben. Als er aber wieder nach Rom kam, da starb bald der Papst, der vorher da war, und das ganze Volk in Rom wollte Nikolas zum Papst haben. So wurde er denn auch zum Papst geweiht unter dem Namen Hadrian. Die Leute, die in seinen Tagen nach Rom kamen, erzählen, daß, wenn er auch noch so notwendige Geschäfte mit anderen Männern abzuwickeln hatte, er doch stets zuerst mit den Norwegern sprach, wenn sie um Gehör bei ihm nachsuchten. Er war nicht lange Papst, und er wurde dann heiliggesprochen“[107].

Die Regesta Norvegica erwähnen zu diesem Punkt lediglich den Brief des Papstes Anastasius IV. und Hadrians IV. (also Nikolaus) Bestätigung der Privilegien Nidaros[108].

In all diesen Stellen finden wir keinerlei Beleg dafür, daß Nikolaus tatsächlich die umstrittenen *catechismaticae leges* hinterlassen hat. Aber dennoch können wir an dem Zeugnis der kontinentalen Kirchenhistoriker nicht ohne weiteres vorbeigehen. Vielleicht erklärt sich die Diskrepanz daraus, daß die norwegischen und isländischen Geschichtsquellen vor allem auf das äußere Wirken des Kardinals abstellen, während die erwähnten Kirchenhistoriker auch auf die literarische Tätigkeit eingehen.

---

106 DI I S. 207 Anm. 1: „þess má geta, að Suhm hefir einnig misskilið þetta orð ‚siðu‘, svo sem það væro ‚siðferði‘ (eptir dönsku merkíngunni); en það þýðir hèr ekki beinlînis siðferði, heldr einsog opt endrarnær sama og truárlög eða kristnilög, einsog *leges catechismaticae* sem þegar var getið; þannig köllum vèr kathólskan sið og lútherskan sið, og siðaskipti o.s.frv.“

107 in der Übersetzung von Felix Niedner, Heimskringla, Bd. 3, Slg. Thule Bd. 16, S. 297

108 Storm, Reg. Norv. S. 9

Arne Odd Johnsen konnte in seinem umfassenden Buch „Studier vedrørende Kardinal Nicolaus Brekespears Legasjon til Norden“ zu diesem Punkt auch keine wesentliche Klärung beitragen. Er meint wie Bang (und auch Maurer, dessen Abhandlung Johnsen offenbar nicht gekannt hat), daß Suhm, Munch und Keyser die *catechismaticae leges* mit „Katechismus“ falsch interpretiert hätten und schließt sich der Auslegung Bangs an, daß *catechismaticae leges* übersetzt werden müsse „med lover eller regler om religionsundervisning“[109] – also mit „Bestimmungen oder Regeln über den Religionsunterricht“ –, schränkt aber sofort wieder ein, daß diese „Auslegung oder die Echtheit der Überlieferung nicht über jeden Zweifel erhaben sei“[110].

Johnsen kommt zu seiner Meinung aufgrund der von ihm gefundenen Forschungsergebnisse, daß Kardinal Nikolaus länger als die ursprünglich angenommenen zwei[111] oder drei Monate in Norwegen weilte, nämlich etwa acht bis elf Monate, und daß Nikolaus weit mehr Bestimmungen hinterlassen habe, als früher angenommen wurde. Dies, so meint Johnsen, könne wiederum die Ansicht Jón Sigurðssons stützen, daß *catechismaticae leges* sich auf die Bestimmungen Nikolaus' über die Errichtung von Domkapiteln, die Bischofswahl, das Verbot des Waffentragens etc. bezögen[112]. Jedoch sei es „unmöglich, in dieser Frage ein abschließendes Urteil zu geben“[113]. Gleichwohl meint Johnsen, daß es aufgrund der – entgegen der früheren Ansicht – erheblich längeren und umfassenderen Tätigkeit des Kardinals und mit Hinblick auf ein Zitat des Kardinals Boso: *gentem illam barbaram et rudem in lege christiana diligenter instruxit et ecclesiasticis eruditionibus informavit*[114] wahrscheinlich

109 op. cit. S. 304

110 a.a.O. „men vi tør ikke som Bang gå ut ifra at denne tolkningen eller overleveringens ekthet er hevet over tvil“

111 so ausdrücklich Sigurðsson: „Kardínálinn dvaldi hérumbil tveggja mánaða ...“ vgl. S. 101 Anm. 103

112 vgl. oben S. 101 sowie Anm. 103 u. 105

113 Johnsen a.a.O.

114 Le *Liber pontificalis*, ed. Duchesne II, 388, zit. nach Johnsen, op. cit. S. 304 Anm. 3. Kardinal Boso war der Neffe von Nikolaus. Er war zuerst Benediktiner in St. Alban, wo auch der Vater von Nikolaus Mönch gewesen war. Seit 1149 befand er sich an der römischen Kurie, wurde 1155 unter seinem Onkel, dem nunmehrigen Papst Hadrian IV., den er auch nach dem Norden begleitet haben soll (Duchesne in Le *Liber Censuum*, ed. Fabre et Duchesne, Introduction, 56, zit. nach Johnsen S. 308 Anm. 5), Kardinaldiakon und Apostolischer Kämmerer und veranlaßte in dieser Stellung die 1. Redaktion des *Liber Censuum*, in den auch die von ihm verfaßten Viten der Päpste seit Eugen III. (1145–1153) Eingang fanden. Boso starb etwa 1178. (J. Sydow in LThK II (1958) Sp. 621)
Mit dem obigen Zitat stimmt wörtlich überein eine Stelle aus dem Zitat aus den *Annales ecclesiastici* des Cäsar Baronius, mit dem wir uns oben S. 96 ff. auseinandergesetzt haben. Das darf nicht verwundern, denn Baronius (über ihn LThK I (1957) Sp. 1270) hat versucht, in seinen 12 Bänden der *Annales ecclesiastici* aus kirchengeschichtlichen Vorträgen eine quellenmäßige Erfassung der Kirchengeschichte zu geben und dabei natürlich häufig andere Texte wörtlich übernommen.

sei, daß der Legat neben vielem anderen auch Bestimmungen getroffen hat, über die Elementar-Unterweisung in der christlichen Lehre[115]. Johnsen begründet dies damit, daß in etlichen norwegischen Homilien aus den Jahren 1150 bis 1200 den Eltern und Paten die Pflicht auferlegt wird, die Kinder das Pater noster und das Credo zu lehren[116]. Aus diesen Quellen und aus der Tätigkeit und der Aufgabe des Kardinals könne man schließen, daß dieser tatsächlich auf diesem Gebiet – dem christlichen Unterricht – gewisse Regeln aufgestellt hat[117]. Johnsen geht sogar noch einen Schritt weiter und vermutet, daß es Nikolaus war, der etliche dieser Predigten mit nach Norwegen gebracht, wenn nicht gar selbst verfaßt hat, wobei Johnsen bezüglich des letzteren vor allem an die *Sermo ad populum* denkt, die in Gammel norsk Homiliebok ed. Indrebø S. 35 ff. abgedruckt ist[118].

Ob diese Folgerung im Ergebnis richtig ist soll hier nicht entschieden werden. Es ist jedenfalls nicht unwahrscheinlich, daß Nikolaus Predigten mit nach Norwegen gebracht bzw. selbst welche verfaßt hat[119], und es kann auch durchaus sein, daß etliche der im Gammel norsk Homiliebok enthaltenen Homilien auf Nikolaus bzw. dessen Gefolge zurückgehen[120], nur glaube ich nicht, daß man wegen der darin enthaltenen Ermahnungen oder Gebote, das Pater noster und Credo zu können und seinen Kindern zu lehren[121] unbedingt schließen kann, daß Nikolaus Bestimmungen hinterlassen hat, die die Regelung der christlichen Elementar-Unterweisung betreffen. Wir kennen nämlich für Norwegen und Island das Gebot, Pater noster und Credo zu können, bereits mehrfach aus früherer Zeit, wenn auch diese Homilien die ersten Stellen sind, die dieses Gebot um die Unterweisungspflicht erweitern. Aber diese Homilien sind nicht nur die ältesten

115 op. cit. S. 305: „tør vi hevde det som sannsynlig at legaten blant meget annet også har truffet bestemmelser om den elementære kristendomsundervisningen. Det ville i realiteten ha vært merkeligere om han ikke hadde bestemt noe i så henseende."

116 a.a.O. Hierzu v.a. unten S. 141 ff.

117 Johnsen S. 307

118 S. 307 ff.

119 Johnsen weist in diesem Zusammenhang vor allem darauf hin, daß Nikolaus ein begabter Prediger war und während seines Aufenthaltes in Norwegen sicherlich mehrfach Gelegenheit gehabt und auch ergriffen hat, seine Rednergabe unter Beweis zu stellen, insbesondere da auch Kardinal Wilhelm von Sabina in der Zeit seines wesentlich kürzeren Aufenthaltes in Norwegen anläßlich der Königskrönung von Magnus' Vater Håkon 1247 mehrere öffentliche Reden (Predigten) gehalten hat. (op. cit. S. 308). Doch nicht nur von Wilhelm von Sabina wird berichtet, daß er gepredigt habe (vgl. den Brief Wilhelms in NgL I S. 450), auch der Bericht über die Tätigkeit des Kardinallegaten Stephan von Orvieto in Norwegen 1163 weist ein *praedicare* auf (vgl. oben S. 99 Anm. 89), so daß sehr wahrscheinlich ist, daß dies auch für Nikolaus zugetroffen hat.

120 Johnsen S. 309

121 *Sermo ad populum*, Gammel norsk Homiliebok, ed. Indrebø S. 36 Zeile 5 u. 6

Quellen dieses erweiterten Gebotes, das wir in späterer Zeit sehr häufig wiederfinden[122], sie sind die ältesten norwegischen Homilien überhaupt. Eine Folgerung wie die von Johnsen könnte m.E. nur dann gezogen werden, wenn wir aus der Zeit vor 1150 Homilien überliefert hätten, die dieses erweiterte Gebot noch nicht enthielten. Das ist aber deswegen nicht der Fall, weil die norwegische Homilienliteratur erst nach 1150 einsetzt. Weiter ist zu berücksichtigen, daß dieses Gebot in vielen kontinentalen Schriften früherer Zeit enthalten ist[123], von denen etliche gewiß schon vor der Zeit des Kardinals in Norwegen bekannt waren, denn nicht erst dessen Wirken hat eine Verbindung nach Süden geschaffen[124].

Die Homilien aus der Zeit von 1150 bis 1200 können daher nicht in der Weise mit Kardinal Nikolaus in Verbindung gebracht werden, daß sie ein Beleg dafür sind, daß Nikolaus Bestimmungen hinsichtlich des christlichen Unterrichts hinterlassen habe[125]. Diese zweifellos interessante, aber immer noch dunkle Frage wird wohl erst dann etwas erhellt werden können, wenn der Versuch einer vergleichenden Behandlung der norwegischen (und auch isländischen) und der übrigen europäischen Homilienliteratur unternommen wird, wie Johnsen sie anregt[126].

---

122 hierzu unten S. 142 ff.

123 vgl. z.B. den *Scarapsus* Pirmins (etwa 718–724, vgl. Jecker S. 183) in Kap. 32: *Simbolum et orationem dominicam et ipsi tenite et filios vel filias vestras docete, ut et ipsi teneant* (Jecker S. 70).

124 vgl. den bereits zitierten Brief Gregors VII. an Olaf Kyrre oben S. 90 Anm. 42.

125 Damit soll – um es noch einmal hervorzuheben – nicht bestritten werden, daß Nikolaus Homilien mit nach Norwegen gebracht hat bzw. selbst Verfasser einzelner Homilien ist. Dies erscheint durchaus wahrscheinlich. Ebensowenig soll das Ergebnis bestritten werden, daß Nikolaus gewisse Regelungen hinsichtlich der Unterweisung hinterlassen hat, auch dies erscheint möglich, wenn nicht gar wahrscheinlich. Ich wende mich nur gegen die Methode Johnsens, der zunächst von den *catechismaticae leges* ausgeht, und sagt, daß es nicht ganz sicher sei, daß diese auch tatsächlich – wie Bang meint – „Regeln hinsichtlich des Religionsunterrichts" bedeutet haben. Dann aber führt er aus, daß aufgrund des Umstandes, daß Nikolaus verhältnismäßig lange und in umfassendem Maße in Norwegen tätig war, und aufgrund der Aussage des Kardinals Boso (insoweit bis auf den Umstand der längeren Tätigkeit des Kardinals vom gleichen Ausgangspunkt wie Maurer ausgehend, da Maurer sich des gleichlautenden Zitates des Cäsar Baronius bedient, wobei Maurer aber zu dem Ergebnis kommt, daß die *catechismaticae leges* nichts mit einem Taufunterricht zu tun haben könnten) es doch wahrscheinlich sei, daß Nikolaus derartige Regelungen hinterlassen habe, und belegt dies mit einigen Homilien aus der Zeit nach Nikolaus, die m.E. deswegen nicht als Belegstellen hierfür herangezogen werden dürfen, da sie die ältesten Homilien überhaupt sind, und es somit an einer Vergleichsmöglichkeit fehlt.

126 op. cit. S. 311. Daß hier Ähnlichkeiten und zum Teil sogar Identitäten vorhanden sind, zeigte eine – allerdings oberflächliche – Durchsicht der Homilienbücher von Koburberger, Clein und Drach.

Wir haben bei unserer obigen Auseinandersetzung mit Maurers Kritik an den Ansichten Munchs und Keysers die Richtigkeit der Prämisse, daß Nikolaus die *catechismaticae leges* hinterlassen hat, einfach unterstellt, ohne eine eigene Stellungnahme in diesem Punkt zu beziehen. Das brauchen wir auch nicht, da es uns in diesem Zusammenhang nur auf eine Würdigung der Thesen Munchs und Keysers, daß unser Bekenntnis auf Nikolaus zurückgeht, ankommt, und wir aus anderer Sicht zu einem endgültigen Ergebnis kommen. Wenn es stimmt, daß der Kardinal die *catechismaticae leges* hinterlassen hat, dann können, so haben wir gesehen, diese auch eine Taufordnung und eine Regelung des Taufunterrichts dargestellt oder enthalten haben, wobei Munch und Keyser vermutlich nur einen für die damalige Zeit nicht ganz zutreffenden Ausdruck („Katechismus") verwendet haben. Damit könnte sehr wohl auch eine Fixierung des Wortlautes des Glaubensbekenntnisses verbunden gewesen sein, da dessen Kenntnis im Taufunterricht verlangt wurde. Folgte man also den kontinentalen Kirchenhistorikern, so bestünde durchaus die Möglichkeit, daß unser Bekenntnis auf Nikolaus zurückgeführt werden kann, aber nur dann, wenn wir das altisländische Bekenntnis zeitlich vor Nikolaus ansetzen.

Doch haben wir bis jetzt nur diese Möglichkeit an sich erörtert, so kommen wir von einem anderen Gesichtspunkt zu einer Verneinung der These Munchs und Keysers, ohne daß wir die Frage mit dem Katechismus letztverbindlich entscheiden müssen: Wir haben mehrfach darauf hingewiesen, daß unser Symbol ebenso wie das altisländische, eindeutig den altdeutschen Symbolen nachgebildet ist. Und daß Nikolaus, der von Geburt aus Engländer war, als römischer Kardinal ein den altdeutschen Symbolen nachgebildetes Bekenntnis in Norwegen eingeführt hat, ist mehr als unwahrscheinlich. Denn aus dem Leben dieses großen Kirchenmannes, dem es als nachmaligem Papst Hadrian IV. als einem der wenigen Päpste jener Periode gelungen war, sich vom Willen seiner Umgebung freizumachen und die Richtung seiner Politik nach eigenem Ermessen zu bestimmen[127], sind keine Beziehungen zu Deutschland ersichtlich. Er war der Sohn eines englischen Klerikers, welcher später Mönch von St. Alban wurde. Nachdem Nikolaus sich zunächst nur durch Betteln am Leben erhalten konnte, ging er nach Frankreich, durchstreifte dort das ganze Land und wurde schließlich Knecht im Kloster St. Rufus bei Avignon. Nach ein paar Jahren wurde er unter die Mönche aufgenommen und zum Studium der Theologie zugelassen. 1137 wurde er dort zum Abt gewählt. Nachdem er von einigen seiner Mönche wegen der von ihm eingeführten Reformen verklagt worden war, ging er nach Rom ,um sich dort zu verantworten. Als dort eine weitere Klage wegen derselben Sache eintraf, erhob ihn Papst Eugen III. zum Kardinalbischof von Albano und

127 Haller III, S. 121

schickte ihn als Legaten nach Norwegen und Schweden[128]. Von ihm ist daher kein Einfluß auf das altisländische oder unser Bekenntnis ausgegangen.

Daraus folgt, daß die These Munchs und Keysers auf jeden Fall falsch sein muß. Unser Bekenntnis kann auf keinen Fall auf die umstrittenen *catechismaticae leges* des Kardinals Nikolaus zurückgeführt werden, einmal – nimmt man die vermutliche Entstehungszeit des altisländischen Bekenntnisses *nach* Nikolaus an – weil zwischen dem Wirken des Kardinals und der Entstehungszeit *unseres* Bekenntnisses ein anderes Bekenntnis als „Zwischenglied" vorhanden ist, welches unter altdeutschem Einfluß steht, zum anderen – setzt man das altisländische Bekenntnis zeitlich *vor* Nikolaus an – deswegen nicht, weil auch unser Bekenntnis altdeutsche Vorbilder hat, und dieser Einfluß nicht durch Nikolaus vermittelt sein kann.

Wenn wir dagegen den norwegischen und isländischen Geschichtsquellen folgen, und aus ihrem Schweigen schließen, daß eine Tätigkeit des Kardinals in der oben angedeuteten Richtung nicht vorgelegen hat so ändert das an unserem Ergebnis nichts. Damit wird lediglich der These Munchs und Keysers, die wir von einem anderen Gesichtspunkt bereits als falsch bezeichnen mußten, der Boden entzogen.

Maurers These, daß das Bekenntnis bereits wesentlich früher in Norwegen bekannt war, konnten wir ebenfalls nicht folgen. Maurer unterließ es, die Vielfalt der apostolischen Bekenntnisse zu unterscheiden, sondern stellte nur auf das Apostolikum an sich ab. Daß ein solches bereits früh bekannt war, haben wir gesehen, es war aber das Apostolikum in Form von T.

Wenn wir nun das Fazit dieses Abschnittes über die Kenntnis unseres Symbols in Norwegen ziehen wollen, so müssen wir festhalten:

Bereits mit der Missionierung war in Norwegen ein Glaubensbekenntnis bekannt, es handelte sich hierbei um T in der lateinischen Originalsprache. Zu diesem trat dann die wörtliche Übersetzung in das Norwegische bzw. Isländische hinzu, wobei es jedoch fraglich bleibt, ob diese auch als *Bekenntnis* verwendet wurde. Gegen Ende des 12. Jahrhunderts begegnet uns ein Bekenntnis, welches ein Tochtersymbol von T ist, sich aber dennoch erheblich von diesem unterscheidet, und welches eindeutig von altdeutschen Vorbildern beeinflußt ist. Dieses Bekenntnis ist das älteste uns überlieferte nationale Eigensymbol des Nordens. Aus der Zeit nach 1260 ist uns als zweites nationales Eigensymbol unser Bekenntnis überliefert. Es ist ebenfalls von altdeutschen Symbolen beeinflußt, es unterscheidet sich aber erheblich von dem ebenfalls unter diesem Einfluß stehenden altisländischen Bekenntnis. Es ist nicht von Nikolaus von Albano

---

128 Hefele (1862) Bd. V S. 472. Zum Leben Hadrians IV. vgl. v.a. E.M. Almedingen, The English Pope, London 1925 und die Literaturangaben bei Hefele S. 475, Anm. 1.

verfaßt worden und kann auch nicht indirekt auf ihn zurückgeführt werden. Es war auch vorher nicht in Norwegen bekannt. Wann es genau entstanden ist, kann in dieser Untersuchung nicht entschieden werden, dazu bedürfte es eingehender textkritischer und literaturgeschichtlicher Erörterungen, für die es uns an Kompetenz fehlt. Sicherlich werden wir aber nicht fehl in der Annahme gehen, daß es nicht allzulange vor der Zeit seiner Aufnahme in die Gesetze entstanden ist, also etwa zwischen 1250 und 1265. Bei einem bereits längere Zeit bestehenden und bekannten Symbol, das bereits Allgemeingut der Kirche war, hätte sicherlich kein Bedürfnis für dessen Aufnahme in die Reformgesetze bestanden. Möglicherweise ist es sogar in dem Kreis um Magnus, zu dem auch einflußreiche Kirchenleute gehört haben, selbst entstanden[129]. Dieses Bekenntnis ist von der ganzen norwegischen Kirche anerkannt worden[130]. Für die Entstehungszeit ist weiter zu berücksichtigen, inwieweit gewisse Lehrsätze der römischen Kirche auch unumstrittenes Allgemeingut der norwegischen Kirche geworden sind, so daß auf ihre Aufnahme als Zusätze in das Bekenntnis, wie wir es in verstärktem Maße bei dem altisländischen Bekenntnis beobachten können, verzichtet werden konnte. Ganz allgemein ist bei unserem Bekenntnis eine Straffungstendenz und eine stärkere Hinwendung zum Muttersymbol T festzustellen, wie es auch bei den jüngeren altdeutschen Symbolen festgestellt werden kann. Bei der Entstehung hat eine weitere Öffnung Norwegens zum mitteleuropäischen Raum, besonders zum deutschen, eine wesentliche Rolle gespielt. Ob dabei auch die Verstärkung der wirtschaftlichen Beziehungen zu Deutschland (Hanse)[131], die ja einen regen Austausch mannigfacher Art, auch der Kultur, des Lebensstils etc. mit sich gebracht haben, von Einfluß waren, kann hier ebenfalls nicht beurteilt werden.

Das dritte nationale Symbol, das uns überliefert ist, und das wir ebenfalls gestreift haben, nämlich dasjenige aus dem 3. Statut des Erzbischofs Pál ist wahrscheinlich von diesem selbst verfaßt. Es ist etwa 60–70 Jahre jünger als unser Bekenntnis und spielt daher für unsere Untersuchung über die Kenntnis des Credo in Norwegen nur eine sekundäre Rolle.

Worauf im einzelnen der Einfluß der altdeutschen Kirche auf Norwegen zurückgeht, bedarf einer eingehenden Untersuchung und kann daher in dieser Arbeit nicht erörtert werden. Wir wissen, daß z.B. Alkuin, Honorius Augustodunensis, Pirminius u.a. häufig gelesene Autoren in Island und Norwegen

129 Vor der Zeit des Erzbischofs Jon Raude hatte Magnus ein ungetrübtes Verhältnis zur Kirche. Mit Erzbischof Einar verband ihn sogar eine enge Freundschaft.

130 vgl. darüber unten S. 169, 170

131 vgl. zum Verhältnis des Königs Magnus und seines Vaters, König Håkon, zu den deutschen Seestädten, insbesondere Lübeck, die Schreiben in DN V, 1 ff.

waren[132]. Aber das allein kann nicht der Grund sein, denn sie wurden ja nicht nur im Norden gelesen, sondern waren z.B. auch in England weit verbreitet[133].

So kann die Kenntnis von Autoren nicht der Grund gewesen sein, es muß ein größerer Einfluß vorgelegen haben. Barbian, der in seinem Nachwort in wenigen Sätzen auf die Berührung der altdeutschen Texte mit den ihm durch den Abdruck bei Kattenbusch bekannten Symbolen Magnus Lagabøters und des Erzbischofs Pál hinweist, meint, daß der Mittelsmann wahrscheinlich Heinrich der Löwe gewesen sei, der die Schriften des Honorius geschätzt habe und in enger Beziehung zum dänischen Königshaus gestanden habe[134]. Nun stimmt es zwar, daß Waldemar I. von Dänemark gemeinsame Feldzüge mit Heinrich unternommen hat, und daß auch der Nachfolger Waldemars, Knut VI., nicht nur familiär mit den Welfen verbunden war[135], sondern auch politisch auf deren Seite stand[136]. Aber auch der Gegenspieler der Welfen, Friedrich Barbarossa, hatte gute Beziehungen zu den nordischen Königshäusern. So versuchte dieser z.B. für den von ihm gegen Alexander III. aufgestellten Gegenpapst Viktor IV. die Obödienz der drei nordischen Könige zu gewinnen[137], was sicher nicht möglich gewesen wäre, wenn nicht bereits anderweitige Beziehungen bestanden hätten. Außerdem kann von den Beziehungen deutscher Fürsten zum dänischen Königshaus noch nicht auf den Einfluß deutschen kirchlichen Gedankenguts auf die *norwegische Kirche* geschlossen werden. Der Hinweis auf die Vorliebe

132 vgl. Paasche, Homiliubók S. 11 und Widding S. 90 ff., der auf einen möglichen Einfluß des Gedankenguts Alkuins auf ein Kapitel im *Jónsbók* aufmerksam macht.

133 Alkuin war ja Engländer. Über den Nachweis, daß Pirmin entgegen der früheren Annahme nicht Angelsachse war, sondern aus Septimanien stammte, vgl. Jecker S. 165 ff. u. S. 179 ff. Vgl. zur Verbreitung Alkuins und Honorius' in England deren Predigten in Warner, XXXV (S. 91 ff.) und XLV, XLVI (S. 140 ff.). Die dort abgedruckte Alkuinhomilie finden wir auch im Gammel norsk homiliebok. Zum Vergleich sei die Stelle die wir oben S. 39 aus dem Abschnitt *Vmm trú – De fide* aus der norwegischen Homilie zitiert haben, hier aus der englischen Homilie zitiert: *Hwæt helpð, broðre mine þ hwa secge, þ he geleafe habbe, þonne he þa gode weorc næfeð? Weneð he, mæig hine seo geleafe gehealden? Soðlice se geleafe bute gode weorcan, he byð deaden gelic, se lichame byd dead buten þan gaste.* (Warner S. 92). Vgl. allgemein beispielsweise auch die Homilienbücher von Koburberger, Clein und Drach.

134 Barbian S. 242, 243

135 er vermählte sich mit Heinrichs Tochter (Barbian a.a.O.)

136 Gerhardt-Hubatsch, Deutschland und Skandinavien, S. 50 ff.

137 Gerhardt-Hubatsch op. cit. S. 49; vgl. über die zwiespältige Haltung der Norweger Bull, Den pavelige Legat Stephanus i Norge S. 13 ff.

Heinrichs des Löwen zu den Honoriustexten ist auch deshalb nicht stichhaltig, weil diese in ganz Europa verbreitet waren[138].

Der Einfluß der deutschen Kirche auf Norwegen kann daher nicht mit wenigen Worten abgetan werden, sondern verlangt nach einer detaillierten Spezialuntersuchung, wobei das altisländische und das Bekenntnis Magnus Lagabøters ein Ausgangspunkt sein könnten.

138 Die Folgerung Barbians rührt m.E. daher, daß Barbian unser Bekenntnis nur von Kattenbusch her kennt, und daß dieser auf Honorius verweist. Wir haben schon oben S. 80 darauf hingewiesen, daß eine *besondere* Verwandtschaft zu Honorius *nicht* besteht.

IV. DIE AUFNAHME DES BEKENNTNISSES IN DAS GESETZ

1. Kurze Übersicht über die Gesetze, in denen das Bekenntnis enthalten ist

Bereits bei der Wiedergabe des Originaltextes haben wir die Gesetze genannt, in denen unser Bekenntnis enthalten ist. Hier soll nun ein kurzer Überblick über diese Gesetze erfolgen. Die früheste Überlieferung stammt aus dem neueren Gulathingsrecht, welches den *Annales regii* zufolge 1267 von diesem Thing angenommen wurde[1]. Dieses Gesetz war das erste Ergebnis der Reformbestrebungen des Königs Magnus, die vier alten Landschaftsrechte den geänderten Verhältnissen anzupassen. Ein Jahr später sollen, derselben Quelle zufolge, die Rechtsbücher für die östlichen Thinggemeinschaften angenommen worden sein[2]. Von diesen ist uns nur das neuere Borgarthingsrecht, und zwar, wie auch beim neueren Gulathingsrecht, nur der Abschnitt über das Christenrecht erhalten. Dieser enthält das Bekenntnis nicht.

Von den Abschriften des nG finden wir das Bekenntnis nur in Perg. Cod. C 16 qv. der Handschriftensammlung der Kgl. Bibliothek in Stockholm, die auch das Gulathingsrecht des *Landrechtes* enthält, und die dem Abdruck von nG in NgL II, S. 306 ff. zugrundeliegt. Die ersten acht Paragraphen[3] finden wir mit ähnlichem bzw. reformiertem Inhalt im Landrecht wieder. Die anderen sieben Handschriften des nG[4] bringen weder das Bekenntnis selbst noch die meisten der Eingangsparagraphen. Auch das etwa gleichzeitig entstandene nB kennt diese Eingangsparagraphen nicht. Daraus läßt sich aber nicht der Schluß ziehen, daß in Perg. Cod. C 16 qv. das Bekenntnis und die ersten Paragraphen nachträglich eingefügt worden sind und zwar nach dem Vorbild des Landrechts, welches in dieser Handschrift ja ebenfalls enthalten ist. Einmal stammen beide Gesetze in dieser Handschrift – nG und das Landrecht in der Fassung für das Gulathing – nicht von ein- und derselben Hand, zum anderen verweisen etliche der anderen Handschriften des nG gerade beim Glaubensbekenntnis auf das Landrecht, indem sie nach *þat er nu (þui nest) upphaf laga varra Gulaþings manna*: "&.c." einfügen oder noch deutlicher nach *ver skolum trya a gud*: "&.c. *ok genger sua ut sem stendr i landsbokinni þessi kapitulum*"[5]. Daraus läßt sich folgern, daß in

---

1 Isl. Ann. S. 137

2 Isl. Ann. a.a.O.

3 Glaubensbekenntnis, Gewalt des Bischofs und des Königs, Bestimmung über Zauberei und heidnischen Aberglauben, Thronfolgeordnung von 1260, Eid des Königs, der Landedelleute und der Bauern

4 Beschreibung in NgL II, S. 292; vgl. auch Storm, Handskrifter S. 7 ff.

5 vgl. NgL II, S. 306 Anm. 15; vgl. auch die Inhaltsangabe von Cod. Nr. 62 qc der arnamagn. Sammlung, NgL II S. 326

diesen Handschriften lediglich eine *Auslassung* vorliegt; von einer Abschrift wurde abgesehen, weil dieselbe Stelle ja im Landrecht nachzulesen war. Das Glaubensbekenntnis muß daher tatsächlich am Anfang von nG gestanden haben[6]. Ähnliches gilt auch für nB. Auch dieses muß ursprünglich ein Bekenntnis am Anfang gehabt haben, das läßt sich mit der Auslassung der Eingangsparagraphen erklären[7], das erhellt aber auch aus der halbdänischen Bearbeitung von nB aus dem 16. Jahrhundert[8], welches ausdrücklich auf ein vorangegangenes Glaubensbekenntnis verweist: *Nu effter di att alle mend ere skyldig att holde den tro Wy haffuer gut heithed y wor skire, och adher wor optaldh*[9].

Wir können also sagen, daß sowohl in nG als auch in nB ein Glaubensbekenntnis am Anfang stand, nur ist dieses uns bezüglich nB überhaupt nicht und bezüglich nG nur durch eine Handschrift überliefert.

Die zweitälteste Quelle ist die *Járnsiða*[10], das isländische Gesetz König Magnus', mit dem er 1271 Thorvard Thorarinsson, Eindrid Bongul und Sturla Thordsson nach Island schickte[11], und das in den Jahren 1271–1273 abschnittweise vom isländischen Allthing angenommen wurde. Die *Járnsiða* entspricht im Aufbau ihres Christenrechtes etwa dem Landrecht. Außer dem Glaubensbekenntnis hat es keinen religiösen, geschweige denn kirchenrechtlichen Inhalt[12]. Der Grund hierfür liegt in der Auseinandersetzung zwischen König Magnus und Erzbischof Jon Raude. 1269 wollte sich Magnus auf dem Frostathing die Genehmigung einholen, auch das Recht dieses Thingverbandes zu reformieren, erhielt hier aber eine Abfuhr. Ihm wurde auf Anregung Jon Raudes nur die Genehmigung zur Reformierung der *weltlichen* und derjenigen Gesetze erteilt, die das Königtum

6 vgl. zum ganzen auch Maurer, Glaubensbekenntnis S. 546 ff.

7 siehe die überzeugenden Darlegungen von Maurer a.a.O.

8 NgL IV, S. 160

9 a.a.O.

10 „Eisenseite", vgl. über die lange bestehende irrtümliche Bezeichnung *Hákonarbok* Maurer, Udsigt S. 90 ff.

11 *Arna bisk. saga*, Kap. 9 (Bisk. sögur I, S. 688); Isl. Ann. S. 138. In der Ausarbeitung dieses Gesetzes für Island kann man einen Bruch des Traktates von 1262 sehen, in dem sich Island der norwegischen Oberhoheit unterwarf. König Hákon gamli hatte darin den Isländern ausdrücklich zugesichert, ihnen den Frieden und ihre Gesetze zu erhalten, vgl. DI I S. 620.

12 Nach dem Glaubensbekenntnis folgen die Bestimmung über das Verhältnis von König und Bischof, die Thronfolgeordnung von 1260, die Eide des Königs, der Landedelleute und der Bauern.

betrafen[13]. Damit war ihm wegen des beherrschenden Einflusses des Erzbischofs die Regelung der Christenrechte auch der anderen Rechtsbücher verwehrt.

Die nächsten Quellen sind dann das Landrecht und das Stadtrecht. Das Landrecht wurde zuerst auf dem Frostathing angenommen, und zwar am 24.6.1274[14]. Die Annahme auf dem Gulathing erfolgte im Sommer 1275[15], auf dem Eidsiva- und Borgarthing vermutlich am 2.9.1276 bzw. 30.9.1276[16]. Das Stadtrecht ist zuerst am 22.1.1276 in Bergen angenommen worden[17] und wurde dann nach und nach von den anderen großen Städten, Nidaros, Tunsberg und Oslo, übernommen.

Das Jonsbuch – die nächste Überlieferung als weltliches Gesetz, in dem das Bekenntnis enthalten ist – ist die Übertragung der norwegischen Rechtsverfassung, wie sie im Stadt- und Landrecht geschaffen wurde, auf isländische Verhältnisse. Es wurde auf Anordnung Magnus' ausgearbeitet und nach dessen Tod von seinem Sohn Eirik durch Lodin Lepp und den Gesetzessprecher Jon Einarsson, nach dem das Rechtsbuch auch benannt ist, nach Island geschickt[18]. Nach zum Teil sehr harten Auseinandersetzungen wurde der Großteil dieses Gesetzes im Sommer 1281 vom Allthing angenommen. Jbk enthält entsprechend dem Vorbild LL und BL ebenfalls kein eigentliches Kirchenrecht.

Das Christenrecht Bischof Arnes, welches als einziges von seiten der Kirche ausgearbeitetes Gesetz dieses Bekenntnis enthält, ist von Arne im Winter 1273–74 ausgearbeitet[19] und 1275 bis auf einige Kapitel vom Allthing angenommen worden[20]. Arne bringt in seinem Gesetz zunächst die ersten sieben Eingangsparagraphen aus der *Járnsiða*, bevor er in § 8 mit den Bestimmungen über die Taufe mit dem eigentlichen Kirchenrecht beginnt. Hierin unterscheidet er sich von Erzbischof Jon, welcher in *seinem* Christenrecht, das vermutlich

---

13 Isl. Ann. S. 138: *þá fekk Magnuss konungr samþyct allra frostu þingsmanna at skipa Frostu þings bók um alle luti þa sem til veralldar héyra ok konungdómsins...*

14 Storm, Handskrifter S. 14; Taranger, Udsigt S. 49; Maurer, Udsigt S. 47. Die Bestimmung ist deshalb etwas schwierig, weil in den meisten Handschriften in der Gesetzerhebungsformel mitgeteilt wird, daß das Gesetz am 24.6.1274 angenommen wurde von einem Thing welches in den Gulathingsabschriften Gulathing und in den Frostathingsabschriften Frostathing genannt wird. Zu dem angegebenen Zeitpunkt wurde aber nur das Frostathing abgehalten. Vgl. den genauen Nachweis bei Storm a.a.O.

15 Taranger a.a.O. Storm S. 15

16 Storm a.a.O.; Taranger a.a.O. gibt nur das Jahr 1276 an.

17 vgl. Annahmeformel in BL, NgL II, S. 288

18 *Arna bisk. saga* Kap 25 (Bisk. sögur I S. 715); Isl. Ann. S. 195

19 *Arna bisk. saga* Kap. 14, (Bisk. sögur I S. 697)

20 a.a.O. S. 698

bereits 1273 fertiggestellt war[21], die Eingangsparagraphen wegläßt und gleich mit der Taufe beginnt[22].

Die Kompilation nach AM 313 fol., in der wir das Bekenntnis ebenfalls finden, dürfte etwa 1598 entstanden sein[23]. Der Text setzt sich teils aus Fr, teils aus B zusammen[24], mit Ausnahme des ersten Kapitels, welches das Glaubensbekenntnis beinhaltet. Storm[25] meint, dies sei eine Entlehnung aus dem Landrecht, während Maurer[26] dieses Kapitel auf nG zurückführt.

Wir finden das Bekenntnis also in allen Magnusschen Gesetzen[27] und in dem Christenrecht von Bischof Arne, welches in seinem Eingang aber der Magnusschen *Járnsiða* nachgebildet ist. Die früheste Überlieferung ist nG aus dem Jahre 1267 Bereits zu Anfang dieser Untersuchung haben wir darauf hingewiesen, daß dies eine einmalige Erscheinung ist und keine Entsprechung in anderen weltlichen und kirchlichen[28] Gesetzen findet[29]. Dieser Umstand, daß wir ein solches Bekenntnis nur bei Magnus finden, verlangt nach einer Auseinandersetzung mit der Person dieses Königs.

---

21 Seip, Sættargjerden S. 137, Bøe in Kulturhistoriskt Lexikon Bd. 11 Sp. 300
Vgl. zu den Plänen Jons, im Winter 1272/73 ein Christenrecht auszuarbeiten, *Arna bisk. saga* Kap 10 (Bisk. sögur I, S. 691). Das Zehntregulativ, das in diesem Gesetz enthalten ist und das auf das Konkordat von Tønsberg im Jahre 1277 zurückgeht, ist ein späterer Zusatz.

22 vgl. über diesen Unterschied Maurer, Glaubensbekenntnis S. 554, 555

23 Storm NgL IV, S. XI und S. 490

24 Storm a.a.O.

25 a.a.O.

26 op. cit. S. 555 ff.

27 Lediglich die Hirdskrå, das Gefolgschaftsrecht, welches zwischen 1274 und 1277 erlassen worden ist (Maurer Udsigt S. 50), enthält dieses Bekenntnis nicht. Hier ergibt sich das Fehlen aber bereits aus dem Inhalt dieses Gesetzes.
In nB ist dieses Bekenntnis zwar auch nicht enthalten, aber wir haben bereits oben darauf hingewiesen, daß es ursprünglicher Bestandteil gewesen sein muß .

28 Die einzige Ausnahme bildet der *Liber Extra*, vgl. oben S. 3 Anm. 10. Hier handelt es sich aber nicht um ein apostolisches Symbol.

29 oben S. 3 ff.

2. Die Person des Königs Magnus Håkonssøn

Leider sind die Quellen zu der Frage, welche Persönlichkeit Magnus war, nicht sehr reichhaltig. Von der Saga dieses Königs sind nur einige Blätter als Bruchstück erhalten geblieben[1], die aber nur wenig Auskunft über Taten in seiner Regierungszeit geben[2]. Dennoch lassen sie – neben Stellen aus anderen Sagas und einigen Briefen, die uns von Magnus überliefert sind – gewisse Aufschlüsse über seinen Charakter und seine Einstellung zur Umwelt zu. Ansonsten sind wir auf Angaben in den Isländischen Annalen angewiesen, aus denen sich wenigstens die äußeren Lebensdaten ergeben.

Magnus wurde 1238 als zweiter Sohn des Königs Håkon Håkonssøn geboren[3]. 1257 erhielt er nach dem Tode seines älteren Bruders *Hákon ungi* den Königsnamen[4], 1258 wurde er auf dem Eyrathing als König anerkannt[5]. Nachdem ihm Erzbischof Einar den Königstitel verliehen hatte, schwor er *laug ok rettindi ollu landzfolkinu at ligno domini*[6]. Nach diesem Eid auf das *lignum Domini*, daß er allem Volk gegenüber Recht und Gesetz halten wolle, schworen ihm Jarl Knut, die Lehensleute, die Marschälle, die *skutilsueinar*[7] und zwölf Bonden als Vertreter aus den Fylken den Huldigungseid. Als Gefolge suchte sich Magnus zum größten Teil Männer aus, die bereits seinem Bruder gedient hatten. Durch reiche Geschenke machte er sich schnell beliebt[8]. 1261 heiratete er Ingeborg, die Tochter des Dänenkönigs Erik Plovpennig[9]. Von dieser Hochzeit, die am Sonntag nach der Marienmesse (8. Sept.) stattfand, heißt es, daß noch nie ein so prächtiges Hochzeitsfest wie dieses in Norwegen abgehalten worden sei[10].

---

1 im Anhang publiziert

2 Die Saga umfaßt die Zeiträume 1264/65 und 1271–1273, die Stelle aus den Gottskalks Annalen, die gemeinhin als Bestandteil der Magnussaga angesehen wird (vgl. unten S. 178), den Zeitraum 1275/76.

3 *Lögmanns-annáll*, Isl. Ann. S. 256; *Oddveria Annall* Isl. Ann. S. 480; *Flatey-Annálar*, Fltbk III S. 529

4 *Henrik Høyers Annaler*, Isl. Ann. S. 66; *Flatey Annálar* Fltbk III S. 533; *Annales regii*, Isl. An. S. 133; *Skálholts-Annaler*, Isl. Ann. S. 192; *Lögmanns-annáll* Isl. Ann. S. 257

5 *Lögmanns-annáll*, Isl. Anm. S. 257

6 *Hakrs. s. gamla* Kap. 255, Fltbk III, S. 199

7 „Tafelknappen", erhielten 1277 den Namen „Ritter"; vgl. *Lögmanns-annáll*, Isl. Anm. S. 259

8 vgl. *Hkr. s. gamla* a.a.O.

9 *Annales Reseniani*, Isl. Ann. 27; *Henrik Høyers Annaler*, Isl. Ann. S. 67; *Annales regii*, Isl. Ann. S. 134; *Skálholts-Annaler*, Isl. Ann. S. 193; *Lögmanns-annáll*, Isl. Ann. S. 257; *Oddveria Annall*, Isl. Ann. S. 482. Über die Brautwerbung und Hochzeit vgl. *Hkr. s. gamla* Kap. 264–269, Fltbk S. 208–211.

10 *Hkr. s. gamla* Kap. 269, Fltbk III S. 212

Kurz darauf wurden Magnus und Ingeborg von Erzbischof Einar gekrönt[11]. Auch diese Krönung ging mit großem Pomp vor sich, und Magnus bedachte die meisten der Anwesenden mit reichen Geschenken[12]. Im Dezember 1263, nach dem Tod seines Vaters Håkon auf den Orkney-Inseln, wurde Magnus Alleinherrscher über Norwegen[13]. Im Jahre 1267 starb Magnus' erster Sohn Olav[14], im Jahr 1268 wurde sein Sohn Eirik[15] und zwei Jahre später sein Sohn Håkon geboren[16]. 1273 verlieh er Eirik den Königs- und Håkon den Herzogstitel[17]. König Magnus starb – 42jährig – im Jahre 1280[18], nachdem er bereits im Winter 1271/72 einmal todkrank gewesen war und nach der letzten Ölung verlangt hatte[19]. Sein Nachfolger wurde König Eirik Magnussøn.

So weit die Daten zum äußeren Ablauf des Lebens Magnus Håkonssøns.

Magnus war ein friedfertiger König. Ihm lag nicht an spektakulären Eroberungen, sondern an der Festigung des Erreichten, wobei er durchaus einsah, daß Gebiete über die die norwegische Oberhoheit auszuüben nur mit großen Opfern und Anstrengungen möglich war, nicht um jeden Preis gehalten werden sollten. So schickte er z.B. im Jahre 1264, also unmittelbar nach Antritt der Alleinherrschaft, Boten zu Alexander III., dem König der Schotten, um die

11 *Annales regii, Skálholts-Annaler, Lögmanns-annáll* a.a.O.; vgl. *Hkr. s. gamla* Kap. 270, Fltbk III, S. 212

12 vgl. *Hkr. s. gamla* a.a.O.

13 *Annales Reseniani*, Isl. Ann. S. 27; *Henrik Høyers Annaler*, Isl. Ann. S. 67; *Annales regii*, Isl. Ann. S. 135; *Skálholts Annaler*, Isl. Ann. S. 193; *Lögmanns-annáll*, Isl. Ann. S. 258 (verlegt den Beginn der Alleinherrschaft auf 1264); *Gottskalks Annaler*, Isl. Ann. S. 330; *Oddveria Annall*, Isl. Ann. S. 483; *Flatey-Annálar* Fltbk III. S. 535.

14 *Annales Reseniani*, Isl. Ann. S. 28; *Henrik Høyers Annaler*, Isl. Ann. S. 68; *Lögmanns-annáll*, Isl. Ann. S. 258; *Gottskalks-Annaler*, Isl. Ann. S. 330; *Flatey Annálar* Fltbk III. S. 536. Olav war 1262 geboren, vgl. *Hkr. s. gamla* Kap. 273, Fltbk III, S. 216. Finnur Jonsson, Bd. I, S. 399 Anm. a berichtet von einem weiteren Sohn König Magnus', nämlich Magnus, der 1263 geboren sein soll und acht Tage nach seiner Geburt starb.

15 *Annales Reseniani, Henrik Høyers* Annaler a.a.O.; *Annales regii*, Isl. Ann. S. 137; *Flatey Annálar*, Fltbk III, S. 537

16 *Flatey Annálar, Henrik Høyers Annaler* a.a.O.; *Annales regii*, Isl. Ann. S. 138; *Gottskalks Annaler*, Isl. Ann. S. 331; *Annales vetustissimi*, Isl. Ann. S. 49

17 *Annales vetustissimi, Henrik Høyers Annaler* a.a.O.; *Annales regii*, Isl. Ann. S. 139; *Flatey Annálar* Fltbk III. S. 538

18 *Annales Reseniani*, Isl. Ann. S. 29; *Annales vetustissimi*, Isl. Ann. S. 50; *Henrik Høyers Annaler*, Isl. Ann. S. 70; *Annales regii*, Isl. Ann. S. 141; *Skálholts-Annaler*, Isl. Ann. S.195; *Lögmanns-annáll*, Isl. Ann. S. 260; *Gottskalks Annaler*, Isl. Ann. S. 337; *Oddveria Annall*, Is. Ann. S. 484; *Flatey-Annálar*, Fltbk III S. 540

19 *Magnus Hks. saga*, Kap. 5.

Aussichten über einen Frieden zwischen beiden Ländern zu erkunden[20]. Obwohl der Schottenkönig aufgrund des Heerzuges, den König Håkon gamli gegen ihn unternommen hatte[21] und der dabei entstandenen Verwüstungen in Schottland[22] zu einem Friedenschluß zunächst nicht bereit war gelang es Magnus schließlich doch, ein Übereinkommen zu erreichen. In dem Frieden von Perth vom 2.7.1266 wurde vereinbart, daß Schottland die Insel Man und die übrigen Süderinseln und alle anderen Inseln westlich und südlich „des großen Meeres" erhalten sollte, während die Orkney-Inseln und Hjaltland unter norwegischer Oberhoheit bleiben sollten. Schottland hatte für diesen Gewinn jährlich 100 Mark „guten Sterlings" zu zahlen, in den ersten vier Jahren nach dem Friedensschluß zusätzlich je 1000 Mark. Für einen eventuellen Vertragsbruch wurde eine Strafe von 10 000 Mark vereinbart, deren Zahlung durch päpstlichen Bann oder päpstliches Interdikt erzwingbar war[23].

Dieser Friedensschluß zeigt das diplomatische Geschick Magnus': War er Anfang 1263 noch bereit, für seinen Vater den Heereszug nach Schottland zu unternehmen[24], so sah er doch kurz darauf ein, daß Norwegen diese Besitzungen, um die der Streit ging, auf die Dauer nicht halten konnte. Um den Gelüsten Alexanders III. entgegenzutreten, wäre es nötig gewesen, dort eine ständige Flotte zu unterhalten, denn ein einmaliger Feldzug, das hatte er eben beim Feldzug seines Vaters gesehen, konnte nicht von dauernder Wirksamkeit sein. Die norwegische Herrschaft über diese Besitzungen beruhte lediglich auf Tradition und Gewohnheit, mit dem ersten festen Druck von außen brach sie zusammen. Dieser Realität trug Magnus Rechnung, er sicherte sich aber dadurch gleichzeitig die endgültige Herrschaft über die Orkney-Inseln und Hjaltland und eine ständige Einnahmequelle. Die Aufnahme der Bestimmung über die Vertragsstrafe unterstreicht die Diplomatie Magnus': Dieser Passus konnte nur auf Alexander gemünzt sein, denn Magnus hatte aus den obengenannten Gründen wohl kaum ein Interesse an der Wiedereroberung[25].

Magnus war ein Taktierer, er versuchte Gegensätze auszugleichen und zu vermitteln. So hatte er bereits vor seiner Krönung zwischen seinem Vater und dem Erzbischof Einar von Nidaros vermittelt, als zwischen ihnen ein heftiger

20 *Magnus Hks. saga*, Kap. 2

21 Die Schotten waren in den Hebriden eingefallen und hatten dort große Verwüstungen angerichtet. Alexander III. versprach dem Hebridenkönig Jon ein größeres Reich als er jetzt besaß, daraufhin leistete ihm Jon den Gefolgschaftseid. Nunmehr rüstete Håkon zum Heereszug, vgl. hierzu *Hkr. s. gamla* Kap. 275 ff., Fltbk III S. 217 ff.

22 Schottland wurde etwa zu 1/3 verwüstet, vgl. *Magnus Hks. saga* a.a.O.

23 vgl. *Annales regii*, Isl. Ann. S. 136 und dazu Joys, VFH III S. 118, 119

24 vgl. *Hkr. s. gamla* Kap. 275, Fltbk III, S. 218

25 vgl. auch Joys, VFH III S. 120

Streit über die Wahl des Bischofs in Hamar entbrannt war[26]. Als 1276 die Krise in Schweden auf dem Höhepunkt war[27], versuchte Magnus zu vermitteln[28]. Er berief ein Treffen ein und versuchte, die beiden feindlichen Brüder Magnus und Waldemar[29] zu versöhnen. Waldemar forderte Wiedereinsetzung in sein Reich, aus dem er zu Unrecht vertrieben worden war, und erbot sich, sich der Taten, die ihm vorgeworfen worden waren, zu verantworten. Herzog Magnus und seine Seite boten ihm jedoch nur an, Helsingland und Värmland sowie das schwedische Gebiet westlich des Vänarsees zu behalten, sowie jährlich 300 Mark an Einnahmen zu empfangen[30]. König Magnus, als von beiden benannter Schiedsrichter, meinte jedoch, dieses Angebot könne von Waldemar keineswegs angenommen werden, da er doch „im Bewußtsein des Unrechts mit Streiten und Morden aus seinem Reich vertrieben worden sei, ohne daß irgendetwas gegen ihn untersucht und bewiesen worden sei, und er auch keinerlei Anlaß dazu gegeben hätte.“ Dies müsse umso mehr gelten, als sie (die Schweden) „nicht das Recht hätten, über ihn zu urteilen, da er doch ihr König und Herr sei“ (*einkanliga er þeir attu onguan dom a honum eda yfer hann at bioda þar sem hann uar þeira herra og hofdingi*)[31]. Magnus wies weiter darauf hin, daß Waldemar und seine Gemahlin, Königin Sofia, gefangen genommen und aller königlichen Ehren beraubt worden seien, und daß darüber hinaus die Schweden sich bereits einen anderen König gewählt hätten. Nach alldem könne ein solches Angebot, das die Schweden ihrem „Oberkönig“ (*yferkongi*) unterbreitet hatten, nur als Spott betrachtet werden[32]. Da keine der beiden Parteien nachgeben wollte, kam es zu keinem Vergleich.

---

26 Einar wollte Lodin zum Bischof wählen, während König Håkon Gillibert vorzog. Magnus vermittelte zwischen diesen beiden, regte ein neues Treffen an und erklärte Lodin, er würde auch ohne Bischofstitel ein Vertrauter des Königs werden. Daraufhin verzichtete Lodin bei einem erneuten Treffen auf die Wahl. Vgl. *Hkr. s. gamla*, Kap. 263, Fltbk III, S. 207

27 König Waldemar war im Sommer 1275 von seinen Brüdern Herzog Magnus und Junker Eirik mit Unterstützung des Dänenkönigs Eirik geschlagen worden und mußte nach Norwegen fliehen. Waldemar kehrte wieder nach Schweden zurück, wurde dort gefangengenommen, konnte jedoch entfliehen. Die Schweden ernannten nun Herzog Magnus zum König, der auch von Erzbischof Folke von Uppsala gekrönt wurde. Vgl. *Gottskalks Annaler*, Isl. Ann. S. 332–334 und unten S. 194 ff. (als Teil der Magnussaga publiziert).

28 Für den friedliebenden Magnus geschah dies nicht ohne Nebenabsicht: Eine friedliche Beilegung des Streites war ihm lieber als eine kriegerische Auseinandersetzung der Schweden untereinander, die dann evtl. auf sein Land übergreifen konnte. Vgl. *Gottskalks Ann.* a.a.O.

29 Junker Eirik war inzwischen gestorben

30 vgl. *Gottskalks Annaler* a.a.O.

31 *Gottskalks Annaler*, Isl. Ann. S. 335

32 *Gottskalks Annaler* a.a.O.

Diese Episode zeigt uns zweierlei: die unbedingte Vermittlerbereitschaft König Magnus', aber auch sein Festhalten an der königlichen Würde und Macht. Er scheute keine Mühe, um streitende Parteien auszusöhnen, einmal, um diesen selbst den Frieden wiederzugeben, zum anderen aber auch, um außerhalb seiner Landesgrenzen Unruhen zu vermeiden, die auf sein Land einwirken könnten. Er lehnte es aber ab, einen Ausgleich um jeden Preis zu erreichen. Bloße Anschuldigungen, die des Beweises entbehrten, waren für ihn nicht ausreichend, den Vergleich abzuschließen, einem Unrecht wollte er nicht Vorschub leisten. Auf der anderen Seite sprach er aber den Untertanen das Recht ab, über ihren König zu richten. Aus dem Zusammenhang gerissen, könnte man meinen, Magnus verfechte mit diesem Satz *er þeir attu onguan dom a honum eda yfer hann at bioda þar sem hann uar þeirra herra og hofdingi* die absolute Unantastbarkeit der Königswürde. Aber in den ganzen Zusammenhang der Vergleichsverhandlungen gestellt, ergibt sich, daß Magnus zwar die Unantastbarkeit der Königswürde und die absolute Achtung vor dem König vertritt, dies solle jedoch nur so lange gelten, als der König sich keines nachweisbaren Unrechts schuldig mache. Aber auch in einem solchen Fall wäre ein derart drastisches Vorgehen, wie es die Schweden gezeigt hätten, nicht gerechtfertigt gewesen.

Einer besonderen Beleuchtung bedarf das Verhältnis Magnus' zur Kirche. Mit Erzbischof Einar der ihn getraut und gekrönt hatte, verband ihn eine enge Freundschaft[33], Bischöfe und Priester waren seine Vertrauten, er stiftete viele Kirchen und nahm Klöster und Domkapitel in seinen Schutz[34]. Die Stiftung von Kirchen, Errichtung von Klöstern und Domkapiteln und der königliche Schutz für dieselben ist zwar nichts ungewöhnliches, dies finden wir auch bei König Håkon gamli oder bei dem gewiß nicht kirchenfreundlichen Nachfolger Magnus', König Eirik. Aber dennoch ist es bei Magnus etwas anderes. Er hat die Kirche, wie wir noch sehen werden, als reale und notwendige zweite Macht aufgefaßt und ließ ihr deshalb das zukommen, was sie seiner Meinung nach zur Ausfüllung dieser Stellung benötigte. Ihm ging es nicht darum, nur als Schutzherr der Kirche verstanden zu werden, sondern er wollte den christlichen Glauben zur Grundlage

33 vgl. *Hkr. s. gamla*, Kap. 272, Fltbk III, S. 215

34 vgl. die Briefe DN II Nr. 12 (S. 10) (Hødnebø, Diplomer Nr. 11; Dipl. Arn. II, S. 51) (Chorbrüder in Nidaros); DN II Nr. 16 (S. 13) (Dipl. Arn. II, S. 63) (Gründung des Allerheiligen- und St. Katharinenhospitals); DN II Nr. 13 (S. 11) (Bischof Thorgil von Stavanger schenkt mit Zustimmung des Königs Magnus den Kanonikern seiner Domkirche einen Teil des Zehnten); DN V S. 9 u. Dipl. Arn. II, S. 61/62 (Errichtung eines Chorbrüderkollegiums in Bergen); DN XII S. 3 (Schutzerklärung für das St. Michaelskloster in Bergen); Dipl. Arn. II, S. 61 (Stiftung der Zwölf-Apostel-Kirche in Bergen. In dieser wurde auch der Splitter der Dornenkrone Christi aufbewahrt, den Erzbischof Jon als Geschenk König Ludwigs von Frankreich an König Magnus vom Konzil in Lyon mitgebracht hatte vgl. hierzu Mon. Norv. Hist., S. 159 ff. und S. XXXXV ff.).

jeglichen Handelns machen, das zeigt schon seine Vorrede zum Landrecht: „Der erste Teil des Buches ist der Abschnitt über das Christenrecht, damit man erkenne, daß der christliche Glauben die Grundlage aller guten Werke sei“[35]. Dabei sollte der Ausdruck christlicher Demut im Vordergrund stehen, das beweist sein besonderes Verhältnis zum Minoritenorden in Bergen, jenem Orden, der am wenigsten Wert auf äußeren Pomp legte, und dem er in seinem Testament erhebliche Zuwendungen machte, und in dessen Kloster er auch begraben zu sein wünschte[36]. Nicht nur um die Stiftung von Kirchen kümmerte sich Magnus, sondern auch um deren Ausstattung[37].

Die Stiftungsbriefe zeugen von seiner religiösen Einstellung, sie sind von einem tiefen Frömmigkeitsgefühl durchzogen. Edvard Bull hat in „Folk og Kirke i Middelalderen“ zwar versucht, dies in Abrede zu stellen, und diese Briefe als bloßes Lippenbekenntnis und nicht als Ausdruck eines echten religiösen Anliegens aufgefaßt. Er zieht dabei als Nachweis einen Brief über die Stiftung des Chrobrüderkollegiums in Bergen[38] heran, in dem, wie er meint, nur theologische Lehrsätze und Zitate von Augustin stehen, der aber nicht von einem echten religiösen Gefühl sei. Bull übersieht dabei aber die Gesamtpersönlichkeit des Königs. Zwar war es allgemeine Sitte, derartige Stiftungsbriefe mit kirchlich-religiösem Allgemeingut anzureichern, aus dem Wesen Magnus' aber ergibt sich, daß dies für ihn kein bloßes „Lippenbekenntnis“, sondern ein echtes inneres Anliegen war.

Nach diesen Darlegungen mag es zunächst verwundern, daß es ausgerechnet unter diesem König nach einem längeren Zeitraum verhältnismäßiger Ruhe wieder zu erheblichen Auseinandersetzungen zwischen Staat und Kirche kam. Der größte Gegenspieler in diesem ab 1269 einsetzenden Streit war Erzbischof Jon Raude. Über seine Person wissen wir sehr wenig. Er wird 1253 als Chorbruder des Kapitels in Nidaros genannt und scheint mit der Zeit eines der herausragendsten Mitglieder dieses Kollegiums geworden zu sein[39]. Im Jahre 1267 wird er als Nachfolger Håkons zum Erzbischof von Nidaros gewählt. Er wurde 1268 vom Papst geweiht und kehrte kurz vor Weihnachten 1268 nach Norwegen zurück. Sofort trat er als eifriger Verfechter kirchlicher Rechte und einer eigenen kirchlichen Gerichtsbarkeit auf, und nur auf seinen Einfluß ist es zurückzuführen, daß König Magnus 1269 auf dem Frostathing das

35 Ngl. II S. 8: *Fyrsti lutr bokarinnar er kristinsdoms bolkr. at mænn skili kristiliga tru vera grunduoll oc upphaf allra goðra uerka . . .*

36 vgl. Testament Magnus' in DN IV Nr. 3 (S. 3 ff.); Dipl. Arn. II, S. 251 ff.

37 vgl. den Brief an König Edward mit der Bitte um Übersendung einiger Reliquien (DN XIX, Nr. 298, S. 195), oder das Schreiben an die Gemeinde in Voss, in dem er für die Absicht der Errichtung einer Kirche aus Stein anstatt aus Holz dankt, verbunden mit der Ermunterung, diese nun endlich zu vollenden (DN IV, Nr. 2, S. 2).

38 DN V, 9; Dipl. Arn. II, 61–62

39 Joys VFH III S. 154

Gesetzgebungsrecht für kirchliche Dinge nicht zugestanden wurde. Sein Ziel war es, die Kirche endgültig vom Einfluß des Königtums zu befreien. Diesen Standpunkt verfocht er auch noch nach 1280, als er, genötigt durch die Magnussöhne Eirik und Håkon, denen die Einstellung ihres Vaters zu kirchenfreundlich erschien, ins Exil gehen mußte.

Jons Name ist vor allem mit dem Konkordat von Tønsberg (1277)[40] verknüpft, außerdem ist er der Initiator eines Christenrechts, in dem zum ersten Mal die Kirche selbst als Gesetzgeber kirchlicher Angelegenheiten auftritt[41].

Das Konkordat von Tønsberg ist ein zentrales Thema in der norwegischen Rechtsgeschichte und daher eifrigst kommentiert worden. Es würde nur zu unfruchtbaren Wiederholungen führen, wollten wir hier den Gang der Entwicklung der Meinungen zu diesem Thema nachverfolgen, und es würde auch zu weit von unserem eigenen Thema wegführen. Uns interessiert hier nur die Einstellung König Magnus' zur Kirche, und nur in diesem Zusammenhang wollen wir auf das Konkordat eingehen.

Es enthält im lateinischen Original[42] 18 und in der norwegischen Übersetzung 19 Artikel[43]. Es beginnt mit einer Vorrede, in der die einzelnen Streitpunkte

---

40 „Sættargjerden" vom 9. August 1277 (NgL II S. 462 ff.; Finnur Jonsson II S. 386 ff.; Dipl. Arn. II, S. 66 ff.). Diesem Vergleich ging die Übereinkunft von Bergen 1273 voraus (NgL. II S. 455 ff.; DN I Nr. 64 S. 52 ff.). Sie entsprang einer Aufforderung des Papstes Gregor X. an Erzbischof Jon, anläßlich des bevorstehenden Konzils von Lyon (1274) einen Bericht über die Verhältnisse in der norwegischen Kirche zu geben (DN VI, Nr. 35 S. 34, 35). Diese Vereinbarung sollte erst mit der Zustimmung des Papstes in Kraft treten, vgl. hierzu den Brief Magnus' an Papst Gregor X. vom 15.8.1273 mit der Bitte um die Bestätigung der Übereinkunft, DN I Nr. 64 b S. 57 ff. Da der Papst jedoch einige Änderungen wünschte (vgl. DN I S. 58), die für Magnus unannehmbar waren, war ein neues Treffen mit Erzbischof Jon und ein neuer Vergleich notwendig. Dies erfolgte 1277 in Tønsberg. Dieser Vergleich sollte ohne die päpstliche Zustimmung gültig sein. Über die tatsächliche Gültigkeit entstand jedoch kurz nach dem Tode von König Magnus heftiger Streit.

Vgl. zum ganzen v.a. Koht, Sættargjerda i Tønsberg 1277 in: Holmsen, Norsk middelalder S. 119 ff. und grundlegend und ausführlich J.A. Seip, Sættargjerden S. 99 ff. und 143 ff., sowie Ch. Joys in: Nidaros, erkebispestol og bispesete S. 281 ff. An neuerer Literatur vgl. insbesondere Blom, Kongemakt S. 160 ff. und Helle, Norge blir en stat S. 101 ff. Einen Überblick über die gesamte Literatur gibt Seip S. 8 ff. und S. 232.

41 NgL II S. 339 ff., vgl. oben S. 113, 114. Von ihm ging auch der Einfluß auf das Christenrecht Bischof Arnes aus, vgl. oben a.a.O.

42 NgL. II S. 462 ff.

43 NgL. II S. 467 ff. Die norwegische Übersetzung ist im wesentlichen eine genaue Übersetzung des Originals. Sie enthält den zusätzlichen Artikel über das Zehntregulativ, der auf demselben Treffen in Tønsberg beschlossen wurde, jedoch nicht im Original enthalten ist. Vermutlich wurde er erst nach Besiegelung des Konkordats angenommen. Dieser Zusatz deutet aber auf den offiziellen Charakter der Übersetzung, vgl. Seip S. 105.

dargelegt werden, die zum Zwiespalt zwischen König und Kirche geführt haben. Sie ist – insgesamt gesehen – eine Klage der Kirche gegen das Königtum. Die geistliche Jurisdiktion habe sich nicht frei entfalten können, und die norwegischen Könige nach Magnus Erlingssøn hätten weder dessen Thronfolgerecht noch dessen Privilegienbrief respektiert[44].

Nach diesen Darlegungen beginnt der eigentliche Vergleich:

Art. 1[45]: Der Erzbischof verzichtet für sich und seine Nachfolger auf sein Wahlrecht und die Oberhoheit der Kirche, sowie auf seinen Anspruch auf das Kronenopfer.

2. Der König verzichtet für sich und seine Nachfolger auf die Gerichtsbarkeit in allen Angelegenheiten, die „zur Kirche gehören" (*causarum ad ecclesiam spectancium*).

3. Die Bischöfe haben das Recht, die Priester für die königlichen Kapellen zu ernennen.

4. Der König enthält sich der Einmischung in die Bischofs- und Abtswahlen.

5. Bischöfe, Äbte und Kleriker sollen von der Teilnahme an den Heerzügen und der Heerzugssteuer befreit sein.

---

44 Nach diesem Thronfolgerecht aus dem Jahre 1164 sollte König zunächst der ehelich geborene Sohn eines norwegischen Königs werden (beachte *eines* Königs, d.h. daß jederzeit erneut Prätendentenstreitigkeiten entstehen konnten, wie es dann tatsächlich auch der Fall war. In der Thronfolgeordnung von Magnus Lagabøter wurde dies durch die Bestimmung, daß es jeweils nur einen König geben könne, verhindert.), „ausgenommen, er leide an Bösartigkeit oder Mangel an Verstand. Wenn dies der Fall ist, dann soll sein vom gleichen Vater abstammender Bruder König werden, und zwar derjenige, der dem Erzbischof und den Bischöfen und den zwölf weisesten Männern aus jeder Diözese die vom Bischof ernannt werden, am geeignetsten erscheint. ... Wenn aber der norwegische König keinen ehelichen Sohn hinterläßt, dann werde derjenige König, welcher nach (allgemeinem, Anm. d. Verf.) Erbrecht dem Königtum am nächsten ist". Voraussetzung hierfür ist aber, daß er „nach gepflogener Beratung hierzu geeignet erkannt wird". Sollte dies nicht der Fall sein, „dann soll derjenige gewählt werden, der ihnen (dem obengenannten Gremium, Anm. d. Verf.) Gottes Recht und die Gesetze des Landes am besten wahren zu können erscheint. Wenn aber keine Einstimmigkeit erzielt werden kann, dann soll die Mehrheit entscheiden, vorausgesetzt der Erzbischof und die Bischöfe gehören zu ihr und bezeugen dies mit einem Eide ..." (G 2, NgL I, S. 3). Die Kirche erhielt hier also einen beherrschenden Einfluß auf die Königswahl. Dieser Einfluß wird noch deutlicher, wenn man die Thronfolgeordnung in Verbindung mit dem Privilegienbrief von 1164 (NgL I S. 442 ff.) sieht. Danach wurde das Königtum als kirchliches Lehen betrachtet, und demgemäß sollte die Kirche nach dem Tode jedes Königs dessen Krone erhalten (das sog. Kronenopfer), um sie dann dem neuen König wieder verleihen zu können. Damit sollte die Oberhoheit der Kirche symbolisiert werden. Vgl. über diesen sog. „Magnusbrief" Blom S. 90 ff. mit näheren Literaturangaben. Zum Ganzen auch: Steen, Tronfølgeloven av 1163 og konungstekja i hundreåret etter.

45 Die Artikeleinteilung erfolgt nach Seip, op. cit. S. 106

6. Der König darf nicht zum Nachteil der Kirche oder der Priesterschaft die Landesgesetze oder Verordnungen ändern.
7. Der Erzbischof erhält das Recht, sich Jagdfalken zu halten.
8. Der König zahlt den Zehnten aus seinem Grundbesitz.
9. Der Erzbischof erhält das Recht, 30 Lasten Mehl nach Island auszuführen.
10. Der Erzbischof erhält das Recht, jedes Jahr von je einem aus Island ankommenden Schiff Zoll zu fordern.
11. Jedem Pilger wird Schutz zugesichert. Wer diesen Schutz bricht, wird von kirchlichen Richtern zu einer Kirchenstrafe verurteilt.
12. Der Erzbischof hat 100 Mann aus seinem Gefolge frei von der Teilnahme an den Heerzügen, königlichen Vorladungen, Schiffszügen und von der Heerzugssteuer. Die Skutilsveine (Tafelknappen)[46] unter dieser Hundertschaft haben – ähnlich den königlichen Skutilsveinen – zwei Mann aus ihrer Hausgenossenschaft frei von diesen Pflichten, die anderen je einen.
13. Jeder der vier norwegischen Bischöfe hat vier Mann in der obengenannten Weise frei.
14. Jeder Gemeindepriester ist von der Heerzugssteuer befreit, ebenfalls zwei Mann aus seinem Haus, einer davon ist auch vom Heeresdienst befreit.
15. Wenn sich von den Mannen des Erzbischofs einer gegen den anderen vergeht, entweder innerhalb dessen Hofs, dessen Schiffes oder in dessen Gefolge, so untersteht er dem Urteil des Erzbischofs und muß seine Buße an diesen bezahlen, es sei denn, es handelt sich um Totschlag oder Körperverletzung. Erfolgt das Vergehen anderen Orts, so hat der Kläger die freie Wahl zwischen einem Gericht des Königs oder einem des Erzbischofs, die Buße wird in diesem Falle zwischen diesen beiden geteilt.
16. Das königliche Handelsverbot soll nicht für Bischöfe und Kleriker oder Laien in deren Diensten gelten, es sei denn, der Erzbischof und die Bischöfe haben dem zugestimmt.
17. Der Erzbischof hat das Münzrecht.
18. Art. 18 enthält das neue Zehntregulativ, in dem die Besteuerung zugunsten der Kirche auf alle möglichen Einnahmequellen ausgedehnt wurde[47].

---

46 vgl. S. 115 Anm. 7

47 vgl. hierzu Seip op cit. S. 105. Das Zehntregulativ ist im Original nicht enthalten, vgl. Anm. 43. Es hat auch Eingang in das Christenrecht Jons gefunden, vgl. NgL II S. 354 (§ 19).

19. Bei Streit über die Auslegung des Vergleiches wird durch Schiedsurteil entschieden. König und Erzbischof wählen je einen Schiedsmann, werden diese nicht einig, so wird ein Oberschiedsmann bestellt.

Rein äußerlich betrachtet, scheint dieses Konkordat einen totalen Sieg der Kirche über das Königtum zu dokumentieren[48]. Nur im ersten Artikel wird der Beitrag des Erzbischofs zum Vergleich behandelt, dann folgen – abgesehen von dem neuen Zehntregulativ – 16 Artikel, die des Königs Beitrag behandeln. Die Artikel 3 bis 11 und 17 behandeln dabei die Erneuerung oder Bekräftigung alter Privilegien, während die Artikel 12 bis 14, 16 und vermutlich auch 15 auf neuen Privilegien beruhen[49]. Mit Ausnahme des Art. 15 bringen sie eine Verbesserung der ökonomischen Stellung der Kirche, sie sind in unserem Zusammenhang von geringerem Interesse..

Der Kernpunkt des Konkordates sind die Artikel 1 und 2. Sie sind echte wechselseitige Erklärungen und bilden das eigentliche Vergleichsthema[50].

Bereits aus ihrer sprachlichen Form ergibt sich ihre Entsprechung: *renunciauit ... in perpetuum omni iuri si quod in predicta electione regum subjectione seu oblacione corone habebat uel habere poterat – renunciauit ... in perpetuum omni iuri si quod in audicione examinacione et determinacione causarum ad ecclesiam spectancium actenus habuerat*[51]. Die anderen Artikel hingegen werden meist mit *item concessit* bzw. *item denuo concessit* eingeleitet. Beide Artikel zeugen von einer hohen Formulierkunst. Durch das *renunciauit* kommt zum Ausdruck, daß jede der verzichtenden Seiten den dem Verzicht unterliegenden

48 Das war auch lange die vorherrschende Meinung der Historiker. Philipp Zorn verstieg sich in seinem Buch „Staat und Kirche in Norwegen bis zum Schlusse dés 13. Jahrhunderts" sogar so weit, von einer „tiefsten Niederlage der nationalen Rechtsbildung" oder einer „Katastrophe" zu sprechen (Zorn S. 241 u. 239). Erst mit O. Kolsrud und Edv. Bull kam eine andere Anschauung auf. H. Koht sieht das Konkordat in vollkommener Übereinstimmung mit den tatsächlich herrschenden Zuständen. Heute scheint sich eine Mittelmeinung durchgesetzt zu haben: Die Kirche hat eine stärkere Machtposition errungen, die teils auf der ausdrücklichen Bestätigung alter Privilegien, teils auf der Erteilung neuer Privilegien beruht, wobei man die Abgrenzung (besonders im Hinblick auf die kirchliche Jurisdiktion) von der Interpretation der vorher herrschenden Zustände abhängig macht. (Schreiner, Seip, Blom, Helle). Von einer „Verschleuderung staatlicher Autorität" (Zorn S. 241) wird nicht mehr gesprochen.

49 vgl. hierzu Seip, op. cit. S. 107–110; Blom op. cit. S. 168–173

50 Koht, Sættargjerda S. 122 sieht als Gegenstück zum Verzicht des Erzbischofs die Einräumung der Immunität, der Befreiung von der Teilnahme an Heerzügen und der Heeressteuer: „leidangsfridomen var just den nye retten kyrkja fekk til vederlag for at ho gav upp maktkrave etter avtalen frå 1164", vgl. hierzu Seip S. 117 Anm. 2. Gleichwohl sieht auch Koht in der kirchlichen Jurisdiktion die wichtigste Frage des Konkordats (Koht S. 123).

51 hierauf weist zum ersten Mal Seip hin (op. cit. S. 116)

Anspruch bereits einmal ausdrücklich gefordert hatte, während durch das *si quod habebat uel habere poterat* bzw. *si quod actenus habuerat* sofort die Einschränkung durch die Gegenseite kommt, die das *tatsächliche* Bestehen dieses Anspruchs bestreitet. Jede Seite verzichtet also auf etwas, was ihr nach Meinung der Gegenseite gar nicht zusteht. Sowohl König und Erzbischof beharren demnach auf ihren Meinungen, was den Anspruch der Gegenseite angeht.

Dieser Verzicht des Königs mutet viel weitreichender an als der des Erzbischofs. Jon Raude verzichtete auf einen Anspruch, der von Magnus Erlingssøn nur zugestanden wurde, um sein Ziel, König zu werden und zwar mit Unterstützung der Kirche, zu erreichen. Er war jedoch in der Folgezeit nie Gegenstand einer ernsthaften Auseinandersetzung zwischen Königtum und Kirche, und die Kirche hat auch nie gewagt, sich darauf zu berufen. Im Gegensatz dazu verzichtete der König auf die weltliche Gerichtsbarkeit in Dingen die „der Kirche angehören", zu denen neben den Artikeln 11 und 15 die 16 Punkte gehörten, die in dem Katalog zu Art. 2 aufgezühlt sind[52].

Die beiden Verzichtserklärungen scheinen also, was das Ausmaß betrifft, in keinem Verhältnis zueinander zu stehen. Auf der einen Seite der Verzicht auf ein zwar verbrieftes, jedoch nie ausgeübtes Recht, auf der anderen Seite der Verzicht auf ein althergebrachtes Recht des Staates. Doch von einer Unverhältnismäßigkeit kann man nur dann sprechen, wenn der Staat dieses Recht bis zum Abschluß des Vergleiches auch tatsächlich – und zwar ausschließlich – ausgeübt hat, d.h. wenn eine umfassende Gerichtsbarkeit des Königs bestanden hat. Es ist jedoch nie bestritten worden, daß auch der Kirche vor 1277 eine eigene Gerichtsbarkeit zukam, wobei man sich nur über das Ausmaß dieser Gerichtsbarkeit uneinig ist. Allseits anerkannt ist, daß die kirchliche Gerichtsbarkeit das

---

52 *vt sunt hee omnes cause clericorum quando inter se litigant uel a laicis inpetuntur. matrimoniorum. natalium. iuris patronatus. decimarum. votorum. testamentorum. maxime quando agitur de legatis ecclesijs et piis locis et religiosis. Tuicio peregrinorum visitancium limina beati Olaui et aliarum ecclesiarum cathedralium in Norwagia et eorum cause. item cause possessionum ecclesiarum sacrilegij. periurij. usurarum. Simonie. heresis. fornicacionis. adulterij et incestus. et alie consimiles que ad ecclesiam spectant mero iure saluo semper regio iure in hijs causis ubicumque debetur ex consuetudine approbata uel legibus regni mulcta pene pecuniarie persoluenda.* (NgL II S. 464).
Beachte die Änderung des letzten Punktes. In der Übereinkunft von Bergen 1273 hatte es noch geheißen:
que ad forum ecclesiasticum possent de iure comuni quoquomodo spectare (NgL II S. 459). Seip, op. cit. S. 115 meint hierzu treffend, daß diese Klausel „gav dem" (der Kirche) „med sin ubetingede anerkjennelse av kanonisk rett carte blanche til å gå videre i all fremtid" und zu der neuen Formel *mero iure*: „dette kunde begge parter legge-inn i hvad de vilde, og det gav også kongen noe å prosedere på" (a.a.O.).
Vgl. zu der oft verfälschten Wiedergabe dieses Kataloges und ähnlicher Zusammenstellungen durch die Kirche, Seip op cit. S. 113 Anm. 2 und S. 113 ff.

forum internum umfaßte, doch haben Edv. Bull[53] und ihm folgend Oluf Kolsrud[54] m.E. mit Recht darauf hingewiesen daß sich die kirchliche Gerichtsbarkeit in zunehmendem Maße auch auf das *forum externum* erstreckte. Kolsrud bezieht sich dabei hauptsächlich auf eine Stelle in Fr III, 24, in der es über die Friedlosigkeit nach Christenrecht unter anderem heißt: *er biskups armaðr gerer utlægan um kristin rett*[55]. *Gera utlægan* wird von ihm in der Weise interpretiert, daß damit ein „durch Urteil friedlos machen" gemeint sei[56]. Gegen diese Auslegung wendet sich vor allem Seip[57] und vertritt die Interpretation „ein Urteil der Friedlosigkeit erwirken". Seip bezieht sich dabei auf Stellen wie Fr III, 21 (*þa stefni biskups armaðr honum þing oc gere hann utlægan*)[58] und Fr V, 46 (*þa sculo sýslomenn stemna honom þing oc gera hann utlagan*)[59] und glaubt, aus ihnen herauslesen zu müssen, daß nur das Thing die Friedlosigkeit erklären konnte. Dieser Schluß ist jedoch keineswegs zwingend. Aus den von Seip zitierten Stellen und auch aus den Eingangsworten in Fr III, 24 . . .*at engi værdr utlægr nema honom stefni þing maðr*[60] geht nur hervor, daß die friedlos zu Erklärenden auf das Thing zu *laden* waren, nicht aber auch daß sie vom Thing abzuurteilen waren. Denn *stefna* bedeutet in diesem Zusammenhang eine „Ladung (in einer Rechtssache) zu einem Treffen"[61], also die Ladung vor das Thing, nicht aber die Überantwortung an das Thing zur Aburteilung. So erfolgte zwar die Friedloserklärung *auf* dem Thing, aber nicht *durch* das Thing, sondern durch die Amtsleute des Königs bzw. des Bischofs. Das zeigt auch eindeutig die gleichartige Verwendung von *stefna* und *gera* (vgl *stemna oc gera hann utlagan* in Fr V, 46)[62]. Die von Seip zitierten Stellen aus Fr ergeben somit keine Anhaltspunkte dafür, daß dem *gerer utlægan* in Fr III, 24 eine andere Bedeutung zukommt als sie der eindeutige Wortlaut gebietet.

53 Folk og kirke S. 108 ff.

54 Norsk Teologisk Tidsskrift 1913, S. 136 ff.

55 NgL I S. 156

56 Ähnlich auch Hertzberg im Glossar zu NgL (in NgL V) unter „*gera*" und „*utlægr*".

57 op. cit. S. 134

58 NgL I S. 154

59 NgL I S. 183

60 NgL I S. 155

61 vgl. auch Fritzner, Ordbog (Bd. III, S. 533) unter „*stefna*" (Wortbedeutung 4) und die dort angeführten Zitate.

62 *Stefna* kann zwar auch bedeuten, eine Sache vor Gericht bringen, um eine Entscheidung durch Urteil herbeizuführen (vgl. Fritzner a.a.O. Wortbed. 5). Dadurch ändert sich aber an dem obigen Ergebnis überhaupt nichts. Vor allem beweist auch diese Auslegung nicht, daß die Urteilsgewalt beim Thing lag. Im übrigen sei auch allgemein auf die allmähliche Aushöhlung der Gerichts- und Gesetzgebungsgewalt des Things durch die *ombudsmenn* des Königs oder durch den König selbst hingewiesen.

Wir haben also davon auszugehen, daß die Kirche auch auf dem nicht eigentlich kirchlichen Sektor eine mehr oder wenige bedeutende Gerichtsbarkeit ausübte. In diesem Zusammenhang muß noch ein Punkt erwähnt werden. Die beiden Christenrechte von König Magnus aus den Jahren 1267 und 1268 (nG und nB) enthalten keine Vorschriften über den sog. *rettargang*, also den Gerichtsgang, wie sie noch in den alten Landschaftsrechten zu finden waren. Auch finden wir in ihnen keine Bestimmungen darüber welche Gerichtsbarkeit über Vergehen gegen das Christenrecht urteilen sollte. Dagegen finden wir – gleich anschließend an das Glaubensbekenntnis – ein Kapitel über das Amt und die Würde des Königs und des Bischofs[63], in dem beide als gleichgeordnete Amtleute Gottes dargestellt werden[64]. Hieran anschließend folgt der Artikel über die Zauberei[65], der bereits in den früheren Rechten enthalten ist, jedoch an wesentlich späterer Stelle aufscheint. Er berichtet davon, daß es Verpflichtung sowohl des Königs als auch des Bischofs sei, das Heidentum unter den Leuten zu ächten, keine Zauberei und keine Weissagungen zuzulassen, und daß sowohl des Königs als auch des Bischofs *ombudsmenn* in dieser Sache als Ankläger auftreten können[66]. Diese Gleichordnung ist „gewissermaßen eine Nutzanwendung für das soeben über die Gewalt des Königs und des Bischofs Gesagte“[67]. Wohlgemerkt, es ist nur das Anklagerecht[68] angesprochen, also das Recht, die Sache vor ein Gericht zu bringen, nichts ist hingegen darüber gesagt, vor welches Gericht die Sache zur Entscheidung zu bringen sei. Seip meint, auch hier eine kirchliche Gerichtsbarkeit in Abrede stellen zu müssen. Sicherlich ist ihm darin zuzustimmen, daß es nicht Sinn des Gesetzgebers gewesen sei, daß der *ombudsmaðr* des *Königs*, wenn er schon ausdrücklich als Ankläger in einer Christenrechtssache genannt wird, diese vor ein *kirchliches* Gericht bringt[69]. Aber er übersieht dabei, daß umgekehrt auch der *ombudsmaðr* des *Bischofs* die Anklage sicherlich nicht vor einem Gericht des *Königs* erhoben hat. Das weist wiederum auf eine zweifache Gerichtsbarkeit hin.

---

63 nG 2, NgL II S. 307

64 Dieses Kapitel findet sich auch im Christenrecht von LL und den übrigen Gesetzen Magnus Lagabøters.

65 nG 3, NgL II S. 308

66 *þa a konongr ok biskup med mykcilli gavmgæfve at ranzsakca at menn fare æigi med ofmikcilli villu of hædins atrvnaddar . . . En ef meler þat konongs madr eda biskups vmbodsmadr. at madr fer med þema æinnvm hverum lvtt ok vandtrvnade ok fer ægi loglega sannat a hendr honom þa syni han med tylftar ædi. fellr til vttlegdar er felr* (NgL a.a.O.).

67 Maurer, Gulatingslög S. 40

68 „*mæla*“ bedeutet in diesem Zusammenhang die Sachverfolgung vor Gericht.

69 op. cit. S. 137

Nach diesen Überlegungen ist der Verzicht des Königs in Art. 2 des Tønsberger Konkordats nicht mehr so allumfassend, wie es zunächst den Anschein hatte. Die Kirche besaß bereits eine eigene Gerichtsbarkeit mehr oder minder großen Ausmaßes – möglicherweise kann man in dem Schweigen der Christenrechte von 1267 und 1268 hierüber sogar eine indirekte Anerkennung derselben sehen –, und die Bestimmung in Art. 2 diente nur noch der Bestätigung und der Abgrenzung derselben. Dennoch darf der Wert, den diese erste *schriftliche Fixierung* der staatlichen Anerkennung einer eigenen kirchlichen Gerichtsbarkeit für die Kirche hatte, nicht zu gering angesetzt werden. Die Kirche hatte erreicht, daß der König ein von seiten der Kirche bereits in steigendem Umfang ausgeübtes Recht schriftlich anerkannte[70]. Das war der eigentliche Fortschritt, der eigentliche „Sieg", den das Konkordat für die Kirche brachte.

Der Artikel 2 enthält indirekt eine weitere Besonderheit, auf die erst in jüngster Zeit aufmerksam gemacht worden ist[71]. Der König hat zwar die *Gerichtsbarkeit* der Kirche anerkannt, aber der Vergleich sagt nichts darüber aus, nach *welchem Recht*, d.h. nach welchem Christenrecht, geurteilt werden sollte. Grethe Blom folgert daraus, daß dieses Schweigen in dem Vergleich nur bedeuten kann, daß der König sich weigerte, der Kirche auch ein eigenes *Gesetzgebungsrecht* zuzugestehen[72]. In diesem Punkt hat Magnus in der Tat nicht nachgegeben, denn daß Erzbischof Jon angesichts der bereits seit 1273 bestehenden Fassung *seines* Christenrechtes diese Forderung erhoben haben dürfte, liegt klar auf der Hand. Trotz der Ereignisse auf dem Frostathing von 1269 hielt Magnus an einem eigenen Gesetzgebungsrecht auch für das Christenrecht fest. Das geht schon allein aus der Bezeichnung „Christenrecht" für den ersten Abschnitt im Landrecht hervor, der ja außer dem Glaubensbekenntnis und dem Artikel über Amt und Würde des Königs und des Bischofs nichts Kirchenrechtliches enthält. Hätte König Magnus sich endgültig mit dem Verbot einer Neuregelung des Christenrechts, wie es ihm auf dem Frostathing erteilt worden war, abgefunden, so hätte es näher gelegen, die im Christenrecht von LL verbleibenden

70 Bereits Kardinal Wilhelm von Sabina hatte während seiner Mission anläßlich der Krönung König Håkons (1247) einen Bericht über die Lage der Kirche in Norwegen abgefaßt, in dem er schilderte, daß die Zustände „in vollster Übereinstimmung" mit dem kanonischen Recht seien (vgl. NgL I S. 450). Das würde also Gesetzgebungsgewalt und Gerichtsbarkeit der Kirche bedeuten. In dieser Allgemeinheit stimmt dieser Satz sicher nicht, aber Anzeichen für eine stärkere Stellung der Kirche dem Staat gegenüber in diesen Dingen sind doch aus ihm herauszulesen. Der Zustand eines ungeregelten Nebeneinander von Staat und Kirche wurde dann durch das Tønsberger Konkordat abgelöst.
Vgl. zu der Erklärung des Kardinals: Seip, op. cit. S. 125 ff. mit ausführlicher Darstellung der verschiedenen Meinungen hierüber (S. 128 ff.)

71 Blom S. 174

72 a.a.O.

Bestimmungen in einem sog. „Königsbalken" zusammenzufassen[73], wie es z.B. in den schwedischen Gesetzen geschehen ist[74]. Zudem hätte es auch sicherlich seinen Niederschlag im Tønsberger Konkordat gefunden, zumal zu dieser Zeit ja bereits zwei Christenrechte von seiten der Kirche vorlagen (Jon und Arne). Für das Christenrecht hat Magnus lediglich eine *Mitwirkung* des Erzbischofs zugelassen, das zeigt der Artikel über die Königs- und Bischofswürde, in dem beide, König und Bischof, als gleichberechtigte Amtleute Gottes angesehen werden. Das zeigt auch sein Brief an die Isländer von 1276, in dem er sich darüber beschwert, daß das Allthing das Christenrecht von Bischof Arne angenommen habe. In diesem Brief macht er nachdrücklich darauf aufmerksam, daß es nur „*seine und des Erzbischofs* Sache sei, das Christenrecht in seinem Lande zu schaffen"[75]. Aus diesem Grunde hat er weder das Christenrecht Arnes noch das des Erzbischofs Jon anerkannt[76].

Der Auftrag, den Magnus 1269 auf dem Frostathing erhielt, galt nur für die Regelung der „weltlichen Angelegenheiten und die des Königtums". Insoweit hatte also das Thing sein – formelles – Gesetzgebungsrecht[77] auf den König delegiert. Aus der Sicht des Königs konnte dies nur bedeuten, daß das Gesetzgebungsrecht für die kirchlichen Angelegenheiten wenigstens formell beim Thing blieb. Auch aus diesem Grund war für Magnus eine eigene Gesetzgebungsgewalt der Kirche nicht denkbar. Bei seiner Gesetzesreform klammerte er zunächst die strittige Frage des Christenrechts aus und bearbeitete nur die Teile, auf die sich sein Auftrag bezog. Er hoffte aber, zusammen mit dem Erzbischof diese leidige Frage klären zu können und war deshalb in gleichem Maße wie Jon Raude an den Verhandlungen, die zu den Konkordaten von Bergen und Tønsberg führten, interessiert. Den alten Namen „Christenrecht" für das Kapitel, das nunmehr kein eigentliches Christenrecht mehr war, behielt er bei, um ein

---

73 vgl. Blom S. 158

74 vgl. z.B. die Königsbalken in Magnus Erikssons Landslag und Stadslag (SgL X, S. 1 ff. u. SgL XI, S. 3 ff.)
Auch hier ging ja das Fehlen eines eigenen Kirchenbalkens auf einen Protest zurück, nämlich auf das Schreiben von Örebro. (Vgl. statt vieler Holmbäck und Wessén im Vorwort zu „Magnus Erikssons Landslag i nusvensk tolkning", Lund 1962, S. XXVII ff.)

75 *lèzt hyggja þetta vera sitt starf ok erkibiskups, en eigi annara manna at skipa kristinn rètt i landi hans eðr önnur lög* (*Arna bisk. saga*, Kap. 17, Bisk. sögur S. 701/702), vgl. auch: *ok bað alþýðu firir sjá, við hvat menn mætti búa, fyrr en samþykkja nokkorum öðrum lögum, hvárt sem þat veri um kristinn rètt eðr önnur lög, en þeim, er hann skipaði i, þar til er hann semdi við erkibiskup ok aðra lærða menn hvat standa mætti . . .* (a.a.O.)

76 auch von den norwegischen Thingverbänden wurde Jons Christenrecht nie angenommen, vgl. hierzu Seip, op. cit. S. 155 ff.

77 Materiell lag es bereits beim König.

später in Zusammenarbeit mit dem Erzbischof ausgearbeitetes Christenrecht einfügen zu können. Daß es hierzu nicht kam, lag an den festen Standpunkten *beider* Männer, Jons, der nur ein rein kirchliches Gesetzgebungsrecht verfocht, und Magnus', der der Kirche allenfalls ein Mitgesetzgebungsrecht zugestehen wollte.

Will man nach alledem das Verhältnis von König Magnus zur Kirche in kurzen Worten skizzieren, so müßte man folgendes festhalten: Magnus war ein tiefgläubiger und frommer Mann. In der Kirche sieht er einen gleichberechtigten Partner für die Erfüllung der von Gott gesetzten Aufgaben. Als weltlicher Herrscher versteht er sich aber auch als Patron der Kirche seines Landes. Daraus resultiert sein Wohlwollen gegenüber der Kirche. Er stattet sie mit Rechten aus, die ihm zur Erfüllung dieser Aufgaben notwendig erscheinen. Dies umfaßt sowohl die Gewährung erheblicher materieller Vorteile[78] als auch die Anerkennung einer eigenen Gerichtsbarkeit und der Mitwirkung beim Erlaß der Christenrechte. Auftretende Differenzen sucht er durch Verhandlungen zu lösen, wobei er überhöhte Ansprüche der Kirche und Eingriffe in die Sphäre des Staates entschieden zurückweist. Er bleibt dadurch Wahrer der staatlichen Autorität.

Aus diesem Grund können wir auch die geradezu vernichtende Kritik Zorns[79] zurückweisen, der den Abschluß dieses Konkordates eine „Verschleuderung staatlicher Autorität" nennt und von der „tiefsten Niederlage einer nationalen Rechtsbildung" spricht[80]. Aber auch die Einschätzung durch J.A. Seip, der Magnus einen Mann „voller Würde und Wohlwollen" nennt, aber auch einen Mann „mit einem weichen Mund, dem es schwer fällt, harte Worte zu reden, einen Mann, der sich am liebsten einem stärkeren Willen beugt, aber in dem Gedanken an den königlichen Auftrag, den ihm Gott verliehen hat, Kraft holen kann, um standhaft zu bleiben"[81], können wir nicht ganz teilen. Seip gibt dieser Schwäche im Charakter von Magnus die Schuld, daß Jon Raude so viel erreichen konnte. Er beruft sich dabei auf die Reaktion auf das Konkordat, die nach Magnus' Tod einsetzte, um zu beweisen, daß Jon Raude viel mehr erreicht hat als die Umstände der Zeit zuließen, und er nicht nur eine „reife Frucht zu pflücken brauchte"[82]. Es ist richtig, daß jene Zeit von diesen beiden Persönlichkeiten geprägt worden ist. Die Kirche hätte sicherlich nicht so viel erreicht, hätte sie einen anderen Führer als Jon Raude gehabt, den man an Standhaftigkeit in der Auseinandersetzung durchaus mit König Sverre vergleichen kann[83], und wäre nicht Magnus der Gegenpart gewesen.

78 vgl. auch die Schutzbriefe nach Abschluß des Konkordates in NgL II S. 481 ff. (Dipl. Arn. II S. 76 ff.)

79 vgl. oben S. 124 Anm. 48

80 Zorn S. 241

81 Seip S. 140

82 S. 143 und ff.

83 vgl. darüber unten S. 165 ff.

Aber auch Magnus blieb, was die ureigensten Rechte des Staates anging, standhaft und gab nicht das Geringste nach. Wenn die Kirche dennoch aus ihrer Sicht viel erreichte – und von ihrer Sicht war bereits die schriftliche Fixierung zum Teil bestehender Verhältnisse ein Erfolg –, so muß man dabei die Grundeinstellung von Magnus berücksichtigen: Kirche und Staat, Bischof und König, sind die beiden Schwerter Gottes, die gleichberechtigt nebeneinanderstehen[84]. Nach diesen Maximen versuchte er zu regieren. Die Reaktion auf das Konkordat nach 1280 läßt sich nicht ohne weiteres damit erklären, daß Magnus zu weit gegangen wäre. Man muß vielmehr berücksichtigen, daß der Kirche später ein Mann wie Jon Raude fehlte, und daß die Berater des Magnus-Nachfolgers Eirik, die wegen der Jugend Eiriks die eigentlichen Regenten waren[85], von einer anderen Grundeinstellung ausgingen, nämlich von einer staatlichen Überlegenheit über die Kirche, und daß deren Handlungen von einer ausgesprochenen Kirchenfeindlichkeit getragen waren[86]. Daß Magnus aber kein schwacher König war, zeigt der Umstand, daß er seine Politik gerade gegen die Meinung dieser Mitglieder der Vormundschaftsregierung, die auch seine Berater gewesen waren, durchsetzen konnte.

Von Håkon Magnussøn, der 1299 die Nachfolge seines Bruders Eirik als König angetreten hatte, ist uns eine Instruktion für die Lagmänner überliefert, in der es heißt, daß „wir und der Erzbischof und die Bischöfe noch keine Zeit und Gelegenheit hatten, einen neuen Christenrechtsbalken zu erstellen, so wie wir ihn gerne haben wollten“[87]. Das zeigt, daß nach der extremen Reaktion unmittelbar

---

84 vgl. hierzu nicht nur LL 2 (Amt des Bischofs und des Königs), NgL II S. 23, sondern auch *Konungsskuggsjá*, LXIX: *... at guð skipaði sér þan tvau hús a jördu ... En til þessara tveggja húsa þá hefir hánn setta tvá gæzlumenn, er annar konungr, en annarr byskup ...* (Ausgabe Chra. 1848 S. 171).
Diesen Königsspiegel muß auch Magnus gekannt haben. Er wird gemeinhin um die Mitte des 13. Jahrhunderts datiert. F. Paasche nimmt eine Entstehungszeit von 1260/61 und eine Urheberschaft des Erzbischofs Einar von Nidaros an (F. Paasche, Om Kongespeilets forfatter, S. 170 ff.). Einar war ein guter Freund von Magnus, vgl. die bereits zitierte Stelle der Saga König Håkons (oben S. 119, Anm. 33, *Hkr. s. gamla* Kap. 272). Paasche op. cit. S. 176 und Norsk Litteraturhistorie I S. 450 ff. vermutet daher den Adressaten dieses Zwiegesprächs zwischen Vater und Sohn in König Magnus.
Vgl. zum Königsspiegel allgemein Meissner, Königsspiegel, Einleitung S. 1 ff., Berges, Fürstenspiegel S. 159 ff., S. 314 ff. und passim und F. Bull und F. Paasche, Norsk Litteraturhistorie I S. 442 ff. (Oslo 1924)

85 Eirik war bei dem Tod seines Vaters gerade 12 Jahre alt.

86 Das führte auch dazu, daß Jon Raude in das Exil nach Schweden gehen mußte, wo er 1282 starb. Bezeichnend ist auch der Beiname, den die Kirche König Eirik gegeben hat: *Prestahatar* – Priesterhasser.

87 NgL III S. 117; Vgl. auch den Geleitbrief zu „Sauebrevet“ vom 28.6.1298, in dem Håkon den Färingern mitteilt, er habe vorläufig noch keine Änderungen am Christenrechtsbalken vornehmen können (NgL III, S. 33–34; Dipl. Fær. I S. 3–4; Hødnebø, Diplomer Nr. 55).

nach 1280 die Auseinandersetzungen sich auf ein Normalmaß einpendelten. Das zeigt aber auch, daß Håkon wie sein Vater Magnus erkannt hatte, daß nur im Zusammenwirken mit der Kirche eine befriedigende Lösung zu erreichen war, daß somit die Zeit reif erschien für ein geregeltes Nebeneinander von Staat und Kirche, wenn es auch eines kirchenfreundlichen Königs wie Magnus und eines energischen Erzbischofs wie Jon bedurfte, um diese „Frucht“ zur vollen Reife zu bringen.

Unsere bisherigen Darlegungen reichen nicht aus für eine abschließende Würdigung des Verhältnisses von Staat und Kirche in Norwegen und der Frage, inwieweit es den Zeitumständen entsprach, dazu bedürfte es eingehender Untersuchungen der beiden Konkordate sowie der Zeit vor und nach Magnus[88], die auch die allgemein europäische Entwicklung zu berücksichtigen hätten. Doch dies wäre Thema einer eigenen Arbeit. Aus unseren Ergebnissen läßt sich jedenfalls so viel gewinnen, daß man nicht allgemein davon sprechen kann, daß Jon wesentlich mehr erreicht hat, als die Zeitumstände zuließen (Seip). Möglicherweise hat Magnus in seiner äußerst freundlichen Einstellung zur Kirche dieser mehr materielle Rechte und Vorteile eingeräumt, als dies vielleicht notwendig war. Das würde auch deren teilweise Rücknahme im Vergleich von 1290 erklären. Aber sein Verdienst ist es, der Entfaltung der sich allmählich von der jahrhundertelangen Bevormundung lösenden und nun mündig gewordenen Kirche Rechnung getragen zu haben. Dabei muß man auch beachten, daß der Kirche teilweise Aufgaben zufielen, die sich erst aus der veränderten Gesellschaftsstruktur ergaben, die also nicht erst dem Staat „weggenommen“ werden mußten. So konnte die Kirche, bedingt durch ihren allmählichen Aufstieg zu einer Gesellschaftsmacht, durchaus etwas gewinnen ohne daß dem ein Verlust auf seiten des Staates entsprechen mußte[89]. Das zeigt sich nicht zuletzt an der kirchlichen Gerichtsbarkeit[90].

---

88 Bedeutsam ist in diesem Zusammenhang v.a. der Vergleich von 1290, den die beiden Magnussöhne mit der Kirche schlossen (NgL III S. 17), der früher als Aufhebung des Tønsberger Konkordates angesehen wurde, der aber nach richtiger Ansicht wohl nur die Zusatzprivilegien (vgl. oben S. 130 Anm. 78) zu diesem Konkordat aufhebt (Koht, Sættargjerda S. 126). Beachte in diesem Zusammenhang den Königsbrief aus dem Jahr 1308 oder 1309 (NgL III S. 81 ff.), der ausdrücklich diese Zusätze aufhebt, desgleichen die Verordnungen von 1316 und 1327 (NgL III S. 116, 117 und S. 153, 154), die nur die alten Christenrechte wieder einführen (dies war angesichts dessen, daß Jons Christenrecht nicht anerkannt war und LL kein eigentliches Christenrecht hatte, nur allzu verständlich), über das Tønsberger Konkordat selbst aber nichts aussagen. D.h. daß der wichtigste Punkt der Auseinandersetzung, die kirchliche Gerichtsbarkeit, in diesen Quellen nicht angetastet wird!

89 Koht op. cit. S. 128, 129: „Kyrkja kann vinne utan staten taper“

90 vgl. die Beispiele aus dem Katalog zu Art. 2 des Konkordates bei Koht a.a.O.

Magnus' Hauptziel war es, nachdem er den Frieden nach außen hergestellt hatte[91], nun auch den Frieden im Inneren zu erreichen. Dazu gehörte einmal ein einheitliches Gesetzwerk, welches Norwegen weit früher als anderen Ländern die Rechtseinheit brachte, dazu gehörte aber auch eine geregelte Beziehung zur Kirche. Gerade das letztere wurde wegen der zunehmend schärfer werdenden Auseinandersetzungen zu seinem Hauptanliegen. Wie sehr er die Schwierigkeiten einer gerechten Lösung erkannte, und wie sehr er auch wußte, daß er auf seiten des Staates eine Meinung vertrat, die der seiner Barone entgegengesetzt war, zeigt eine Episode, von der uns die Saga Bischof Arnes berichtet: Magnus saß in einer Herberge zusammen mit einigen seiner Männer und erzählte, wie schwierig es sei, ein so großes Reich zu regieren. Er fährt dann fort: „Aber das schwierigste scheint mir doch, in dem Streit zwischen Geistlichen" (den Gelehrten) „und Laien zu urteilen und zu schlichten, ohne schwere Mißgriffe zu begehen". Auf den Einwurf, daß ihm das doch nicht schwerfalle, entgegnete er: „,So schwer scheint es mir, daß ich die Toten glücklicher preise als die Lebenden. Ihr werdet erkennen, was ich habe ausstehen müssen' – und strich sich dabei über die Stirn – ,wenn dieser Schädel drei Jahre in der Erde gelegen hat'"[92].

Wenn wir dem Aussagewert dieser Sagenstelle auch mit großer Vorsicht gegenüberstehen müssen[93], so scheint mir der Kern doch richtig zu sein. Daß tatsächlich hart gerungen wurde, zeigen die langwierigen Verhandlungen und die zum Teil verklausulierten Formulierungen in den wesentlichen Punkten des Konkordattextes. Diese Verhandlungen und die äußeren Begleitumstände lassen durchaus den Schluß zu, daß Magnus seine Äußerung in dieser oder ähnlicher Form getan haben könnte.

Ansonsten wissen wir wenig über das Wesen von König Magnus. In der Magnussaga wird noch eine Episode berichtet, deren Geschichtswert wir dahingestellt sein lassen können, die aber in das bis jetzt von Magnus entwickelte

91 vgl. Friedensschluß von Perth und die Verhandlungen mit den Schweden, um deren Streitigkeiten von seinem Reich fernzuhalten.

92 *Arna bisk. saga*, Kap. 32, Bisk. sögur I S. 724:
má vera yðr þikki sem ek hafa litlar mæður eðr vanda i minu riki, en mèr þikkja margar vera ok miklar; en þótt at mikill ok margr vandi sè, at stýra með hófsemd miklu ríki, þá lízt mèr sá hæstr, at tempra dóma ok greinir milli lærdómsins ok leikmanna, svá at eigi verði stór missmíði á. . . . svá mikill þikki mèr hann, at sælli veri liðnir en lifendr; þá munu þèr vita í hverju ek hefi staðit – ok strauk um ennit – er sjá haussinn hefir i moldu verit iij vetr.

93 Zum besseren Verständnis muß noch angemerkt werden, daß diese Saga sehr einseitig Partei für Arne bzw. die Kirche nimmt. Sie wurde aller Wahrscheinlichkeit nach auf Skálholt (dem Bischofssitz Arnes) geschrieben, möglicherweise sogar von dessen Neffen, vgl. hierzu Baetke in der Einleitung zu: Islands Besiedlung und älteste Geschichte, Thule Bd. 23, S. 33.

Bild hineinpaßt[94]: Auf einer Reise nach Trondheim nahm er Quartier in Steinavåg. Dort sah er, wie der Hof auf Giske brannte, und beorderte seine Leute dorthin, um Hilfe zu bringen. „Er könne es nicht dulden", sagte er, „daß sie hier lägen und nicht dorthin führen, um Hof und Leute zu bergen, wenn Hilfe gebraucht werde"[95].

Wenn wir den Herausgebern des Diplomatarium Islandicum Glauben schenken dürfen, muß Magnus auch über einen gewissen Grad an Gelehrsamkeit verfügt haben. In DI I, S. 520 berichtet Jón Sigurðsson, allerdings ohne Angabe einer Quellenstelle, über Magnus in Zusammenhang mit Brandr Jónsson, dem nachmaligen Bischof von Hola (dem zweiten isländischen Bischofssitz), daß Brandr für Magnus die Alexandersaga ins Isländische übersetzt hat, und daß Magnus bei ihm auch Lateinstudien betrieben hat[96].

Ähnlich seinem Vater war Magnus weltoffen und pflegte Verbindungen zu den verschiedensten Ländern. Wir wissen von freundschaftlichen Beziehungen zu Frankreich und Deutschland, auch das Verhältnis zu Rom war trotz der Auseinandersetzungen mit Jon Raude wegen seiner kirchenfreundlichen Haltung ein gutes. Wir kennen den geradezu familiär anmutenden Briefwechsel mit dem englischen König Edward I.[97], mit dem ihn offenbar eine enge Freundschaft verband, und wir kennen die Briefe an die deutschen Seestädte, durch die er – die Politik seines Vaters fortsetzend – der Hanse viele Rechte in bezug auf den Handel mit Norwegen und in Norwegen einräumte[98].

---

94 vgl. zur Geschichtsauffassung der Sagas, Koht, Sagaens opfatning av vår gamle historie in: Holmsen, Norsk middelalder, S. 33 ff.; zur geschichtlichen Bedeutung der Saga und deren Aussagegehalt vgl. auch Olafia Einarsdóttir, Studier i kronologisk metode i tidlig islandsk historieskrivning (Bibl. Hist. Lund. XIII, Stockholm 1964) und als Spezialuntersuchungen: Einarsdóttir, Hvornår forfattedes sagaen om Magnus Lagabøter in HT (Oslo) Bd. 46, S. 59 ff. und Narve Bjørgo, Om skriftlege kjelder for Hákonar saga, ebd. S. 185 ff.; vgl. allgemein auch v. Künssberg, Rechtserinnerung und vergessenes Recht, in Wirtschaft und Kultur, Festschrift zum 70. Geburtstag von Alfons Dopsch, Baden b. Wien, Leipzig 1938 (S. 581 ff., S. 587 ff.) und Rehfeldt, Saga und Lagsaga, ZRG Germ. Abt. Bd. 72 (1955) S. 34 ff.; zum christlichen Gehalt in den nordischen Sagen neuerdings: Scovazzi, Paganesimo e Cristianesimo nelle saghe nordiche, Settimane XIV, S. 759 ff.

95 *Magnus Hks. saga* Kap. 3

96 ... *Alexandrssaga, sem han íslenzkaði fyrir Magnús son Hákonar konúngs ... Magnús kónungsson ... hefir varla fyr farið að girnast latínuþyðníngar.*

97 vgl. Brief Edwards I. vom 23.9.1279, DN XIX, Nr. 298 (S. 195): *Magnifico principi, et amico suo karissimo, domino Magno Dei gratiæ Regi Norwegie illustri ... Ad majorem mentis vestre exultationem vobis innostescimus per presentes, quod nos, karissima consors nostra Alianora, Regina Anglie, liberique nostri, vigemus sanitate benedictus Altissmimus corporali; quod de vobis et vestris scire intime affectamus ...*

98 s. oben S. 108 Anm. 131

Auf die Freundschaft mit Erzbischof Einar wurde schon hingewiesen. Auch mit Bischof Arne verband Magnus eine enge Freundschaft. König Magnus unterstützte die gegen den anfänglichen Widerstand Erzbischof Jons zustande gekommene Wahl Arnes zum Bischof von Skálholt[99]. Diese Freundschaft Arnes und Magnus' führte schließlich dazu, daß Arne nach der Annahme seines Christenrechts durch das isländische Allthing und der scharfen Reaktion von Magnus[100] von einer Anwendung dieses Gesetzes bis zum Tod von Magnus absah.

In den zeitgenössischen Quellen finden wir kaum eine Würdigung König Magnus'. Die *Oddveria-Annall*, die aus dem 16. Jahrhundert stammen[101], bringen eine kurze Charakterisierung, indem sie seine gesetzgeberische Tätigkeit und die dadurch erlangte vollständige Einung des Landes rühmen und dies als Grund angeben, warum die Isländer ihn *laga bætir* genannt haben. Er wird als friedliebender Mann bezeichnet, die Zeit des Friedens während seiner Regierung wird ebenso hervorgehoben wie seine Gaben von 100 Mark Silber an jedes Bistum in Norwegen[102]. In den anderen Annalstellen wird nur der Tod Magnus' berichtet, zum Teil wird Magnus als der „würdige Herr Magnus"[103], zum Teil wird er mit dem zweiten Beinamen bezeichnet, den ihm die Isländer gegeben haben: Magnus der Gute[104].

---

99 vgl. *Arna bisk. saga* Kap. 5, Bisk. sögur I S. 683, 684. Arne war zunächst dem kranken Bischof Sigvard von Skálholt von Erzbischof Håkon, dem Vorgänger Jon Raudes, zur Unterstützung zugeteilt. Als Sigvard starb, schickten die „einsichtigsten Männer mit Zustimmung Bischof Jörunds" (von Hola) Arne nach Norwegen und baten in Briefen Erzbischof Jon, er möge Arne zum Nachfolger Sigvards bestimmen. Jon wählte aber zunächst Thorleif zum Bischof. Erst als dieser kurz darauf starb, wurde Arne zum Bischof gewählt. König Magnus bezeugte in einem Brief an die Isländer, daß er Arne sehr gut kenne und gebot ihnen, *at þeir tæki hann vel ok sæmiliga, ok virði hann ok tignaði í öllum þeim hlutum, sem til heyra kristiligri hlýðni, heilagri kirkju til sæmdar, svá sem andligan föður* (a.a.O.)

100 oben S. 129

101 siehe hierzu Storm, Isl. Ann. S. XXXVIII ff.

102 *Oddv. Ann.*, Isl. Ann. S. 484: *Ano 1280 bitaladi Magnus kongur Hakonar son sijna natturliga skulld og sofnadi j drottnj . . . hann tok fyrst einualldz rijki aufundzlaust j Noregi hann bætti wid laug og landz riett. og war af þui kalladur Magnus laga bætir. hann war firrijdur madur synum og fagrann hairslit. Vm hans tijd war godur fridr j Noregi. hann lagdi til huers byskupstols j Noregi 100 mk silfurs.*

103 *Skálholts Annaler*, Isl. Ann. S. 195: *virðuligs herra Magnus konungs ins koronaða*

104 *Annales vetustissimi*, Isl. Ann. S. 50: *Magnuss konungr goði.*

In der Saga Bischof Arnes wird naturgemäß auf die Kirchenfreundlichkeit Magnus' hingewiesen und sein Tod mit dem „Hinscheiden des Königs Josias" verglichen[105].

Torfæus bezeichnet Magnus als *ingenio miti, affatu facilis & benignus, pacificus, & pacis inter vicinos Principes componendæ studiosissimus; civilis administrationis peritus, rei autem militaris non item*[106]. Ähnlich formuliert Finnur Jonsson: *Rex Magnus ... fuit Princeps moderatus, justis, pius, pacificus, Juris civilis instaurator diligentissimus, cænobiorum, templorum, monachorum, clericorum patronus indulgentissimus*[107].

Damit geben Torfæus und Finnur Jonsson eine kurze, aber prägnante Charakterisierung von Magnus. Er war in erster Linie darauf bedacht, den Frieden zu bewahren und dem Land auch eine innere Einheit zu geben. Unter ihm vollzog sich die „letzte Phase der Reichssammlung, indem König Magnus im inneren Bereich das durchführte, was im äußeren Bereich Harald Hårfagre eingeleitet und Olav Haraldsson zu Ende gebracht hatte, nämlich Norwegen zu einer politischen Einheit zu machen"[108]. Magnus ging dabei zum Teil neue Wege: Genau wie sein Vater, ließ er sich nicht mehr von wechselnden Ratgebern beraten, sondern suchte eine feste, vom Wohnsitz unabhängige Beratungsgruppe. Die Reichsangelegenheiten erörterte er auf dem Treffen seiner Hird oder auf Reichstreffen. Magnus räumte diesen nunmehr eine festere Position ein, er wollte sie zu einer Art Parlament – „palliment" – machen[109]. Dies ging einher mit einer allgemeinen Verwaltungsreform des Landes, die hier aber nicht näher darzustellen ist. Trotz alledem verfolgte Magnus aber auch eine „persönliche Linie"[110], oft in Gegensatz gerade zu der Gesellschaftsschicht, auf die er in erster Linie seine Macht stützte[111]. Diese persönliche Linie läßt sich gerade in seiner Kirchenpolitik verfolgen, und die danach einsetzende Reaktion macht den Unterschied der Auffassungen deutlich. Gerade die Verfolgung dessen, was er persönlich für richtig hält und was seinen Vorstellungen vom Zusammenwirken

---

105 *Arna bisk. saga*, Bisk. sögur I, S. 713, 714: *At liðnum þessum vetri fékk Árni biskup þann skaða, sem sameiginligr var allri Noregs kristni, at hinn himneski faðir, Jesus Christus, kallaði til sin virðuligan herra Magnús konúng in adventu beati Nicholei in Barin*; (*Translatio Nicolai*: 9. Mai; *Annales vetustissimi* a.a.O.: *7. jdus mai*) *var sá skaði svá mikill öllu landsbúinu, en einkanliga klerkunum, sem forðum var fráfall hins ágæta Josiæ konúngs ...*

106 *Historia rerum Norvegicarum* Bd. 4, S. 367

107 *Historia Ecclesiastica Islandiæ*, Bd. II, S. 13

108 Joys, VFH III, S. 151

109 vgl. Joys VFH III S. 139 ff.; vgl. allgemein auch Schreiner, Høvdingsmøte og riksråd, HT (Oslo) Bd. 35 (1949–51) S. 165–172 und 405–428, kritisch dazu Blom S. 145 ff.

110 Holmsen, Historie S. 276

111 Holmsen a.a.O.

von Staat und Kirche entspricht, geben Magnus sein besonderes Profil und machen ihn zu einem würdigen und gleichen „Gegenspieler“ Jon Raudes. Magnus gab der Kirche, was sie seiner Meinung nach zur Durchführung ihrer Aufgaben brauchte, aber das Königtum selbst und dessen Macht ließ er sie nicht antasten. Hier „firte han ikke en tomme på sine prinsipper“[112].

3. Vermutliche Gründe für die Aufnahme

a) Die Ansicht Konrad Maurers

Konrad Maurer widmet in seiner Untersuchung „Das Bekenntnis des christlichen Glaubens in den Gesetzbüchern aus der Zeit des Königs Magnús Lagabætir“ der Frage der Verbindung des Glaubensbekenntnisses mit den Rechtsaufzeichnungen dieser Zeit nur zwei Seiten[1]. Er weist dabei auf den engen Zusammenhang mit der Eingangsformel hin und meint, das Glaubensbekenntnis stelle nur eine „Erweiterung der Eingangsworte“ dar, die wir bereits in früheren Gesetzen finden[2]. Diese Argumentation hat zunächst in der Tat ein gewisses Maß an Überzeugungskraft. Bereits in den heidnischen Gesetzen finden wir Eingangsformeln mit einem gewissen religiösen Einschlag[3] und erst recht natürlich in den Gesetzen aus der Zeit nach der Christianisierung. So beginnt B mit den Worten: *þet er uphaf lagha uarra. at austr skulum luta oc gevaz kristi, rökia kirkiur oc kenne menn*[4] – „Das ist der Beginn unseres Gesetzes, daß jeder sich nach Osten beugen soll, Christus verehren und die Kirche und ihre Priester achten soll“ – und E beginnt mit: *þat er nu þui nest, at menn skulu kristnir uera oc nitta hæidnum dome*[5] – „Das soll nun das nächste sein, daß die Menschen Christen sein und das Heidentum leugnen sollen“. In G heißt es: *þat er upphaf laga varra, at ver scolom luta austr oc biðia til hins helga Crist ars oc friðar. ok þess at vér halldem lande varo bygðu oc lanar drotne varom heilum. se hann vinr varr. en ver hans. en guð se allra varra vinr*[6]. – „Das ist der Beginn unseres Gesetzes, daß wir uns nach Osten neigen sollen und beten sollen zu dem heiligen Christ um gutes Jahr und Frieden[7], und daß wir unser Land bebaut halten und unser Landherr heil bleibe, und er unser Freund und wir seine seien, und Gott unser aller Freund

112 Joys VFH III S. 170

1 Maurer, op. cit. S. 578, 579

2 Maurer S. 579

3 vgl. zur *Ulfljótslög:* Maurer, Eingangsformel S. 319 und Keyser, Historie I, S. 95

4 NgL I S. 339

5 NgL I S. 375

6 NgL I S. 3

7 Zur Formel „Gutes Jahr und Frieden“ vgl. Grönbech, Kultur und Religion der Germanen, Bd. 2 S. 136 ff.

sei". Und F beginnt mit: *þat er vpphaf laga vara at ver skolum kristini lyða ok kristnum dôme oc konungi uarum oc biskupi til laga ok til rettra mala at fylgia. at kristnum rette rettom*[8] – „Das ist der Beginn unseres Gesetzes, daß wir gehorchen sollen der christlichen Lehre und dem Christentum und unserem König und dem Bischof, und dem Gesetz und der rechtlichen Ordnung folgen sollen, nach rechtem Christenrecht".

Diese Formeln aus den Gesetzen vor Magnus Lagabøter enthalten also ein eindeutiges Bekenntnis zum Christentum. Dem entspricht es, wenn die Eingangsformeln der Gesetze Magnus Lagabøters dies zu einem Bekenntnis zum *christlichen Glauben* spezifizieren: *þat er upphaf laga vara Gula þings manna*[9], *sem upphaf er allra goðra luta, at ver skolum hallda oc hafa kristiliga tru*[10]. Noch deutlicher finden wir dieses Bekenntnis zum christlichen Glauben in der Eingangsformel der – allerdings älteren – Graugans ausgedrückt: *þat er vpphaf laga varra, at allir menn skulu wera kristnir a landi her. ok trua a einn Guð föður ok son ok helgan anda*[11] – „Das ist der Beginn unseres Gesetzes, daß alle Menschen Christen sein sollen hier im Lande und glauben sollen an einen Gott Vater, Sohn und heiligen Geist".

Auf den ersten Blick möchte man tatsächlich meinen, daß unser Bekenntnis nur eine folgerichtige „Erweiterung" dieser Formeln ist, denn von einer Eingangsformel, die die Verpflichtung auferlegt, „den christlichen Glauben zu halten und zu haben", oder „an Gott Vater, Sohn und heiligen Geist" zu glauben, ist der Schritt nicht mehr weit, den Inhalt dieser Verpflichtung zu konkretisieren und als Zeichen des „Habens" des christlichen Glaubens, diesen wörtlich zu bekennen. Dennoch meine ich, daß diese Argumentation das Phänomen der Einstellung unseres Bekenntnisses nicht erklärt. Die Eingangsformeln enthalten nur ein pauschales Bekenntnis zum Christentum, während unser Bekenntnis zwar eine Konkretisierung dessen, aber doch etwas zu neuartiges ist, um bloß eine Erweiterung zu sein. Zudem beruht Maurers Argumentation darauf, daß die Eingangsformeln in den älteren Christenrechten auf die Eingangsformeln der heidnischen Gesetze zurückgehen, die ebenfalls in gewisser Weise einen religiösen Inhalt hatten, so daß „dieser Brauch aus der heidnischen Zeit in die christliche überging"[12]. Wir hätten dann nach Maurer eine organische Fortentwicklung: die

8 NgL I S. 130
AM 313, eine späte Abschrift und Vermengung von F und B , beginnt jedoch mit den Worten: *Tat er vphaff laga vara Frosta tings manna, sem vphaff er allra godra luta, att ver skulum haffa et halda kristilega tru* (NgL IV, S. 50). Hier liegt aber eine Entlehnung aus den Gesetzen Magnus Lagabøters vor, vgl. oben S. 114

9 vgl. S. 1 Anm. 1

10 LL, NgL II S. 22, ebenso beginnen Js, Jbk, BL, nG

11 *Grágás* (nach AM 351 fol. *Skálholtsbók*), Ausgabe Kbh 1883

12 Maurer, Eingangsformel S. 349, vgl. auch Keyser, Historie I S. 95

Eingangsformeln der heidnischen Zeit wurden nach der Christianisierung „in ein christliches Gewand gekleidet“[13], um dann durch ein vollständiges Glaubensbekenntnis erweitert zu werden. Nun hat aber Taranger durch Textvergleiche durchaus überzeugend nachgewiesen, daß die Vorbilder für die norwegischen Eingangsformeln der christianisierten Zeit in angelsächsischen Kirchengesetzen zu suchen sind[14]. Damit ist der Gedanke einer organischen Fortentwicklung aber bereits widerlegt. Und was den Gedanken einer bloßen Erweiterung angeht, so erklärt dieser vor allem nicht, warum das Glaubensbekenntnis erst in *dieser* Zeit, gerade unter *diesem* König und warum nur in Norwegen in das Gesetz aufgenommen worden ist. Läge eine bloße Erweiterung vor, so hätte sich vom Text her am ehesten die Eingangsformel der Graugans dazu angeboten. Außerdem finden wir ähnliche Eingangsformeln auch in anderen Gesetzen[15], in denen jedoch kein Glaubensbekenntnis hinzugefügt wurde. Gewiß könnte man nun sagen, daß die Frage, warum gerade in jener und *nur* in jener Zeit ein Glaubensbekenntnis in das Gesetz aufgenommen worden ist, sich sehr leicht dahingehend beantworten läßt, daß es nicht unnatürlich sei, daß ein äußerst frommer König, eine Gesetzesreform zum Anlaß genommen hat, um durch die Einstellung eines Glaubensbekenntnisses der allgemeinen Eingangsformel einen konkreten Inhalt zu geben. Sagt denn nicht der König im Prolog selbst, daß das Christenrecht wieder am Anfang stehe, damit man erkenne, daß der christliche Glaube die Grundlage und der Beginn aller guten Werke sei?[16] Ist es nicht folgerichtig, wenn er dann im einzelnen darstellt, worauf diese Grundlage aufbauen soll? Möglicherweise haben wir hierin bereits eine Teilerklärung für unsere Frage, aber es bliebe weiterhin ungeklärt, warum gerade *dieses* Bekenntnis und nicht das allgemeinere T gewählt wurde, und warum gerade der König und nicht der Erzbischof dieses Bekenntnis eingestellt hat. Um diesem Problem näherzukommen, werden wir im folgenden unser Bekenntnis mit anderen Stellen im Landrecht und anderen Gesetzen und Quellen in Beziehung setzen und dabei auch auf Art und Verwendung des Bekenntnisses eingehen müssen. Drei Aspekte drängen sich hierbei auf: die Verwendung als Taufsymbol, als allgemeines Bekenntnissymbol und als Zeichen einer machtpolitischen Auseinandersetzung zwischen Staat und Kirche.

13 so ausdrücklich für G, Maurer op. cit. S. 350

14 Den angelsaksiske Kirkes Indflytelse S. 210 ff.

15 vgl. die Eingangsformeln aus Aethelred V, 1, VI, 1 und Knut I, 1 bei Taranger, op. cit. S. 212 (vgl. die lat. Fassung von Knut I, 1 in Ancient Laws and Institutes of England, Bd. II S. 521) und die Eingangsformeln der Kirchenbalken von Södermannalagen (SgL IV S. 8), Helsingelagen (SgL VI S. 5), Gotlandslagen (SgL VII S. 7), Uplandslagen (SgL III S. 11). In einigen schwedischen Gesetzen findet sich am Anfang ein allgemeiner Segenswunsch, daß Gottes und der heiligen Maria Segen „mit uns sei“, (vgl. z.B. Kristnu-Balken v. Smålandslagen, SgL VI S. 97), der jedoch nur bedingt mit den anderen Eingangsformeln vergleichbar ist.

16 NgL II S. 8

b) Verwendung als Taufsymbol

In den älteren norwegischen und isländischen Gesetzen finden wir gleich anschließend an die Eingangsformel die Bestimmungen über die Taufe. Diese Bestimmungen fehlen dann wegen der Vorkommnisse auf dem Frostathing von 1269 in den Magnusschen Gesetzen nach dieser Zeit, aber möglicherweise geben sie uns einen Anhaltspunkt für die Verwendung und einen Grund für die Einstellung unseres Bekenntnisses.

Im Christenrecht von Fr folgen nach der Eingangsformel[17] die Bestimmungen, daß jedes Kind, „das einen Kopf hat", aufzuziehen und zu taufen sei, und nach einem Kapitel über das Aussetzen eines Kindes die Bestimmungen über Sondertaufen, wie Laien- und Speicheltaufe[18]. Das Christenrecht des BjR beginnt mit den Worten: *þat er upphaf at bærköyar rette rettom. En þat er bærköyar rettr at barn huert er boret verðr skal kristna oc til kirkiu nema með þeim orbumblum se alet sem i lagum er mællt. En oll annur born skal til kirkiu föra oc kristna*[19] und das Christenrecht von B beginnt mit: *þet er uphaf lagha uarra. at austr skulum luta oc gevaz kristi, rökia kirkiur oc kenne menn. Föda skall barn huært er boret uærðr i þenna hæim. kristna oc till kirkiu bera nema þæt æina er með orkumblum er alet* . . .[20]. Und zu Beginn von E heißt es: *þat er nu þui nest, at menn skulu kristnir uera oc nitta hæiðnum dome. ala skal barn huært. er boret uærdr. oc manz houuð er a. þo at nockor örkymbli se a. oc ængu spilla. Suia sæng for skal huær kona uita. oc lata barn til kirkiu föra oc skira. skal þui fylgia kona. oc kalmadr. oc uæita þui gudciuiar*[21]. In Kapitel 2[22] folgen dann die Bestimmungen über die Laientaufe, in den darauffolgenden Kapiteln sind weitere Sondertaufen geregelt, und in Kapitel 8[23] finden sich die Vorschriften über die Tauftermine.

NB bringt die Bestimmungen über die Taufe in Kapitel 2[24], wobei allerdings Kapitel 1 die Vorschrift über den Zehnten enthält. Eine Eingangsformel ist uns hier nicht überliefert[25]. NG beginnt zunächst mit der Eingangsformel und dem Glaubensbekenntnis und bringt dann, ähnlich dem Landrecht, die Bestimmungen

17 Text S. 138 oben

18 NgL I S. 130–132 (Taufe: Fr II, 1 (NgL I S. 130): *En þat er kristin retter at ala skal barn huært er boret værðr, kristna oc til kirkiu föra ef mannz er hafuuð a*)

19 NgL I S. 303

20 NgL I S. 340

21 NgL I S. 375

22 a.a.O.

23 NgL I S. 377

24 NgL II S. 293

25 Das beruht auf der Auslassung der Eingangsparagraphen (siehe S. 112). Danach kann man folgern, daß Kap. 2 von nB genau wie bei nG das eigentliche Kap. 10 ist.

über das Amt des Bischofs und des Königs, das Kapitel über die Zauberei und die Vorschriften über die Thronfolge, über die Eide des Königs und der Landedelleute, sowie über den Zehnten. Erst in Kapitel 10 finden wir die Taufe erläutert: *Ala skal barn hvært er boret verdr oc mannz er ær hofvvd a þo at nokor orkymbli sæ a oc till skirnnar föra oc prestt skira latta ef honom nær*[26]. Die späteren Gesetze Magnus Lagabøters – LL, BL, Js, Jbk – enthalten keine Vorschriften über die Taufe. Nach den allgemeinen Kapiteln des Christenrechts (Eingang, König und Bischof, Thronfolge, Eide) folgte gleich der Abschnitt über die Mannheiligkeit. Dagegen finden wir im Christenrecht nach AM 313 gleich nach der Eingangsformel und dem Glaubensbekenntnis die Bestimmung: *Tatt er nu tui nest at ala skall barnn huert er voret werder et kristna et till kirkiu føra eff manndtz er haffuder a*[27]. In den Kapiteln 4 und 5 folgen dann die einzelnen Bestimmungen über die Taufe. Das Christenrecht des Erzbischofs Jon beginnt unmittelbar mit der Taufe: *Ala skall barn hueert er boret værdr oc manz er hofuð a. þo at nokor örkymbli se a oc till kirkiu föra sem fyrst kömer nið. oc skira lata prest*...[28], während das Christenrecht Bischof Arnes diese Vorschrift erst im Kapitel 8 bringt[29]. Die ersten sieben Kapitel dieses Gesetzes entsprechen jedoch, darauf haben wir schon an anderer Stelle hingewiesen, dem Anfang der Js und wurden offenbar nach deren Vorbild eingestellt.

Das frühe isländische Recht entspricht dem norwegischen Recht: Auch in der Graugans finden wir gleich nach der Eingangsformel die Bestimmungen über die Taufe: *þat er vpphaf laga varra, at allir menn skulu wera kristnir a landi her. ok trua a einn Guð föður ok son ok helgan anda. Barn huert er alit er skal færa til skirnar sua sem fyrst ma með hueregri skepnu er þat er*...[30].

In all diesen Gesetzen bilden also die Bestimmungen über die Taufe den Anfang der Christenrechte, sie sind unmittelbar an die Einfangsformeln angeschlossen.

Lediglich in nG sind zwischen Eingangsformel mit Glaubensbekenntnis und der Taufregelung einige Bestimmungen eingeschoben, die uns auch von LL her bekannt sind. Diese exponierte Stellung der Taufregelung zwingt uns zu der Überlegung, ob nicht die Einstellung unseres Bekenntnisses im Hinblick auf diese Bestimmungen erfolgt ist.

Bereits Maurer hat in seiner Untersuchung auf die enge Beziehung zwischen Apostolikum und Taufe hingewiesen. Er tat dies allerdings in anderem Zusammenhang, nämlich in bezug auf die *Kenntnis* des Credo, und meinte auch nicht speziell unser Bekenntnis, sondern das Apostolikum allgemein. Maurer

26 NgL II S. 310, 311

27 NgL IV S. 51

28 NgL II S. 341

29 NgL V S. 19

30 *Skálholtsbók*, Ausgabe Kbh 1883, S. 1

zitiert verschiedene Kapitularienstellen, aus denen das Gebot hervorgeht, daß „jeder Christenmensch das Gebet des Herrn und den Glauben auswendig wissen müsse“[31]. Er verweist auch auf die Vorschriften in englischen Gesetzen, die dasselbe Gebot beinhalten[32]. Auch für Norwegen und Island finden wir die mannigfachsten Vorschriften. Auf die Stellen in der *Olafssaga Tryggvasonar,* in der König Olaf von dem isländischen Dichter Hallfreð vandrædaskald unmittelbar nach dessen Taufe die Kenntnis von Pater noster und Credo verlangt, und in der *Færeyinga Saga,* in der Sigmundr Þorason von dem Unterricht bei seinem Oheim Þrandr erzählt, bei dem er das Credo gelernt habe, haben wir schon an früherer Stelle hingewiesen[33]. Doch nicht nur aus den Sagas erfahren wir etwas über die Kenntnis des Credo und der Pflicht, es auswendig zu können, auch die Gesetze berichten über diese Verpflichtung. Auf die betreffende Stelle im Christenrecht Þorlaks und Ketils haben wir ebenfalls schon hingewiesen[34], und in der Graugans heißt es: *þat er ok skyllt huerium manni er hyggindi hefir til bæði körlum ok konum at kunna. pater noster ok credo in deum. Ef hann vill æigi kunna ok hafi hann vit til ok wardar honum þat fiorbaugs garð ok æ byskop at rada fyri sök þeirre huerr sækia skál*[35].

Haben wir in diesen Gesetzen nur die allgemeine Verpflichtung für jedermann, das Credo und das Pater noster zu kennen, so findet sich in späteren Gesetzen zusätzlich eine Konkretisierung dieses Grundsatzes: Das Christenrecht Bischof Arnes spricht davon, daß jedes über sieben Jahre alte Kind Credo, Pater noster und Ave Maria kennen müsse, und daß die *Taufpaten* verpflichtet sind, ihren Patenkindern das Credo und das Pater noster zu lehren: *En huerr sem guðsifjar veitir barni. þa er scylldugr til at kenna þvi Credo oc Pater noster . . . Hveriom manni vij vetra gœmlvm eða ellra er scyllt at kvnna barn at scira sua oc at kvnna Credo oc Pater noster oc Aue Maria. En ef maðr kann eigi fyrir vræctar sakir oc hefir hann vit til þa er hann seer iij. morcum við byscop . . .* [36]. Das gleiche

31 Maurer, Glaubensbekenntnis S. 562, 563

32 op. cit. S. 563, vgl. z.B. Knut I, 22: *Et omnis Christianus addiscat, ut saltem sane fidei rectam intelligentiam habeat et sciat Pater noster et credo in Deum* (Ancient Laws and Institutes of England Bd. II, S. 527).

33 S. 92 Anm. 47 u. 48

34 a.a.O.

35 *Skálholtsbók* (Kap. 2), Ausg. Kbh. 1883, S. 6; vgl. auch die entsprechenden Bestimmungen in *Stadarfellsbók* (Kap. 1) S. 59, *Belgsdalsbók* (Kap. 2) S. 101, *Arnarbælisbók* (Kap. 1) S. 151, AM 158 B 4to (Kap. 1) S. 197 und die anderen Handschriften aus derselben Ausgabe. Bezüglich *Konungsbók* vgl. Ausgabe v. V. Finsen, Kbh 1852, S. 7 (Kap. 1), bezüglich *Stadarholtsbók* vgl. die von Finsen besorgte Ausgabe von 1879 (Kbh), S. 6, 7 (Kap. 5). Das Christenrecht der Graugans soll dem Christenrecht þorlaks und Ketils entsprechen, vgl. die betreffende Stelle in *Grágás*, Kap. 17 a.E (Ausg. *Konungsbók*, Kbh 1852, S. 36). Hierzu auch Vigfusson, *Origines Islandicae* I, S. 616.

36 AKr § 8, NgL V S. 20, 21

Gebot finden wir im Christenrecht von Erzbischof Jon Raude: *En hvær sem vætir guðzyuiar barne er skyldugr at kenna. Credo oc Pater noster. En faðr oc maðr ero skyldug at gæta firir allskyns lifs haska. vttan sottar vii vetr oc at huærium manne vii vettra gomlum eða ælra. skylt at kenna Credo. Pater noster oc Aue Maria. En ef xv vettra maðr gamall kan æigi firir vræctar sakir oc hefir han vit till þa er han sæckr iij aurum uið byscup*[37].

Von den Gesetzen Magnus Lagabøters können naturgemäß nur die Christenrechte von nB und nG zu Vergleichszwecken herangezogen werden. In nB heißt es: *En huær sem væitir gudsiuiar barni þa ero þau skylldugh. at kenna barni Credo oc Pater noster*[38] und in nG: *En hvar sem gudsifiar væitir barne er skyldugr at kenna þui credo oc pater noster*[39].

Also auch in diesen weltlichen Gesetzen finden wir die Vorschriften, daß die Paten den Kindern Credo und Pater noster zu lehren haben. Wir finden diese Gebote auch in etlichen Bischofsstatuten aus jener Zeit. Finnur Jonsson berichtet, allerdings ohne Nennung einer Fundstelle, daß bereits 1107 Bischof Jon Øgmundr von Hola bestimmt habe, daß jeder die *Confessio Apostolica* und die *Oratio dominica* auswendig kennen müsse[40]. Im September 1269 erneuerte Bischof Arne ein Gebot von Bischof Magnus Gissurson aus dem Jahre 1224 und bestimmte, daß jeder Priester darauf achten solle, daß „seine Leute und die Leute seiner Gemeinde *kunne rett pater noster ok credo in deum aue marie*“[41]. In einer Verordnung über Beichte und Taufe wird das gleiche Gebot den Paten gesondert auferlegt: ... *eru þit skylldugh at kenna credo in deum. pater noster aue maria ok barnskirnar ord* ...[42]. Von den Kindern, die 12 Jahre alt sind, fordert Arne, daß sie das Abendmahl einnehmen und ebenfalls diese Gebete kennen müssen: *Tolf uetra gomul börn skulu taka corpus domini skyldulega ok kenna vel credo in deum. pater noster ok aue maria ok barn skirnar ord*[43]. Erzbischof Jörund fordert in einer Skipan vom 29.8.1290, daß „Alt und Jung“ das *Credo in deum*, Pater noster und das Ave Maria können müsse[44] und Erzbischof Eilif verlangt, daß jeder Priester sich vor der Beichte vergewissern solle, daß jeder „sein *Credo in deum*, Pater noster und Ave Maria“ könne[45]. Der gleiche Erzbischof fordert in einer Skipan vom 1.9.1327, daß jeder Priester seiner Gemeinde *Credo in deum, Pater noster oc mariu vers* lehren und lernen

37 JKr § 1, NgL II S. 342

38 nB § 2, NgL II S. 294

39 nG § 10 NgL II S. 311

40 *Hist. Eccl. Isl.* Bd. I, S. 324, vgl. oben S. 92 Anm. 48

41 DI II, Nr. 7 S. 23 (25) (Ave Maria nicht in allen Handschriften)

42 DI II, Nr. 10 S. 43 (48)

43 DI II S. 52 (Nr. 12)

44 DI II, Nr. 149 S. 275 (276)

45 DI II, Nr. 355 S. 510 ff. (520 und 546), vgl. auch DI II S. 553 und 558

lassen soll[46]. Die Vorschrift, daß jeder, und besonders die Paten, *Credo oc Pater noster oc onnur cristeligh godinde* können muß, kennt auch die 3. Skipan Erzbischof Páls vom August 1342[47]. Auch Bischof Jon Sigurdsson von Skálholt erinnert in seinen Institutionen von 1345 die Priester daran, auf die Kenntnis der Gemeindemitglieder von Pater noster, Credo und Ave Maria zu achten[48]. Gleichzeitig wiederholt er das Gebot Bischof Arnes, welches jener in bezug auf die 12jährigen Kinder ausgesprochen hat[49]. In den Statuten des Erzbischofs Arni Einarsson (1346–1349) und des Bischofs Gyrðr Ivarsson von 1354 tauchen ebenfalls die Vorschriften auf, daß jedermann die drei Gebete können muß, und daß die Priester über diese Kenntnis zu wachen haben[50]. Zum Schluß sei noch auf die Skipan des Bischofs Petr Nikulasson von Hola aus dem Jahre 1391 oder später hingewiesen, die vor allem deshalb interessant ist, als sie neben dem *Credo in deum* auch die Kenntnis von *uora bœn* verlangt: *Item at huer prestur kenne sinu þinga folke sin kristilig fræde. fyrst x guds laga bodord. Postulega tru ok almenneliga. C r e d o i n d e u m. o k u o r a b œ n. pater noster ok eingiliga kvediv. Aue maria. ok þesse ij sacramenta. sem er barn skirnar ordin ok helgunar ordin holdz ok blodz uors herra jesu christi*...[51]. Auf die Besonderheit des *uora bœn* werden wir noch zurückkommen.

Doch nicht nur in Gesetzen und bischöflichen Verordnungen finden wir die Verpflichtung der Kenntnis der drei Grundgebete, auch in Predigten wird darauf hingewiesen. So erwähnt die *Sermo ad populum „In dedicatione ecclesie"*[52], die das Christentum allgemein und die Pflichten der Christen im besonderen bespricht, daß zum „Christentum und zum rechten Glauben auch die Kenntnis des Pater noster und des Credo gehöre": *þvi æigu þæir opt at minna þa á cristin dóm ok á retta trv at þau mætte kunna pater noster ok credo*[53]. Ganz ähnlich formuliert übrigens eine englische Homilie „Ermahnung zum christlichen Leben"[54]. Nach einer allgemeinen Ermahnung an die Priester, das Volk zu lehren, werden in dieser Homilie besonders empfohlen die Liebe zu Gott und

46 DI II, Nr. 382 S. 623 (625), vgl. auch S. 630

47 DI II, Nr. 487 S. 748 (756)

48 DI II, Nr. 513 S. 798, 807, 817

49 DI II S. 811

50 DI II, Nr. 520 S. 836 (841) und DI III, Nr. 56 S. 92 (93)

51 DI III, Nr. 390 S. 464 (470)

52 Gamal norsk homiliebok, Ausg. Indrebø S. 100 ff. Ausg. Unger S. 136 ff.

53 Indrebø S. 101, Unger S. 138; vgl. auch die von A.O. Johnsen dem Kardinal Nikolaus zugeschriebene Homilie *Sermo ad Populum* (Indrebø S. 35 ff.): *Nu vilium ver yðr þes biðia ok bioða af guðs hende at per haldeð væl cristindom yðan. ok vereð lyðnir guðs boðorðe ... ok costom við at nema pater noster ok credo. ok kenna siðan fram á læið hverr sinu barne* (Indrebø S. 36).

54 Assmann, Angelsächsische Homilien S. 138 ff.

den Nächsten, das Fasten in der Fastenzeit, das Almosengeben und die Kenntnis des Credo und Pater noster: *And wite elc man swiðe georne, þæt he cunne his Credan, on ðam he sceal geandettan his rihtan geleafan, and his Pater noster, on ðam he sceal æt gode are biddan ge þisses lifes, ge þæs toweardan*[55].

Alle diese Stellen sprechen also von einer Pflicht der Kenntnis des Credo, des Pater noster und des Ave Maria. Diese Pflicht trifft *jedermann*, mit Ausnahme der Kinder, die jünger als sieben Jahre sind. Die Priester haben auf die Einhaltung dieser Pflicht zu achten, wird ihr nicht entsprochen, so können Strafen und Bußen verhängt werden.

Daneben haben diese Gebete natürlich auch ihren festen Platz in der Messe. Man beachte bezüglich des Credo in diesem Zusammenhang vor allem die Verordnungen der Bischöfe Arne[56] und Jon Sigurdsson[57] und des Erzbischofs Eilif[58], die den Gebrauch des Credo an den verschiedenen Festtagen regeln[59]. Doch das für uns Entscheidende ist die Verpflichtung des Kennenmüssens, insbesondere im Hinblick auf die Taufe.

Gerade den Paten wird diese Verpflichtung auferlegt, sie haben außerdem die Täuflinge in diesen Grundgebeten zu unterweisen. Wie jeder Erwachsene müssen auch sie die Taufworte kennen. Bereits bei der allgemeinen Darstellung der Entwicklung des Apostolikums haben wir auf den engen Zusammenhang zwischen diesem Gebet und der Taufe hingewiesen. Es war fester Bestandteil des Taufritus der katholischen Kirche. Für Norwegen läßt sich dieser Ritus anhand der erhaltenen Quellen[60] gut nachvollziehen[61]. Danach wurde das Glaubensbekenntnis und das Pater noster gegen Ende des Exorzismus bzw. nach diesem aufgesagt, zum Teil sogar noch außerhalb der Kirche[62], also vor der eigentlichen Taufhandlung mit Wasser, Öl und Crisma. In den Quellen steht allerdings nichts darüber, von wem Glaubensbekenntnis und Pater noster aufgesagt worden sind. Nach dem oben Gesagten ist aber ohne Zweifel davon auszugehen, daß – soweit der Täufling nicht selbst seinen Glauben kundtun konnte – es den Paten oblag, diese Gebete während des Taufrituals zu sprechen. Bang schreibt daher, daß der

55 op. cit. S. 142

56 DI II S. 279, 280

57 DI II S. 789, 792, 796, 808, 827, 829

58 DI II S. 537

59 Hierzu ausführlich auch *Manuale Norvegicum* S. 28–30

60 siehe v.a. *Ordo Baptismi* in *Manuale Norvegicum* S. 148 ff. und JKr 1, 2 in NgL II S. 341, 342; Erzbischofs Eilifs 2. Statut, NgL III S. 249 (251, 252); Erzbischof Arnes Statut, NgL III S. 295 (297); Graugans, Kap. 1 u. 2, Ausg. Kbh 1883 (*Skálholtsbók*) S. 1 ff.

61 vgl. hierzu auch Jon Olafsson, *Syntagma de Baptismo*, Cap. VI *De ceremoniis Baptismi*, und Bang, Historie S. 168; vgl. allgemein Eisenhofer, Liturgik II S. 256 ff. und Maurer, Vorlesungen II, S. 377 ff.

62 *Manuale Norvegicum* S. 152 unten

Priester nach dem Exorzismus „untersucht, ob die Paten ihr ‚barnelærdom' " – also das Wissen, das sie den Täuflingen zu lehren haben – „können, und läßt sie deshalb das Glaubensbekenntnis, das Vaterunser und das Ave Maria[63] hersagen"[64]. Bang begründet dies mit der genannten Verpflichtung der Paten, ihren Patenkindern diese ;„Hauptstücke" zu lehren, und deswegen „versuche die Kirche sich vor jeder Taufhandlung zu vergewissern, ob sie auch die Voraussetzungen haben, dieses wichtige Amt auszuführen"[65].

Der enge Zusammenhang zwischen Credo und Taufe legt in der Tat die Vermutung nahe, daß die Einstellung in das Gesetz gerade dieses Zusammenhanges wegen erfolgt ist. Wir hätten dann einerseits eine Erläuterung dessen, was in der Eingangsformel steht („wir sollen den christlichen Glauben halten") und andererseits einen Übergang zu der nachfolgenden Taufregelung, mit der Bestimmung, daß jedermann und insbesondere die Paten Credo, Pater noster und zum Teil auch Ave Maria kennen müssen. Gerade die letztere Verpflichtung wäre dann im Hinblick auf die tatsächliche Verwendung des Credo bei der Taufe der eigentliche Grund für die Einstellung.

Dieser These stellt sich sofort eine Überlegung entgegen: Warum sind dann nicht auch Pater noster und Ave Maria von der Einstellung umfaßt? Wenn das Glaubensbekenntnis keine bloße Erweiterung der Eingangsformel darstellt, sondern im Hinblick auf seine Funktion bei der Taufe aufgenommen worden ist, dann hätte dies auch für die beiden anderen Gebete zutreffen können. Dieser Einwand kann bezüglich des Ave Maria verhältnismäßig einfach ausgeräumt werden: Die Quellen berichten nichts darüber, daß auch das Ave Maria während der Taufhandlung bekannt werden mußte. Wir wissen nur, daß es zum sog. „barnelærdom" (Bang) gehörte, d.h. daß die Paten es den Täuflingen im Laufe der Zeit beizubringen hatten, bei der Taufhandlung selbst taucht es aber nicht auf. Lediglich Bang hat angenommen, daß auch das Ave Maria von den Paten bei der Taufe aufgesagt wurde, auf die Quellen selbst kann diese Annahme aber nicht gestützt werden. Diese Nicht-Verwendung bei der Taufhandlung würde die Auslassung des Ave Maria rechtfertigen.

Und wie steht es mit dem Pater noster? Von ihm wissen wir ja ausdrücklich, daß es bei der Taufe bekannt worden ist. Auch hierfür ist die Erklärung verhältnismäßig einfach: Wir haben oben gesehen, daß in Norwegen bis zu jener Zeit mehrere Credi bestanden, zunächst einmal T selbst, dann die isländische Übersetzung von T, das altisländische Bekenntnis und schließlich unser Bekenntnis. Vom Pater noster hingegen ist uns nur ein einheitlicher Text überliefert, nämlich der lateinische in der allbekannten Form, und die norwegische Übersetzung hierzu. Wenn wir unsere These nun noch etwas weiter fassen und

63 Im *Ordo Baptismi* ist das Ave Maria nicht erwähnt

64 Bang a.a.O.

65 Bang a.a.O.; vgl. zur Stellung der Taufpaten auch Eisenhofer, op. cit. S. 237 ff.

sagen, daß unser Bekenntnis nicht nur wegen der nachfolgenden Taufregelung eingestellt worden ist, sondern daß damit möglicherweise zugleich eine Entscheidung darüber verbunden war, *welches* Bekenntnis Grundlage des Taufunterrichts und damit Konkretisierung der Verpflichtung der Paten sein sollte, dann erscheint uns die Auslassung auch des Pater noster verständlich: einer Klarstellung des Textes bedurfte es in diesem Fall angesichts der mangelnden Vielzahl von Texten nicht[66]. Dies wird besonders einleuchtend, wenn man bedenkt, daß unser Bekenntnis wahrscheinlich erst kurze Zeit vor der Gesetzesreform Magnus Lagabøters entstanden ist und somit angesichts der obengenannten Verpflichtungen aller Grund für eine rasche Verbreitung bestand.

Wollte man einer jüngeren Abschrift von nB Glauben schenken, die von einer Verpflichtung spricht, das „Credo paa norske", also das Credo auf norwegisch zu können, so hätten wir bereits einen Beweis für unsere Vermutung. In dieser Abschrift, auf die wir schon an anderer Stelle hingewiesen haben[67], heißt es: *En huer som weiter barne gudsyuiar, daa ere de skyldig att lere dennom pater noster, Aue Maria och Credo ... Nu saa som vij wetter ædher ældre ero skyldige att nema pater noster, Aue Maria, C r e d o p a a n o r s k e och signe sig med det helige korss tegenn. En om xv aar gamal mand kand ey pater noster, Aue Maria och C r e d o p a a n o r s k e, for wanryckter sager och haffuer hand wiidth till ...*[68]. Tatsächlich ist diese Stelle auch von Jon Olafsson[69] so ausgelegt worden, daß in der Zeit Magnus Lagabøters das Glaubensbekenntnis auf norwegisch gekonnt werden mußte[70]. Dies kann man aus der zitierten Stelle jedoch nicht folgern. Die Abschrift stammt, wie schon die Sprache zeigt, aus wesentlich jüngerer Zeit, sie ist eine halb dänische Übersetzung aus dem Jahre 1566, und wurde von Jacobus Matthias Agricola besorgt[71]. Schon diese Altersangabe mahnt uns zu Zweifeln an der Authentizität der Aussage. Durch einen Vergleich mit anderen Abschriften werden diese Zweifel noch verstärkt. In der Abschrift, die dem Abdruck von nB in NgL II S. 293 ff. zugrundeliegt, ist die ganze Aussage über die Siebenjährigen und Fünfzehnjährigen nicht enthalten, sie findet sich auch nicht in anderen Handschriften. Das zweite Kapitel dieser Handschrift, welches dem Kapitel 3 der Handschrift von 1566 entspricht, enthält nur die allgemeine Vorschrift, daß die Paten den

---

66 Dies gilt auch für das Ave Maria, wenn man mit Bang annimmt, daß auch dieses während der Taufhandlung bekannt worden ist.

67 oben S. 112

68 NgL IV S. 162

69 *Syntagma de Baptismo* S. 183 Anm. a

70 Jon Olafsson sagt, von dem allgemeinen Gebot, daß das Credo auf lateinisch gekonnt werden mußte, habe er nur eine Ausnahme feststellen können, eben jene Stelle aus „KRM", dem Christenrecht König Magnus' (op. cit. S. 172 Anm. a mit Hinweis auf S. 183 Anm. a).

71 Handschrift Nr. 77 4to der arnamagn. Sammlung, vgl. NgL IV S. 160

Täuflingen Credo, Pater noster und Ave Maria zu lehren haben[72]. Auch in dem entsprechenden Kapitel 10 von nG fehlt jene Aussage, auch hier ist nur das Gebot für die Paten ausgesprochen[73]. Ein Gebot, daß alle Siebenjährigen die Grundgebete kennen müssen, und welches allen Fünfzehnjährigen, die diese Gebete nicht kennen, obwohl sie „Witz dazu haben“, Bußen auferlegt, kennen wir nur aus Akr und Jkr[74]. Es scheint daher, als ob die Quelle für jene Aussage in diesen beiden kirchlichen Gesetzen liege. Allerdings sprechen diese Gesetze nicht von einem „Credo paa norske“, sondern nur allgemein von Credo, Pater noster und Ave Maria. Im übrigen weicht die Abschrift von 1566 von jener in NgL II S. 294 ff. auch sonst zum Teil recht erheblich ab. Die Stelle in der Handschrift von 1566, die ein „Credo paa norske“ vorschreibt, können wir daher zu Beweiszwecken nicht heranziehen. Wir müssen einen anderen Weg gehen.

Unsere Annahme, daß die Einstellung des Bekenntnisses im Hinblick auf die Taufregelung – möglicherweise verbunden mit einem Klarstellen des Textes – erfolgt ist, setzt voraus, daß unser Bekenntnis tatsächlich (oder zumindest auch) als Taufbekenntnis zu dienen bestimmt war. Tatsächlich finden wir in nG eine Angabe, die hierauf hinweist. NG 3, das Kapitel über die Zauberei, beginnt mit *Nv af þui at aller menn ero skyldugir at hallda þa trv er ver hafvm gudi hæittit i skirn vare ok nv var upptold...*[75] – „Nun nachdem alle Menschen schuldig sind, den Glauben zu halten, den wir Gott in unserer Taufe versprochen haben, und der oben aufgesagt ist...“.

Da in nB alle Eingangsparagraphen fehlen, die nG 1–8 entsprechen, fehlt auch diese Bestimmung. Lediglich die Abschrift von 1566 beginnt mit den gleichen Worten: *Nu effther di att alle mend ere skyldig att holde den tro Wy haffuer gud heithed y wor skire, och adher wor optaldh...*[76]. Hier haben wir also eine Quellenstelle, die sich ausdrücklich auf unser Bekenntnis bezieht[77]. Sie besagt, daß unser Bekenntnis während der Taufe verwendet worden ist und stellt daher eine Bestätigung unserer These dar.

Dennoch bleiben gewisse Zweifel: In allen Stellen, die die Kenntnis des Credo verlangen oder die seine Verwendung in Liturgie oder Tauffeier ansprechen, ist von *Credo, Credo in deum, Credo in unum* oder *Credo in unum deum* die Rede,

72 vgl. oben S. 143

73 vgl. oben a.a.O.

74 vgl. oben S. 142, 143

75 NgL II S. 307, vgl. auch die inhaltlich gleichlautenden Abschriften nach Perg. Cod. 62 qv der arnamagn. Sammlung, NgL II S. 326 und nach AM 322, die nach der Beschreibung in NgL IV S. 510 ebenfalls Bruchstücke von nG enthält, in NgL V S. 56

76 NgL IV S. 160

77 Das Zitat stammt aus nG 3, das Bekenntnis steht in nG 1. Bezüglich der Abschrift von nB verweise ich auf S. 112. Im Gegensatz zu dem oben zitierten Ausschnitt besteht hier kein Anlaß zu Zweifeln an der Authentizität.

was doch eigentlich auf T – das Taufbekenntnis schlechthin – bzw. auf C hindeutet. Außerdem spricht der Text unseres Bekenntnisses zunächst nicht für die Verwendung als Taufbekenntnis.

Tatsächlich scheinen gerade die Zusätze *in unum* oder *in unum deum* auf die Verwendung von C hinzuweisen, – freilich in der Form des Singulars und nicht in der originalen Pluralform[78]. Hierbei müssen wir aber beachten, daß gerade diese Zusätze in Verordnungen von Bischöfen enthalten sind, die den Gebrauch des Credo an Festtagen in der Messe regeln. Auf diese Bestimmungen ist oben nur hingewiesen worden, sie sind jedoch nicht ausführlich zitiert worden. Die Gesetze hingegen, die die Verpflichtung der Kenntnis des Credo enthalten, sprechen bis auf eine Ausnahme alle von *Credo*. Diese Ausnahme ist die Graugans, in der es heißt: *Credo in deum*. Dies deutet auf T hin, da dies den Anfang vom T bildet. Uns kommt es nur auf *Credo* und *Credo in deum* an, da die Stellen, die von *Credo in unum* oder *Credo in unum deum* sprechen, in unserem Zusammenhang nicht von Bedeutung sind. Nun kann es aber keinem Zweifel unterliegen, daß das einfache Credo sich ursprünglich nur auf T bezogen hat. Als *pars pro toto* diente dieses Anfangswort zur Bezeichnung des ganzen Bekenntnisses. Da T mit Sicherheit das erste Symbol war, welches in Norwegen bekannt gewesen ist, hat sich *Credo* in Norwegen ursprünglich nur auf T bezogen. Doch *Credo* bezeichnete nicht nur T allein, sondern das apostolische Bekenntnis schlechthin, so daß es sich mit der Zeit auch auf andere Bekenntnisse, die Abwandlungen von T, aber doch apostolischer Natur waren, beziehen konnte. Das muß auch für *Credo in deum* gelten; denn es ist durchaus denkbar, daß diese Bezeichnung, die ursprünglich zweifellos ebenfalls nur für T galt, sich so verfestigt und mit dem Begriff des Bekenntnisses an sich so eng verbunden hat, daß diese Bezeichnung beim Auftauchen von anderen Bekenntnissen, die ja nur Abwandlungen des ursprünglichen Bekenntnisses waren, auch für diese galt[79]. Das heißt aber, daß diesen beiden Begriffen *Credo* und *Credo in deum* der gleiche Aussagegehalt wie zum Beispiel den Bezeichnungen *Symbolum Apostolicum* oder *Confessio Apostolica* zugekommen ist, daß sie also jedes Glaubensbekenntnis apostolischer Natur bezeichneten[80], mithin auch eine norwegische Abwandlung von T.

Für diese Ansicht spricht auch die bereits zitierte Stelle in Kapitel 6 der *Færeyinga saga*, in der das von Þrandr gelehrte ‚Glaubensbekenntnis' – im

78 Beachte in diesem Zusammenhang die Erklärungen *Credo in unum yar sett saman á þingi hæilagra feðra i constantinopolim* und *Credo in unum Deum constantinopolitana synodus composuit* in *‚Honorii Augustodunensis Gemma vitae'*, Lib. 1 nach Cod. AM 619 4to in Kolsrud, Messúskýringar S. 7.

79 Ob dies auch für *Credo in unum* und *Credo in unum deum* gilt, oder ob diese Bezeichnungen sich ausschließlich mit C verbinden, kann hier dahingestellt bleiben.

80 *Credo* selbst ist mit der Zeit Ausdruck für ein Glaubensbekenntnis schlechthin geworden.

übrigen ein Gebet, das nicht das geringste mit einem Glaubensbekenntnis zu tun hat – mit *kredunna* bezeichnet wird, und Þrandr auf die Anfrage der Þora, warum dieses Bekenntnis denn so verschieden von dem von ihr gelernten sei, in Anlehnung an die alte Apostellegende antwortet, daß jeder der zwölf Apostel ein eigenes Bekenntnis – *kredunna* – gehabt habe, und sich daraus die Verschiedenheit ergebe.

Wir können also davon ausgehen, daß mit *Credo* auch norwegische Abwandlungen von T bezeichnet worden sind. Daher erklärt sich die Form *Credo paa norske* in der Abschrift von nB aus dem Jahre 1566. Wir haben auch Nachweise, daß norwegische Bekenntnisse verwendet worden sind. Auf die Skipan des Bischofs Petr Nikulasson von 1391 oder später, die neben dem *Credo in deum* auch *uora bœn*[81] nennt, haben wir bereits hingewiesen[82]. Noch deutlicher drückt sich die Kirchenordnung Christians III. für die isländische Kirche aus dem Jahre 1541[83] aus. Zum Ablauf der Messe heißt es da: *Nu bidium uier heilagan anda. Sidan snue hann* (der Priester) *sier aptur til folksins. og lesj gudzspiallid j modurmal med þessu upphafi. þessi epter fylgjande ord heilax Evangelij skrifar s. et cetera. Sidan snue hann sier aptur til altarinns og byrie Credo in unum deum. Sidan syngizt symbolum Apostolicum j modurmale*[84]. Gewiß stammen diese Quellen aus späterer Zeit, aber sie zeigen, daß der Gebrauch des norwegischen Credo nicht ungewöhnlich war. Und ihr Aussagegehalt kann nach dem oben Gesagten ohne weiteres auch auf die Zeit Magnus Lagabøters bezogen werden.

Dies wird durch die *Sermo ad populum*[85] erhärtet. Nachdem zunächst die Pflicht zur Kenntnis des *pater noster ok credo* ausgesprochen wird, heißt es dort weiter: *Hværr maðr á at biðia fyrir ser sva sem hann cann ok hann hefir numet. fyrir þvi at vár droten can allar tungur*[86]. Damit haben wir aus dem ausgehenden 12. Jahrhundert, also etwa 100 Jahre vor Magnus, eine Quellenstelle, die ausdrücklich erlaubt, die Gebete so zu sprechen, wie es der jeweils Betreffende „kann oder gelernt hat, da unser Herr alle Zungen (Sprachen) versteht“.

Aus einigen Angaben aus dem 3. Statut des Erzbischofs Pál läßt sich entnehmen, daß das Bekenntnis, welches diesem Statut vorangestellt ist[87], von Pál als alleinige Grundlage des Glaubens angesehen worden ist: *En huer sem oðruuiss*

81 Diese Unterscheidung bedeutet nicht, daß sonst mit *Credo in deum* immer der lateinische Text gemeint ist; vgl. oben

82 oben S. 144

83 Kirkjuordinanzia Kristjans konungs hins III i íslenzkri ýdingu frá 1541, eptir Gizur biskup Einarrson (Kbh 2.9.1537), DI X S. 117 ff.

84 a.a.O. S. 131

85 hierzu oben S. 104

86 Gamal norsk homiliebok, ed. Indrebø S. 36

87 Text oben S. 71, 72

truir. oc ey heldir þessa tru sem nu er told firir utan ef han fer till heluitis kuala[88] – „Und jeder der anders glaubt und nicht hält diesen Glauben, wie er jetzt erzählt ist, der fährt ohne allen Zweifel zur Hölle" – heißt es in der Bekräftigungsformel am Ende des Bekenntnisses. In einer weiteren Bekräftigungsformel, die sich gleich daran anschließt, heißt es: ... *sem ey kunna alle þessa tru so skiluisligha wt at greina* ...[89] – „und diesen Glauben, den er können[90] muß, nicht kann ...". Daraus läßt sich entnehmen, daß offenbar *nur* dieses Bekenntnis (*sem nu er told!*) in Gebrauch war. Daran ändert auch nichts, daß später im Text des Statuts im Zusammenhang mit der Besprechung der Patenschaft der Ausdruck *Credo* auftaucht[91]; denn wir haben ja gesehen, daß *Credo* jedes Bekenntnis bezeichnen kann.

Auch ohne auf die Angabe in nG bzw. in der Abschrift von nB von 1566 zurückgreifen zu müssen, kommen wir zu dem Ergebnis, daß in jener Zeit die Verwendung eines norwegischen Bekenntnisses durchaus gebräuchlich war. Wenn hingegen Jon Olafsson schreibt, daß das Credo ebenso wie das Ave Maria und das Pater noster *lateinisch* gelernt werden müsse[92], so mag das auf einer Verkennung der gewandelten Bedeutung von *Credo* beruhen. Es mag für die frühe Zeit zugetroffen haben, als nur T bekannt war, dagegen kann es nicht uneingeschränkt für die spätere Zeit gelten, als bereits nationale Eigensymbole vorhanden waren. Denn wir haben nun einmal Quellenstellen, die uns das Symbol in der Landessprache überliefern, und wir wissen auch, daß diese anderen Formen als Grundlage des Glaubens angesehen worden sind, und daß die Bezeichnung *Credo* auch für andere Formen als T benutzt worden ist. Der Gebrauch des Wortes *Credo* im Zusammenhang mit der Taufordnung in den Gesetzen widerspricht also nicht der Angabe in nG und der Abschrift von nB von 1566, daß *unser Bekenntnis* als Taufbekenntnis gedient hat.

Im übrigen scheint mir die Aussage Jon Olafssons zumindest auch in bezug auf das Pater noster fragwürdig zu sein. Denn wir kennen auch norwegische und

---

88 NgL III S. 285, Finnur Jonsson, *Hist. Eccl. Isl.* I S. 519 (altnorw. und lat. Übersetzung) und S. 554 (nur lat. Übersetzung)

89 NgL, Finnur Jonsson a.a.O.

90 „*greina*" hat hier die Bedeutung von „aufsagen", „erklären"

91 NgL III S. 289, Finnur Jonsson S. 525. Diejenigen, so heißt es da, die weder das Credo noch das Pater noster können, können auch kein Band der *cognatio spiritualis* begründen, d.h. sie konnten keine Taufpaten werden, da diese ja den Täuflingen das *Credo oc Pater noster oc onnur cristeligh godinde* („und andere christliche Gebete") zu lehren hatten.

92 *Syntagma de Baptismo* S. 172 Anm. a

isländische Übersetzungen des Pater noster[93]. Inwieweit diese tatsächlich in Gebrauch waren, entzieht sich freilich unserer Kenntnis, doch dürfen wir sicher annehmen, daß angesichts des zunehmenden Bestrebens der Kirche, die Völker in ihrer eigenen Sprache anzusprechen, auch die Übersetzungen des Pater noster Verbreitung gefunden haben[94].

Nicht nur die Angabe *Credo* ließ uns zunächst an der Gültigkeit der Angabe in nG und nB zweifeln, die ja Voraussetzung für unsere Annahme ist, daß das Bekenntnis im Hinblick auf die Taufregelung eingestellt ist, auch der Text unseres Bekenntnisses ließ uns dies tun.

Bei der Besprechung der einzelnen Glieder des Bekenntnisses haben wir nicht nur auf Berührungspunkte mit anderen Bekenntnissen hingewiesen, sondern zum Teil auch den dogmengeschichtlichen Hintergrund aufgezeigt. Dabei haben wir festgestellt, daß unser Bekenntnis den gesamten Streit widerspiegelt, der um die Auslegung der einzelnen Aussagen entstanden ist. Wir können daher sagen, daß es auf diese Weise gleichermaßen eine Summa der Lehren über das Apostolikum darstellt. Diese Anlage deutet eher auf ein Bekenntnis- als auf ein Taufsymbol hin. Kann es trotzdem als Taufsymbol gedient haben? Dazu müssen wir auf die Funktion der uns bekannten *ähnlichen* Bekenntnisse eingehen.

Die altdeutschen Symbole, die wir als Vorbild für unser Bekenntnis bezeichnen mußten, sind uns zum größten Teil in Verbindung mit einem allgemeinen Sündenbekenntnis überliefert[95]. Dem Glaubensbekenntnis geht voran[96] bzw. folgt[97] ein Beichtbekenntnis mit einem Sündenkatalog. Das rührt von der Verwendung bei der sog. Offenen Schuld her[98]. Beide Stücke – Beicht- und Glaubensformel – wurden von der Gemeinde nach der Predigt aufgesagt. Daraufhin wurde vom Priester die Absolution erteilt[99]. Glaubens- und Beicht-

93 vgl. die isl. Übersetzung und Erklärung in Homiliubók, ed. Paasche Bl. 15 a u. b; ed. Wisén S. 33–35; die norw. Übersetzung und Erklärung in Gamal norsk homiliebok, ed. Unger S. 195–201; ed. Indrebø S. 153–159. Taranger hat den Text, der in diesen Ausgaben gemäß den einzelnen Bitten und den Erklärungen hierzu auf mehrere Seiten verteilt ist, zu einem einheitlichen Text zusammengefaßt, vgl. Taranger, Indflytelse S. 197.

94 Vgl. ausdrücklich die zitierte Stelle aus der *Sermo ad populum*, Gamal norsk homiliebok, ed. Indrebø S. 36. Ähnliches könnte dann auch für das Ave gelten. Für den Bereich der altdeutschen Kirche vgl. z.B. das Ave in Jeitteles, S. 2

95 vgl. statt vieler P I in Schönbach I, S. 40–42 und B I in SD S. 338–340 (Nr. LIII = MSD LXXXVII)

96 P I

97 B I

98 vgl. hierzu MSD II S. 430 ff. und besonders Jungmann, Die lateinischen Bußriten in ihrer geschichtlichen Entwicklung, Innsbruck 1932, S. 280 ff.

99 Die genaue Folge Beichte – Absolution – Glaubensformel, wie sie ursprünglich bestanden hat, differiert später etwas, vgl. MSD a.a.O.

formel sind also feste Bestandteile der Meßliturgie. Ob das jedoch ihre einzige Funktion war, entzieht sich unserer Kenntnis.

In ähnlicher Weise wie die altdeutschen Symbole ist uns das altisländische Bekenntnis überliefert, nämlich im Zusammenhang mit einer Beichtformel. Es beginnt mit den Worten, daß „wir als Zeichen der Demut ... unseren Glauben kundtun sollen“ (*Litellátlega iátning scolom v er hafa ... oc mǽla i lysingo trv varrar*)[100]. Hierauf folgt das Bekenntnis, wie wir es oben mitgeteilt haben[101]. An dessen Schluß steht die Bekraftigungsformel *Meþ þeire trv iáte ec guþe almótkom. en ec niti fiánda oc hans vercom*[102] – „Mit diesem Glauben bekenne ich mich zu Gott dem Allmächtigen und entsage dem Teufel und seinen Werken“. Hieran schließt sich das Sündenbekenntnis an, welches mit den Worten beginnt: *Ec sege at guþe drotne mínom oc ene helgo mario moþor hans oc ollom guþs helgom oc yþr systkinom mínom. at ec hefe synþer gorvar aúmr oc vesall allar þær. maþr. ma misgera meþ menzkre ꝍnd oc menzkom likama i orþom oc i verkom oc i huga rꝍngom*[103]. Es folgt wie in den altdeutschen Beichtformeln eine beispielhafte Aufzählung aller Sünden. Zum Schluß wird die Bereitschaft zur Buße angezeigt, an die sich die Bitte um Vergebung anschließt: *Nu vil ec allra þeira iþrasc afláta oc yver beóta viþ guþ oc viþ alla men. þa er ec hefe misgort viþ. Vil ec ꝍllom fyr gefa þeim es misgort hafa viþ mik mismǽlt eþa mishugat til þess at guþ fyr gefe mér minar synþer. Ek biþ guþ drotten min miscunar. en Mario móþor hans arnaþar orþz oc alla guþs helga at fyr geta ec bǿt synþer minar en ec fara ór heime þessom. Indulgentiam*[104]. Hieran, und das ist das Verblüffende, schließt sich der Text von T mit der beigefügten isländischen Übersetzung und den eingeschobenen Erklärungen an.

Bei den altdeutschen Symbolen wird der Zusammenhang mit der Predigt (vgl. oben) dadurch sichtbar, daß sie zum Teil zusammen mit diesen überliefert sind. Teilweise stehen sie am Anfang ganzer Sammlungen[105], teilweise sind sie zwischen zwei Predigten eingeschoben[106], teilweise stehen sie am Ende von Predigthandschriften[107]. Auch das altisländische Bekenntnis ist uns in einer

100 Homiliubók, ed. Paasche Bl. 67 a; ed. Wisén S. 145

101 S. 76, 77

102 Paasche Bl. 67 b oben; Wisén S. 146

103 Paasche a.a.O.; Wisén S. 147

104 Paasche Bl. 68 a (Mitte des 1. Abschnittes); Wisén S. 148

105 z.B. Jeitteles S. 1 (P III). Scherer weist in MSD II S. 432 darauf hin, daß dies nicht so aufgefaßt werden dürfe, daß die Glaubensformeln deshalb *vor* der Predigt zur Verwendung kamen. Er beruft sich dabei auf eine Schrift des Honorius, in der es heißt: ... *et finito sermone hanc fidem eius praedica ‚Credo in deum patrem‘* ... (MSD a.a.O.)

106 z.B. Schönbach I S. 40 und S. 46 (P I u. P II)

107 z.B. B I in Clm 4636, Beschreibung siehe SD S. 340

Predigtsammlung überliefert. Doch daraus lassen sich noch keine Rückschlüsse auf dessen Funktion ziehen. Es ist nämlich ohne ersichtlichen Grund und ohne erkennbaren Zusammenhang in eine Predigt, die Homilie *Die annunciationis beate Marie virginis ac Dei genitricis*[108], eingeschoben. Aus der Fundstelle können wir also nichts über die Funktion des Bekenntnisses herauslesen. Und ob man aus der gleichzeitigen Überlieferung mit einer Beichtformel schließen kann, daß das altisländische Bekenntnis in ähnlicher Weise verwendet worden ist wie die altdeutschen Symbole, und zwar ausschließlich, erscheint mir mehr als fraglich, da in der mittelalterlichen Liturgie keine Uniformität geherrscht hat[109]. So hatten nicht nur einzelne Länder, sondern sogar einzelne Provinzen und Stifte und auch Einzelkirchen ihre besondere Lokalform der Messe[110]. Zwar spricht die Form der Überlieferung zusammen mit einer Beichtformel in gewisser Weise für diese Annahme, und wir wissen auch, daß das Credo (allgemein) tatsächlich in der Messe verwendet worden ist[111]. Seine Stellung soll es dabei nach dem Judica gehabt haben, als Einleitung zum Confiteor[112], wobei der Zelebrant das Credo intonierte und die Gemeinde es dann fortsetzte[113]. Wenn dies auch auf eine Verwendung des altisländischen Bekenntnisses in der Messe hindeutet, so bleibt doch ein anderes Moment zu überlegen. Nach Fæhn ist das Credo in die Messe in Island erst 1224 eingeführt worden[114]. Dem widerspricht aber das Alter des Homiliubók, welches wir in der zweiten Hälfte des zwölften Jahrhunderts bzw. um 1200 angesetzt haben[115]. Stimmt die Ansicht Fæhns und deutet die Form der Überlieferung auf eine Verwendung in der Messe hin, dann hätten wir es mit einer jüngeren Einschiebung zu tun. Dafür spricht zwar die eigenartige Stellung des altisländischen Bekenntnisses, des Sündenbekenntnisses und von T einschließlich der Erläuterung innerhalb der Homilie *Die annunciationis beate Marie virginis ac Dei genitricis*, aber sonst lassen sich keine weiteren Anhaltspunkte dafür gewinnen, insbesondere was die Form und die Sprache betrifft. Diese Frage und der Umstand, daß zusammen mit dem altisländischen Bekenntnis auch T überliefert ist, können wohl erst dann näher geklärt werden, wenn die Herkunft dieser Handschrift, die vermutlich vom ersten Kompilator des Homiliubók an dieser Stelle eingeschoben worden ist,

108 Paasche Bl. 61 b ff.; Wisén S. 134 ff.

109 Fæhn, Fire norske messeordninger S. 14

110 Fæhn op. cit. S. 15

111 vgl. oben S. 145 und S. 149 Anm. 78

112 Fæhn S. 54

113 Fæhn S. 63

114 op. cit. S. 62. Das Credo taucht in der Messe zuerst in Konstantinopel auf, 1014 kam es in die römische Messe, und ähnlich wie in Island soll es auch verhältnismäßig spät in Norwegen in die Messe aufgenommen worden sein. (Fæhn a.a.O.)

115 oben S. 85 ff.

hinreichend geklärt ist. Daraus, daß sowohl das altisländische Bekenntnis als auch T in diese Handschrift aufgenommen sind, kann man immerhin soviel entnehmen, daß *beide* in Gebrauch waren, falls man in dem altisländischen Bekenntnis und dem Sündenbekenntnis nicht bloß eine paraphrasierende Übersetzung von altdeutschen Vorbildern ohne Funktionszweck sehen will, freilich mit eigenen Beifügungen, die es zu einem eigenständigen Symbol machen. Geht man von einem tatsächlichen Gebrauch aus, dann läßt sich jedenfalls nicht ausschließen, daß beide Bekenntnisse auch die gleiche Funktion hatten. Das heißt, daß auch das altisländische Bekenntnis sehr wohl als Taufbekenntnis gedient haben kann[116].

Dem Bekenntnis im 3. Statut des Erzbischofs Pál geht keine Einleitung voraus. Nach dem allgemeinen Satz *I nampne guðz amen* beginnt gleich der Text *Weer eghum allir men at trua* ...[117]. Am Schluß des Bekenntnisses steht die erwähnte doppelte Bekräftigungsformel: *En huer sem oðruuiss truir*...[118] und gleich daran anschließend: *þeim fakunnighum monnum þo sem ey kunnu alla þessa tru so skiluislogha wt at greina oc ey ero skyldughir framar sakir vigslu eða oc kunnasto, nöghir at þeir tru þet sem truir heilogh kirkia. oc þo at þeir true oðruuis en þeir eighu at trua ero þeir eigi villumenn ef þeir trua þi so at þeir hyggia kirkiuna so trua oc hafua þet i sinum hugh staðfastligha at þeir vilia þet trua sem hon truir*[119]. Wer also diesen Glauben nicht bekennen und beschreiben kann, und wer das, was die heilige Kirche glaubt, wissentlich nicht glaubt, der wird als Ketzer (*villumaðr*) betrachtet. In dem Statut folgen dann weiter eine Darstellung der sieben Hauptsünden, eine Warnung vor allen Lastern, eine Ermahnung zum christlichen Leben und gewisse Bestimmungen über das Leben in der christlichen Gemeinschaft, darunter auch über die Taufe, die Nottaufe und die Unfähigkeit, eine *cognatio spiritualis* (*guðsifjar*) zu begründen (z.B. bei der Taufe)[120].

Auch hier können wir von der Quellenstelle nicht auf die Funktion des Bekenntnisses schließen. Wir können lediglich aus den Bekräftigungsformeln entnehmen, daß offensichtlich zur Zeit des Erzbischofs Pál nur dieses Bekenntnis in Gebrauch war[121], das heißt aber, daß es dann auch als Taufbekenntnis gedient haben muß. Zusammenfassend können wir also festhalten, daß keine Argumente dagegen sprechen, daß sowohl das altisländische als auch das

116 Das gilt auch dann, falls dieses Bekenntnis nach 1224 ausschließlich dem Gebrauch in der Messe gedient haben sollte. Denn wenn es bereits vorher bestanden hat, dann muß ihm vorher auch eine andere Funktion zugekommen sein.

117 NgL III S. 285, Finnur Jonsson op. cit. S. 518

118 oben S. 150, 151

119 NgL a.a.O., Finnur Jonsson S. 519

120 hierzu oben S. 151 Anm. 91

121 vgl. oben S. 151

Bekenntnis aus dem 3. Statut des Erzbischofs Pál auch als Taufbekenntnis Verwendung gefunden haben[122]. Dies können wir zweifellos auch auf das zeitlich zwischen beiden liegende Bekenntnis Magnus Lagabøters übertragen. Der eher auf ein Bekenntnissymbol hinweisende Text spricht jedenfalls nicht gegen diese Annahme[123]. Das haben die obigen Ausführungen über die Funktion der insoweit vergleichbaren beiden anderen norwegisch-isländischen Bekenntnisse gezeigt. Wir können daher der Aussage in nG und der Abschrift von nB von 1566, in der es heißt: „wir sollen den Glauben halten, den wir in unserer Taufe bekannt haben, und der zu Beginn des Gesetzes genannt worden war", uneingeschränkt Glauben schenken. Die Zweifel, die wir zunächst wegen des Ausdruckes *Credo* und wegen des Textes hatten, dürften nunmehr beseitigt sein. Daraus folgt aber, daß wir davon ausgehen können, daß unser Bekenntnis als Taufbekenntnis gedient hat. In diesem Fall ist es demnach durchaus wahrscheinlich, daß die Einstellung in das Gesetz im Hinblick auf diese Verwendung erfolgt ist. Können wir nämlich davon ausgehen, daß unser Bekenntnis in der Taufe verwendet worden ist, dann muß sich die Verpflichtung in nG und nB, die den Paten die Kenntnis des Credo auferlegt[124], auch auf dieses Bekenntnis bezogen haben. Dann ist es nur folgerichtig, wenn in dem Gesetz dieses Bekenntnis, auf das sich die in demselben Gesetz statuierte Verpflichtung bezieht, selbst mitaufgenommen worden ist. Dies gilt umso mehr, als wir davon ausgegangen sind, daß das Bekenntnis nicht allzulange vor Magnus entstanden ist und bei der Existenz von mehreren Credi die Fixierung des Wortlautes angebracht war, während dies beim Pater noster[125], dessen Kenntnis ebenfalls verlangt war, wegen des gleichbleibenden Textes nicht erforderlich war. Den Grund für die Einstellung des Bekenntnisses haben wir also – abgesehen von anderen möglichen Gründen, die noch zu untersuchen sind, – in der nachfolgenden Taufregelung und der Verpflichtung der Paten, das Credo zu kennen, zu suchen.

Dagegen kann man nicht einwenden, daß im Christenrecht des Landrechts selbst und in allen anderen nachfolgenden Christenrechten die Taufe gar nicht mehr geregelt ist, und daß deshalb unsere Annahme nicht zutreffen könne. Dazu ist zu sagen, daß unser Bekenntnis bereits in nG vorhanden ist und dies auch in nB gewesen sein muß. Diese beiden Gesetze enthalten aber eine Taufregelung, nG in Kap. 9 und nB in Kap. 2, wobei die eigentliche Stellung in nB auch weiter hinten anzusetzen ist, da die Eingangsparagraphen fehlen, aber ursprünglich vorhanden gewesen sein müssen. In *diesen* Gesetzen ist die Einstellung des Bekenntnisses aus dem oben genannten Grund erfolgt – neben möglichen anderen. Die Einstellung

122 was ja nicht ausschließt, daß sie noch andere Funktionen erfüllten.

123 Bereits im ersten Teil dieser Arbeit haben wir darauf hingewiesen, daß auch Bekenntnissymbole als Taufsymbole Verwendung finden konnten (S. 25 ff., S. 30)

124 oben S. 143

125 und teilweise auch beim Ave Maria

an den Anfang und nicht bei der Erwähnung der Verpflichtung selbst, ergibt sich einmal daraus, daß in den früheren Gesetzen die Taufe immer unmittelbar am Anfang des Christenrechtes behandelt worden war. Möglicherweise sollte bei der Schaffung von nG zunächst diese Stellung beibehalten werden. Der zweite und wichtigere Grund aber ist der Grundsatzcharakter des Bekenntnisses, wie er auch aus dem Prolog zum Landrecht hervorgeht. Wegen dieser Bedeutung ist das Bekenntnis dann auch in den späteren Gesetzen beibehalten worden, als es Magnus verwehrt worden war, auch die rein kirchenrechtlichen Vorschriften zu reformieren. Daneben ist bereits früher erwähnt worden, daß Magnus hoffte, doch noch zu einem Ausgleich mit Jon Raude und damit zu einer gemeinsamen Regelung des Christenrechts zu kommen, die dann Aufnahme in das Landrecht gefunden hätte. Auch aus diesem Grunde empfahl sich eine Beibehaltung des Bekenntnisses.

Nach dieser unserer Annahme ist unser Bekenntnis (zumindest auch) ein Taufsymbol im früher dargelegten Sinn[126]. Diese Funktion erklärt im Hinblick auf die ursprünglich und noch in nG und nB vorhandene nachfolgende Taufregelung im Zusammenwirken mit einer verbindlichen Entscheidung über den Text die Einstellung in das Gesetz. Aufgrund der im ersten Abschnitt dieser Arbeit gewonnenen Ergebnisse wissen wir, daß Pluralform und weitläufiger Text dieser Funktion nicht widersprechen müssen.

c) Verwendung als Bekenntnissymbol

Der weitläufige Text unseres Bekenntnisses führt uns zu einem weiteren möglichen Grund für die Aufnahme in das Gesetz, der mit unserer ersten Annahme in einem gewissen Zusammenhang steht.

Wir haben bereits darauf hingewiesen, daß der Text in vielem den Charakter eines *Bekenntnis*symbols in dem von uns verstandenem Sinn trägt. Da sind, rein äußerlich betrachtet, einmal die imperative Pluralform und zum anderen die katechetische, ja summahafte Weitläufigkeit. Darauf deuten aber auch die Aussage im Prolog und die exponierte Stellung im Gesetz. Bereits bei der Unterscheidung von Taufsymbol und Bekenntnissymbol haben wir als besonderes Merkmal des letzteren die Stellungnahme zu Streitfragen innerhalb der Kirche und den dogmatischen Lehrcharakter herausgestellt. Dies gilt für alle Bekenntnissymbole, ob es sich nun um Bekenntnisse von Konzilien, Partikularsynoden oder Einzelpersonen handelt. In unserem Bekenntnis kommt dies besonders zum Ausdruck in den Gliedern der Höllenfahrt, des Todes Christi in seiner Menschheit, unbeschadet seiner Gottheit, des Erdendaseins des Auferstandenen, des jüngsten Gerichts und der Sündenvergebung. Diese Glieder lassen unschwer den jeweiligen Hintergrund ihrer geschichtlichen Entwicklung erkennen, insoweit können wir auf die im ersten Teil der Arbeit gemachten

126 S. 26 ff., S. 30 ff.

Ausführungen verweisen[127]. In all diesen Aussagen steht unser Bekenntnis in dem Streit einzelner Lehrmeinungen fest auf dem Boden der römischen Kirche und bekennt sich dazu. Es ist in dieser Hinsicht mit dem etwa gleichaltrigen Bekenntnis des Michael Paläologus zu vergleichen[128], mit dem die orthodoxe Kirche die Lehre der römischen Kirche anerkannt und dadurch das Schisma beendet hat. Dieses Bekenntnis ist der Prototyp eines Bekenntnissymboles, es stellt in noch höherem Maße eine Summe der Lehren der römisch-katholischen Kirche dar, zu denen sich die orthodoxe Kirche nunmehr bekannt hatte, und es enthält manches, was unser Bekenntnis in seinem von T abweichenden Teil auch bringt. (Zweinaturenlehre Christi mit der Unsterblichkeit der Gottheit, Himmelfahrt am 40. Tage nach der Auferstehung, jüngstes Gericht (auch) nach den Werken, Trinität am Anfang des 3. Artikels, Taufe *und* Sündenvergebung, Identität des Leibes). Um Mißverständnissen vorzubeugen, sei ausdrücklich festgehalten, daß wir diese beiden Bekenntnisse nur insoweit nebeneinanderstellen, als sie beide ausführlich Aufschluß über die Lehren der Kirche geben, nicht aber ist damit ein Vergleich ihrer Entstehung oder Funktion gemeint, dergestalt, daß die norwegische Kirche sich durch dieses Bekenntnis erst zur römischen Kirche bekannt hat.

Es ist jedoch ohne weiteres denkbar, daß zur Unterstreichung des Programmsatzes der Eingangsformel und der erläuternden Worte des Prologes eine kurze Zusammenfassung des Inhalts der Lehren über den Glauben gegeben werden sollte, den zu halten oberstes Gebot war. Dazu mußten in ähnlicher Weise wie beim Bekenntnis des Michael Palaälogus die wesentlichen Lehren der Kirche gebracht werden, wobei man sich bei der textlichen Abfassung an altdeutschen Vorbildern ausrichtete. In diesem Fall wäre die Funktion unseres Bekenntnisses die eines Bekenntnissymbols.

Widerspricht dem nicht die große Ähnlichkeit gerade mit den altdeutschen Symbolen? Wir haben ja gesehen, daß diese vor allem in der Messe bei der Offenen Schuld verwendet worden sind und daher nicht als Bekenntnissymbol in dem von uns entwickelten Sinn verstanden werden können, obwohl auch sie von der Form her sich dazu durchaus eigneten[129]. Doch haben wir auch an anderer

127 oben S. 36 ff.; S. 40 ff.; S. 44 ff.; S. 47 ff. und S. 58 ff.

128 oben S. 28 Anm. 18

129 Um Mißdeutungen auszuschließen, sei noch einmal darauf hingewiesen, daß wir unter Bekenntnissymbol ein Bekenntnis verstanden haben, dessen Zweck in erster Linie ein Grundsatzbekenntnis ist, dessen geschichtlicher Hintergrund das Bekenntnis zu einer größeren Einheit und die Auseinandersetzung mit Irrlehren war. Freilich wurde dieser Zweck mit der Zeit auch von den reinen Taufsymbolen, bei denen ursprünglich nur der Gebrauch während der Tauffeier im Vordergrund stand, mitumfaßt, und er ist auch integrierter Zweckbestandteil des in der Messe verwendeten Credo, und es ist daher fast müßig, diese Unterscheidung zu treffen. Wenn wir es trotzdem getan haben, so geschah dies nur, um die *ursprüngliche* Zweckrichtung eines Bekenntnisses besser bestimmen zu können.

Stelle darauf hingewiesen, daß eine Uniformität der Meßliturgie nicht bestanden hat[130], so daß ähnlichen Bekenntnissen, die zum Teil sogar in der gleichen Weise überliefert sind[131], durchaus eine andere oder zumindest *auch* eine andere Funktion zugekommen sein kann. Im übrigen kann man einen Hinweis auf einen möglichen Funktionsunterschied der norwegischen und der altdeutschen Bekenntnisse bereits in den Widersagungs- bzw. Bekräftigungsformeln erblicken. Während die altdeutschen Widersagungsformeln, die teils vor, teils nach dem Glaubensbekenntnis stehen, z.B. lauten: *Ich widersage deme tiufel minen lip unde minde sele: ich wil ane in niht gelouben, ine sol ane in niht gelouben*[132], *Ich widersaig diem tiuvel mit allen sinen werchen unt allen sinen gezierdin*[133] –, *Al nach der gloube, so ich fregehen hân, so widersagich dem tiuuile unte allin sîn zierden unde allin sin werchen*[134] oder *Ich sündiger mensche, ich vorsage dem tüvele al sines willen, al sinen reten und al sinen werken*[135] heißt es in der Widersagungs- und Bekräftigungsformel am Schluß des altisländischen Bekenntnisses: *Meþ þeire trv iáte ec guþe almótkom. en ec niti fiánda oc hans vercom*[136]. Die altdeutschen Formeln haben also nur eine *negative* Aussage (Widersagung an den Teufel), die norwegische Formel daneben auch eine *positive* Aussage (Bekenntnis zu Gott)[137]. Nehmen wir hierzu noch die eindrucksvollen Bekräftigungsformeln des Bekenntnisses aus dem 3. Statut des Erzbischofs Pál[138], dann können wir festhalten, daß die norwegisch-isländischen Bekenntnisse – zumindest *auch* – eine andere Funktion gehabt haben als die altdeutschen Bekenntnisse. Denn aus den Bekräftigungsformeln ergibt sich, daß ihnen *auch* ein gewisser Grundsatz- oder Bekenntnischarakter zugekommen sein muß, ein Umstand, den wir für *unser* Bekenntnis schon aus der exponierten Stellung im Gesetz und dem Hinweis im Prolog entnommen haben. Denn in der Tat legen gerade diese beiden Momente diesen Schluß für unser Bekenntnis nahe: Wenn Magnus im Prolog sagt, daß der christliche Glaube die Grundlage und der Beginn aller guten Werke sei[139], so deutet das doch den Grundsatzcharakter unseres Bekenntnisses an. Vollends wird das bestätigt in der Fortführung der Eingangsformel „Das ist der Anfang unseres Gesetzes . . ., was der Anfang alles Guten ist, daß wir halten und bewahren sollen den christlichen Glauben"[140].

130 oben S. 154
131 vgl. das altisländische Bekenntnis
132 M in SD S. 346
133 A in SD S. 350
134 W II in SD S. 356
135 P I in Schönbach I S. 41
136 Homiliubók, ed. Paasche Bl. 67 b oben; ed. Wisén S. 146
137 besonders treffend in der Gegenüberstellung von *iáte* und *niti*
138 oben S. 150 und S. 155
139 NgL II S. 8
140 NgL II S. 22

Greifen wir *diese* beiden Aussagen als Erklärung der Einstellung heraus und beachten wir dazu die Ähnlichkeit auch in der Funktion mit den anderen altnordischen Bekenntnissen, dann hat unser Bekenntnis eindeutig den Charakter eines Bekenntnissymboles. Als zusätzliche, erklärende Aussage zu dem Hinweis im Prolog und zu der Eingangsformel[141] wird eine Glaubensformel geboten, welche die Grundlagen des Glaubens, wie sie sich aus den jahrhundertelangen Auseinandersetzungen innerhalb der Kirche ergeben haben, zum Inhalt hat. Dieser Grundsatzcharakter ist dann eine weitere Erklärung für die Form des imperativen Plurals *wir sollen glauben.* Diese Form läßt sich nicht nur als Angleichung an die Eingangsformel *wir sollen halten und bewahren* deuten, sie ergibt sich vielmehr bereits aus dem Grundsatzcharakter des Bekenntnisses.

Wir können also sagen, daß unserem Bekenntnis in gewissem Maß auch Funktion und Wesen eines Bekenntnissymboles zukommen.

Doch wie verhält sich nun dieses Ergebnis zu unserer ersten Annahme, daß das Bekenntnis im Hinblick auf die Taufregelung eingestellt worden sei? Wir haben oben bereits gesehen, daß sich die Funktionen eines Bekenntnis- und eines Taufsymboles nicht auszuschließen brauchen. Außerdem hatten wir diese Unterscheidung nur getroffen, um die möglichen Zweckrichtungen des Bekenntnisses besser erkennen zu können. Wenn wir nun zu der Folge kommen, daß unser Bekenntnis sowohl Tauf- als auch Bekenntnissymbol ist, so bedeutet dies nur, daß es beide Funktionen erfüllt hat. Welches allerdings die ursprüngliche Funktion war, läßt sich anhand des Quellenmaterials nicht ermitteln. Zudem ist es fraglich, ob sich hier überhaupt ein endgültiges Ergebnis gewinnen läßt, da bei diesem Bekenntnis, dessen Entstehungszeit wir wegen der Überlieferung in Verbindung mit der Gesetzesreform im engen zeitlichen Zusammenhang hiermit angesetzt haben, möglicherweise bereits von Anfang an eine Überschneidung beider Funktionen vorhanden gewesen ist.

Unser Bekenntnis muß von der Funktion her weder als reines Taufsymbol noch als reines Bekenntnissymbol verstanden werden. Es ist einmal als ein Grundsatzbekenntnis aufzufassen, als Ausdruck dessen, daß der christliche Glaube die Grundlage allen Wirkens sei. Dabei knüpft es an die Feststellung des Königs im Prolog des Gesetzes und zugleich an die Eingangsformel an, welche ebenfalls ein Grundbekenntnis zum christlichen Glauben ist. Es führt aber auch über diese hinaus: Während die Eingangsformel ein pauschales Bekenntnis zum christlichen Glauben ist, präzisiert das Glaubensbekenntnis dies auf die Glaubenswahrheiten der römisch-katholischen Kirche[142] und bietet somit die Grundlage, auf die der

141 vgl. den Beginn der Glaubensformel bei Aphraates: „Das ist der Glaube: daß man glaubt an Gott den Herrn . . .“ (Hahn § 16 S. 20) oder bei Novatianus: *Regula exigit veritatis, ut primo omnium credamus in Deum Patrem* . . . (Hahn § 11 S. 15).

142 was jedoch nicht als Bekenntnis zu dieser Kirche im Sinne des Bekenntnisses des Michael Paläologus aufzufassen ist.

Glaube aufzubauen hat. Es ist damit zugleich Konkretisierung der Verpflichtung, daß jedermann, insonderheit die Eltern und die Paten, das Credo können muß, und daß letztere es den Täuflingen zu lehren haben. Dieses Bekenntnis wurde bei der Taufe verwendet, bei der die Paten bzw. die Täuflinge Zeugnis darüber abzulegen hatten, ob sie die Voraussetzungen für die Taufe bzw. für das Patenamt erfüllten. Neben der grundsätzlichen Bedeutung sollte die Einstellung daher ständige Mahnung an diese Verpflichtung und zugleich deren Inhalt sein. Mit diesem weitläufigen Bekenntnis und dessen zum Teil sehr ausführlichen Aussagen hatten die Paten und auch die Eltern ein ideales Hilfsmittel für die katechetische Unterweisung.

Unser Bekenntnis reiht sich somit vollständig in die anderen altnorwegischen und isländischen Symbole ein, sowohl vom Text her, der altdeutschen Vorbildern nachgebildet ist und genau wie diese mit dem jeweils jüngeren Bekenntnis einen Zug zur Konzentrierung zeigt, als auch von der Funktion her, denn auch bei jenen konnten wir jene Doppelfunktion feststellen.

Nach diesen Überlegungen lassen sich die letzten Fragen, die mit der Einstellung des Glaubensbekenntnisses zusammenhängen, verhältnismäßig leicht klären: Warum gerade *dieses* Bekenntnis, warum Einstellung in ein *weltliches* Gesetz und warum gerade von *diesem* König?

Das Bekenntnis sollte als Taufsymbol dienen, dazu bestimmt, bei der Taufhandlung und in der katechetischen Unterweisung hierfür verwendet zu werden, zudem sollte es ein Grundsatzsymbol darstellen. Hierzu eignete sich dieses Bekenntnis wesentlich besser als das weniger umfangreiche und ausführliche T. Im übrigen haben wir schon darauf hingewiesen, daß die Entstehung dieses Bekenntnisses in engem zeitlichen Zusammenhang mit der Gesetzesreform steht[143], so daß auch aus diesem Grund die Einstellung dieses Bekenntnisses verständlich wird.

Vergegenwärtigen wir uns, an welcher Stelle des Gesetzes unser Bekenntnis steht, dann ist die zweite Frage ebenso leicht zu beantworten: Das Glaubensbekenntnis leitet den Abschnitt über das Christenrecht ein, also jenes Kapitel im Landrecht, welches genaue Bestimmungen über die Geburt und Taufe der Kinder, über Errichtungen von Kirchen, Einrichtungen von Kirchenbauten, Vergehen gegen die Kirche etc. bringen sollte und in nG und nB auch noch brachte. So ist es nicht verwunderlich, daß unser Bekenntnis – abgesehen von seiner Zweckbestimmung in bezug auf die nachfolgende Taufregelung – gleichsam als Leitmotiv über

143 Möglicherweise sind auch die Ausdrücke *ok nv var upptold* in nG 3 und *och adher wor optaldh* in nB von 1566 Indizien hierfür. Denn bei bereits länger bestehenden, im ganzen Volk gut bekannten Bekenntnistexten hätte es dieses Hinweises eventuell nicht bedurft.
Auch die geringen Abweichungen der Texte in den jeweiligen Quellen mögen Hinweise dafür sein, daß noch keine verfestigte Formel vorlag.

diesem Kapitel mit kirchenrechtlichen Bestimmungen steht bzw. stehen sollte, und damit gleichzeitig über dem ganzen Gesetz, da Prolog und Thingfahrtsordnung dem eigentlichen Gesetzestext vorangestellt sind. Zumal da dieses Christenrecht ursprünglich (in nG und nB) die einzige Rechtsgrundlage für die Stellung der Kirche und gegenüber der Kirche war. Und so gilt für das Glaubensbekenntnis in doppelter Weise, was König Magnus im Prolog zur Begründung der hervorragenden Stellung des Christenrechts ausgeführt hat: „Damit man erkenne, daß der christliche Glaube die Grundlage und der Beginn aller guten Werke sei".

Noch ein weiterer Grund ist für die Aufnahme in dieses *weltliche* Gesetz bestimmend: Wir wissen, daß Magnus sich als einen dem Erzbischof gleichberechtigten Verwalter und Wahrer eines Amtes Gottes betrachtete, das zeigen die betreffenden Ausführungen in *Konungsskuggsjá* LXIX[144] und die Bestimmung über das Amt des Bischofs und des Königs in LL 2. Hierzu zählte auch die Sorge um den rechten Glauben. Das wird besonders deutlich in nG 3, dem Kapitel wider den Aberglauben und die Zauberei, in dem der Anspruch des Königs und des Bischofs, auf die Einhaltung des Glaubens zu achten, ausdrücklich erwähnt wird. Nach der bereits zitierten allgemeinen Verpflichtung, daß jeder „schuldig ist, den Glauben zu halten, den wir Gott in unserer Taufe versprochen haben, und der oben aufgesagt ist", heißt es dort: *þa a konongr ok biskup med mykcilli gavmgæfve at ranzsakca at menn fare æigi med ofmikcilli villu ok hæidenvm atrvnade*.[145] Daraus ergibt sich aber die Berechtigung, die Grundlage dessen, was geglaubt werden soll, im Gesetz des Königs selbst darzustellen.

Damit beantwortet sich auch die dritte Frage, warum die Einstellung gerade durch diesen König vorgenommen worden ist. Es war eben dieser König, welcher die allgemeine Gesetzesreform durchführen ließ, aus deren Anlaß die Aufnahme des Bekenntnisses in das Gesetz erfolgt ist, und der sich in seinem Gesetz der Sorge um den Glauben ausdrücklich verpflichtet wußte. Zudem war Magnus von tiefer Religiosität erfüllt und der Kirche gegenüber besonders aufgeschlossen. So ist es nicht erstaunlich, wenn dieser König in einer Zeit, da die Kirche immer mehr an Einfluß gewann und alle Lebensbereiche durchdrang, auch nach außen statuierte, was er für sich selbst schon längst erkannt hatte, daß der Glaube Grundlage allen Lebens sei, und deshalb, vielleicht auch unter dem Eindruck des *Liber Extra* als Vorbild, dem das Bekenntnis des IV. Laterankonzils von 1215

---

144 vgl. oben S. 131 Anm. 84

145 NgL II S. 307, 308. Vgl. auch die Strafbestimmung für den, der des Aberglaubens überführt wird: *Nv ef nockor madr verdr at þvi kunr æda sanr. at hann fær med þæma vanda atrvnade ok hæidini vilu æda sampvckir þæim er med slikv fara. þa er sa vttlægr ok alt fe hand ok a halft konongr en halft biskup. En ef meler þat konongs madr eda biskups vmbodsmadr* (a.a.O.).

ebenfalls als Grundsatzsymbol vorangestellt ist[146], an den Beginn *seines* Christenrechtes ein Glaubensbekenntnis setzte. Nicht nur als Grundlage allen Lebens und aller guten Werke wollte Magnus das Glaubensbekenntnis und das Christenrecht verstanden wissen, sondern auch als Grundlage „des Gehorsams gegenüber der heiligen Kirche", und ihren Leitern „als Erleuchtung und Führung zu aller gesetzlichen Rechtlichkeit und menschenfreundlichen Gesittung"[147]. Christenrecht und damit auch Glaubensbekenntnis sollten die Grundlage für das Verhältnis der Bevölkerung zur Kirche und umgekehrt auch, dem Gesetzescharakter entsprechend, verbindliche Anweisung für das Wirken der Geistlichkeit sein[148]. Daher mußte ihm auch in seiner Stellung als Gesetzgeber an der Publikation des Bekenntnisses gelegen sein und diese auch beibehalten, als er das übrige Christenrecht nicht mehr regeln durfte.

d) Verwendung als machtpolitisches Symbol

Die Einstellung des Bekenntnisses durch den König und nicht durch den Erzbischof ergibt sich daraus, daß jener und nicht dieser der Gesetzgeber war. Sie wirft aber, auch in Verbindung mit dem eben erwähnten Ausspruch im Prolog, und vor allem mit der zitierten Bestimmung in nG 3, ein weiteres Problem auf, nämlich, ob nicht unser Bekenntnis zugleich als machtpolitisches Symbol aufzufassen ist, dergestalt, daß der König in einer Zeit der nun wieder stärker werdenden Auseinandersetzung mit der Kirche mit der Aufnahme eines Glaubensbekenntnisses in sein (weltliches) Gesetz zugleich bekunden wollte, daß der eigentliche Oberherr der Kirche, auch was deren Stellungnahme zu Glaubensfragen anging, er, der König, und nicht der Erzbischof sei[149]. Seine Stellung wäre in diesem Fall der von Karl dem Großen ähnlich, der in ganz erheblicher Weise auf grundsätzliche Glaubensfragen der fränkischen Kirche einwirkte[150], und der ja auch in einem Glaubensbekenntnis seine Auffassung

---

146 Vgl. über den allgemein *philosophischen* Aspekt dieser Einstellung in den *Liber Extra* den Bericht über die Kommentarstellen der Kanonisten hierzu von Michaud-Quantin, Commentaires sur les deux premières Décrétales du recueil de Gregoire IX au XIIIe Siècle in: *Miscellania Mediaevalia*, Bd. 2 S. 102 ff.

147 Ngl II. S. 8 ... *grunduoll oc upphaf allra goðra uerka. oc heilagrar kirkiu lyðni oc hennar formanna vera lysing oc leiðtogar til allra logligra rettynda oc miskunsamligra siðsemda*

148 Diese Funktion konnte natürlich nur das Christenrecht von nG oder nB erfüllen, nicht aber der Torso in LL. Magnus hoffte aber, wie schon erwähnt, auf eine Regelung, die ihm die Einstellung eines vollständigen Christenrechtes ermöglichte. Daher dieser Satz im Prolog von LL.

149 Für den Hinweis auf dieses Problem bin ich Herrn Professor Lars Hamre, Oslo, zu Dank verpflichtet.

150 vgl. z.B. oben S. 51

vom Glauben niederlegte[151]. Daß Magnus nicht nur Bereitschaft zur Mitarbeit der Kirche und Aufgeschlossenheit ihr gegenüber zeigte, sondern auch als beharrlicher Verfechter und Verteidiger der Rechte des Staates auftrat, haben wir in der eingehenden Auseinandersetzung mit seiner Person gesehen. Die wechselhaften Beziehungen zwischen Staat und Kirche in Norwegen von dessen Christianisierung an legen jedenfalls jene Vermutung nahe.

Norwegen war in der zweiten Hälfte des 10. Jahrhunderts unter Olav Tryggvasson christianisiert worden. Anfangs konnte sich das Christentum nur mit Mühe durchsetzen, und nur durch den Einsatz ihrer starken Persönlichkeit konnten christliche Könige wie Olav der Heilige, Magnus der Gute und Olav Kyrre dem Christentum zum endgültigen Sieg verhelfen. Es entstand dann verhältnismäßig rasch eine feste Einteilung in Diözesen, so bestand für den Bereich des Frostathings das Bistum Nidaros, für den des Gulathings das Bistum Bergen und für den des Eidsiva- und Borgarthings das Bistum Oslo. Später, im 12. Jahrhundert, entstanden durch Abspaltung von den Bistümern Bergen und Oslo noch die Bistümer Stavanger und Hamar[152]. Zu dieser Zeit war die Kirche vom Staat vollkommen abhängig. Der König ernannte die Bischöfe und Priester, von ihm wurden die Kirchen gestiftet und gebaut. Die Priester unterlagen vollständig der weltlichen Gerichtsbarkeit, das Christenrecht war fester Bestandteil der weltlichen Gesetzgebung[153].

Erst durch die Schaffung eines eigenen kirchlichen Zentrums in Norwegen (Errichtung des Erzbistums Nidaros im Jahre 1152) und dem allmählichen Vertrautwerden mit dem kanonischen Recht errang die Kirche mehr Einfluß. Hinzu kam, daß zu jener Zeit die Thronprätendentenstreitigkeiten erneut heftig entbrannten. So stritten sich zur Zeit der Mission Nikolaus Breakspears allein drei Könige um die Macht. Diesen Streit verstand die Kirche wohl auszunutzen, indem sie die Partei, die ihr am meisten Rechte zugestand, auch am meisten unterstützte. Sichtbarster Ausdruck hierfür ist die Königskrönung Magnus Erlingssøns im Jahre 1164.

Nachdem alle drei Könige, die während der Anwesenheit des Kardinals Nikolaus regiert hatten, gefallen waren, kämpfte Erling Skakke um die Herrschaft für seinen Sohn Magnus. Er konnte sie nur dadurch erringen, indem er einem sehr eigenmächtigen Vorgehen des damaligen Erzbischofs Eystein zustimmte. Dieser hatte die Schwäche des Königtums ausgenützt und für die Kirche einige

151 in dem Brief an Elipand, MGH Conc. II S. 163

152 letzteres gleichzeitig mit der Errichtung des Erzbistums Nidaros

153 vgl. zur Frühzeit des Christentums in Norwegen bes. die Zusammenfassung bei Zorn S. 83 ff.; vgl. allgemein auch Maurer, Die Bekehrung des norwegischen Stammes zum Christenthume. Die Einwirkung des Christentums auf die Kultur schildert Paasche in: Møtet mellem hedenskap og kristendom i Norden und in: Kristendom og kvad, beides in: Hedenskap og kristendom, S. 11 ff. u. S. 25 ff.

Sonderrechte bestimmt, die deren Stellung wesentlich stärkte, z.B. Erhöhung der kirchlichen Bußbezüge um das Doppelte, sowie verschiedene andere Maßnahmen, die einen Eingriff in das Gesetzgebungsrecht des Things, und da der König hier den größten Einfluß hatte, auch in den Einflußbereich des Königs darstellten. Nun erhob Eystein weitere Forderungen und erklärte Erling deutlich, daß er, sollte dieser und Magnus seine – des Erzbischofs – Forderungen nicht erfüllen, jeden anderen Prätendenten unterstützen würde[154]. Erling mußte sich dem Erzbischof beugen, wollte er der Unterstützung der Kirche für das illegitime Königtum seines Sohnes Magnus sicher sein, denn dieser hatte als Tochtersohn des Königs Sigurd Jorsalfarer kein Thronrecht, da dies nur Söhnen von Königen zukam. 1164 wurde daher Magnus gegen eine Reihe von Konzessionen an die Kirche, insbesondere der Thronfolgeordnung von 1164[155], die der Kirche ein erhebliches Mitspracherecht bei der Königswahl einräumte, in Bergen von Erzbischof Eystein gekrönt[156]. Damit war das norwegische Königtum in Abhängigkeit von der Kirche geraten, es war deren Lehen geworden.

Erst eine starke Herrscherpersönlichkeit wie König Sverre (1177–1201) konnte dieses unnatürliche Verhältnis wieder beseitigen. Sverre vertrat die Ansicht, daß das Königtum genau wie das Bischoftum von Gott abstamme, und verbat sich daher jegliche kirchliche Einmischung in staatliche Hoheitsrechte[157]. Die von König Magnus Erlingssøn gemachten Konzessionen erklärte er für ungültig, da sie von einem staatsrechtlich illegitimen Herrscher, der nur infolge kirchlicher Unterstützung an die Regierung gekommen und daher unrechtmäßiger König geworden war, gemacht worden waren[158]. Außerdem konnten Rechte, die dem Staat wesentlich und im Begriffe desselben enthalten seien, vom König niemals aufgegeben werden, da sie ihm von Gott übertragen seien und er darüber Gott Rechenschaft schulde[159]. Auch in seiner Befürwortung des staatlichen Einflusses auf die Bischofswahlen und die Pfründenverleihung berief er sich auf altes norwegisches Staatsrecht. In einem langen dramatischen Kampf[160], in den auch das Papsttum hineingezogen wurde (vor allem Innozenz III.)[161], und in dessen Verlauf der gesamte norwegische Episkopat in das Exil ging, setzte König Sverre

154 *Magnus Erlingssonar saga* Kap. 13, *Heimskringla*, Ausg. Unger 1868, S. 795 ff.

155 oben S. 122 Anm. 44

156 Die Krönung durch den Erzbischof sollte das illegitime Thronrecht König Magnus Erlingssøns kompensieren.

157 Eine Rede an die Bischöfe, Übersetzung v. Teichmann S. 33 ff.

158 *Sverris saga Sigurdarsonar*, Kap. 99, Fltbk. II, S. 633, 634.

159 Eine Rede an die Bischöfe, S. 40

160 vgl. *Sverres saga* Kap. 103 ff. (Fltbk. II S. 636 ff.)

161 vgl. die Auszüge päpstlicher Breven bei Zorn S. 138 ff.; über das Verhältnis zwischen Innozenz und Norwegen siehe Jacob, Innocent III., in: Cambridge Medieval History, VI, S. 29 ff.

seine Ansichten und Forderungen durch. Unter Sverre hatte sich das Verhältnis von Kirche und Staat in Norwegen wiederum um 180 Grad gewandelt: Die Kirche war wieder in die Abhängigkeit des Staates gebracht worden.

Doch schon unter der Herrschaft seines Sohnes Håkon Sverressøn änderte sich das erneut: 1202 wurde ein Vergleich geschlossen, in dem der König der Kirche alle Rechte zugestand, die ihr nach alten und neuem Recht zustehen sollten, jedoch unter Wahrung seines Königstums und seiner königlichen Hoheitsgewalt. Die Kirche hatte danach wieder volle Freiheit, jedoch im Rahmen der dem Königtum nach Landrecht zustehenden Rechte. Der Staat behielt also die volle Souverenität.

Dieser *modus vivendi* blieb auch unter dem Enkel Sverres, Håkon Håkonssøn bestehen, der sich in dem bald darauf erneut entbrannten Prätendentenstreit am stärksten erwies. Håkon selbst war der Kirche äußerst wohlgesinnt. Er zeigte dies durch reiche Seelgaben und neue Kirchenstiftungen. Er war jedoch nicht gewillt, von der Souveränität seiner Herrschaft etwas preiszugeben[162]. Es gelang ihm, die Kirche mit dem *formal* Errungenen zufrieden sein zu lassen, was jedoch nicht ausschließt, daß die Kirche *praktisch* an Einfluß gewann[163]. Håkon nahm es hin, wenn die Kirche oft mit allzu großem Nachdruck die Verwirklichung des kanonischen Rechts in Norwegen forderte, sofern nur staatliche Hoheitsrechte nicht angetastet wurden. Seine gesamte Regierungszeit hindurch konnte er der

---

162 vgl. den Streit um die Krönung König Håkons. Håkon war unehelich geboren und wurde nach heftigen Auseinandersetzungen erst 1223 endgültig zum König gewählt. (Hierzu bedurfte er auch der Unterstützung der Kirche und erkaufte sich diese mit einigen Privilegien, vor allem mit dem sehr wichtigen Münzprivileg.) Dem König lag daran, sein Königtum durch kirchliche Weihe und Krönung zu legalisieren. Auf die Forderung der Kirche nach neuen Privilegien antwortete er, daß sie bereits genügend Privilegien von früher hätte und diese auch in einer viel stärkeren Weise ausgedehnt hätte, als sie bei der Verleihung gedacht waren. Als 1247 die Kirche vor der Krönung verlangte, der König solle den gleichen Throneid leisten, wie Magnus Erlingssøn es getan hatte (und damit wieder die Unterwerfung des Königtums unter die Kirche erklären), antwortete Håkon: „Die Vorrechte wollen wir gerne der heiligen Kirche und deren Dienern bewilligen, daß sie die Freiheit genießen soll, wie in den Ländern, in denen beide ihre Freiheit und ihre Ehre haben, die heilige Kirche und das Königtum. Haben aber Könige vorher etwas zugesichert, was sie nicht zusichern konnten, außer für ihre eigene Person" (hier scheint die Gedankenführung Sverres durch), „so wollen wir doch nicht weder unser Recht noch das unserer Nachkommen beeinträchtigen lassen. Kurz gesagt, wollt Ihr uns nur bedingungsweise die Krone geben, dann wollen wir lieber die Krone gar nicht tragen, denn uns einem Zwang unterwerfen." (*Hakonar saga hins gamla*, Kap. 222, Fltbk. III S. 167, 168; Übersetzung nach Niedner, Norw. Königsgeschichten II, S. 289, Thule XVIII). Die Krönung kam dann, v.a. durch Vermittlung des Kardinals Wilhelm von Sabina, ohne diesen Eid zustande.

Über den Eid Magnus Erlingssøns vgl. u.a. Holtzmann, Krone und Kirche in Norwegen, S. 349 ff.

Kirche gegenüber einen verhältnismäßig festen Standpunkt vertreten: Zusammenarbeit mit ihr, und möglichst keine Auseinandersetzung über *einzelne* Privilegien, zum anderen aber keine *neuen* Freiheiten und Privilegien in Form von verpflichtenden Briefen[164]. So wurde seine Regierungszeit vor allem zur Zeit eines sich den tatsächlichen Verhältnissen anpassenden, wenn auch nicht offiziell geregelten Nebeneinanders von Kirche und Staat. König Håkons Zeit war besonders in der zweiten Regierungshälfte, was den inneren Frieden betrifft, eine verhältnismäßig ruhige Zeit, wenn auch unter der Oberfläche die Gegensätze weiterschwelten. Sie läßt sich treffend mit den Worten „avspenning og ny oppladning" kennzeichnen[165].

Nach all diesen Jahren des wechselhaften Verhältnisses zwischen Staat und Kirche, in denen das Pendel von anfänglicher totaler Abhängigkeit der Kirche vom Staat bis zum totalen Sieg über den Staat ausgeschlagen hatte, um unter Sverre in die ursprüngliche Ausgangsstellung zurückzufallen und unter Håkon allmählich wieder der Kirche den Status eines, wenn auch noch nicht gleichberechtigten, Partners zu verschaffen, durfte es nicht verwundern, daß unter Magnus Lagabøter, begünstigt durch das religiöse und kirchenfreundliche Wesen dieses Königs und einer ehrgeizigen und starken Führerpersönlichkeit auf seiten der Kirche (Jon Raude), sowie deren Unterstützung durch ein nach dem Streit mit Friedrich II. allmählich wieder erstarkendes Papsttum, die Auseinandersetzungen zwischen Kirche und Staat offen ausbrachen. Sichtbarster Ausdruck hierfür war ja das Verbot der Überarbeitung des Christenrechts des *Frostathingsbok*, welches 1269 dem König von dieser Thinggemeinde erteilt wurde.

163 vgl. die Erklärung Wilhelm von Sabinas (NgL I S. 450) und hierzu oben S. 128 Anm. 70. Einen Überblick über den Stand der Meinungen, inwieweit diese Erklärung den tatsächlichen Verhältnissen entsprach, gibt Helle S. 83. Außerdem soll Håkon 1244 mit Erzbischof Sigurd ein Christenrecht vereinbart haben, welches in Fr Eingang gefunden haben soll (vgl. den Hinweis in NgL III S. 153, 154 und Munch IV, 1 S. 111 ff. und Zorn S. 172 ff.). Ob diese Angabe jedoch stimmt, ist umstritten (vgl. Taranger, Udsigt I S. 44, 45). Gemeinhin wird angenommen, daß das Christenrecht in Fr auf der Goldfeder Erzbischof Eysteins aufbaue (vgl. Taranger a.a.O.). Sollte die Ansicht der Urheberschaft Håkons und Sigurds richtig sein, so stimmt das Gesetz jedenfalls nicht mit den tatsächlich herrschenden Zuständen überein. (Es bestimmt z.B. die Immunität der Geistlichen von weltlichen Abgaben, insbesondere der Heerlast [Fr VII, 17], praktisch ist dies jedoch nicht durchgeführt worden. Ähnliches gilt für die Bestellung der Priester [Fr. II, 11]).

164 vgl. Blom, Kongemakt og privilegier, S. 139. Mit Ausnahme des Münzprivilegs von 1222 (vgl. Anm. 162)

165 Blom S. 132

Die Einbeziehung eines Glaubensbekenntnisses in ein vom König und dessen engsten Mitarbeitern ausgearbeitetes Gesetz[166] konnte daher tatsächlich einen Akt darstellen, mit dem der König grundsätzlich seine Oberhoheit gegenüber der Kirche, oder doch wenigstens ein grundsätzliches Mitwirkungsrecht an der Gesetzgebung in kirchlichen Angelegenheiten statuieren wollte. Die bisherige Entwicklung des Verhältnisses zwischen Staat und Kirche spricht jedenfalls für diese Vermutung, doch letzten Endes vermag sie nicht zu überzeugen.

Das Glaubensbekenntnis ist nicht erst nach dem offenen Ausbruch des Konfliktes mit der Kirche in das Gesetz eingestellt worden, sondern es war schon Bestandteil von nG, welches 1267 von der Gemeinschaft des Gulathings angenommen wurde. Wir haben oben an anderer Stelle nachgewiesen, daß bezüglich der einleitenden Paragraphen des nG keine bloße nachträgliche Abschrift aus dem Landrecht vorliegt, sondern daß diese tatsächlich in nG enthalten gewesen sein müssen[167], ebenso in nB, von dem uns der Anfang verloren gegangen ist. Bei der Reform dieser Gesetze ging Magnus jedoch ohne weitere Bedenken davon aus, daß das Gesetzgebungsrecht auch für diese Christenrechte gemäß der bisherigen Tradition ihm oblag. Ein Anlaß, diese Ansicht gesondert durch die Aufnahme des Glaubensbekenntnisses auszuweisen, bestand jedenfalls nicht. Zudem hatte Magnus ein besonders enges freundschaftliches Verhältnis zu dem Erzbischof Einar, der bis 1265[168] lebte, so daß auch aus diesem Grund ein Anlaß für einen Affront gegen die Kirche nicht vorlag. Die Aufnahme in die nachfolgenden Gesetze – Landrecht, Stadtrecht, *Járnsiða* und *Jónsbók* – war dann lediglich die Übernahme des Einganges aus nG und dem Grundsatzcharakter des Bekenntnisses zuzuschreiben. Daß die Kirche hiergegen nichts einzuwenden hatte, zeigt sich an der Aufnahme des gleichen Bekenntnisses in das Christenrecht des Bischofs Arne. Aus dem Umstand, daß das Bekenntnis auch nach Ausbruch des Streites in den Gesetzen des Königs erschien, kann also nicht hergeleitet werden, daß es – wenigstens in dieser Zeit der Auseinandersetzungen – auch als machtpolitisches Symbol verstanden werden wissen wollte.

Magnus war sich vollkommen klar über die Rolle der Kirche als eines notwendigen gleichberechtigten Partners. Das zeigt jene Bestimmung im Landrecht, die über das Amt des Bischofs und des Königs berichtet, und die beide als von Gott zur Bewältigung der ihnen gestellten Aufgaben eingesetzt sieht. Das zeigen auch seine Verhandlungen mit Erzbischof Jon und deren Ergebnisse in

166 Daß nur ein kleiner Kreis um den König an der Ausarbeitung des Gesetzes beteiligt war und nicht das ganze „høvdingmøte", hat Blom, S. 150 ff. überzeugend gegen Schreiner nachgewiesen.

167 S. 111 ff.

168 Die Reform von nG und nB konnte nicht von heute auf morgen erfolgen. Die Vorarbeiten zu diesen Gesetzen wurden daher noch in der Zeit Einars ausgeführt.

den Konkordaten von Bergen und Tønsberg. Bei diesen Verhandlungen ergab sich aber auch, daß Magnus nicht gewillt war, der Kirche mehr zuzugestehen, als sie zur Erfüllung ihrer Aufgaben benötigte. Insbesondere weigerte er sich, ein eigenes selbständiges Gesetzgebungsrecht der Kirche anzuerkennen. Das beweist auch sein Brief an Bischof Arne, mit dem er gegen die Annahme des Arne'schen Christenrechts durch das Allthing protestierte[169]. Gerade dieser Brief zeigt deutlich, daß Magnus trotz der Ermahnung auf dem Frostathing von 1269 an seinem Gesetzgebungsrecht auch für das Christenrecht festhielt, daß er aber der Kirche in Anerkennung ihrer Rolle als gleichberechtigter Partner ein Mitwirkungsrecht in diesem Bereich zugestand, dergestalt, daß er und der Erzbischof *zusammen* als Gesetzgeber des Christenrechtes auftreten sollten. Das Glaubensbekenntnis in den Gesetzen nach der Auseinandersetzung auf dem Frostathing kann daher auch nicht so gedeutet werden, daß Magnus damit sein *eigenes* Mitwirkungsrecht statuieren wollte. Es wurde vielmehr von nG und nB übernommen, um zu zeigen, was bereits in diesen Gesetzen ausgedrückt worden war, nämlich, daß der christliche Glaube die Grundlage allen Handelns sei, und um den Gläubigen eine Vorlage zu geben, da diese es auswendig zu kennen und als Paten den Täuflingen zu lehren und beim Taufakt selbst aufzusagen hatten.

Ähnliches gilt für die Bestimmung in nG 3, daß auch der König auf die Einhaltung des rechten Glaubens zu achten habe. Auch hier spricht das Gesetz selbst von einer Gleichberechtigung mit dem Bischof, so daß Magnus sich selbst widerlegt hätte, würde man das Bekenntnis in diesem Fall als Anmaßung des Königs auffassen, in die Interna der Kirche, nämlich in Glaubensfragen, entscheidend und autoritativ eingreifen zu dürfen.

Das Glaubensbekenntnis muß vor der Aufnahme in das Gesetz von der norwegischen Kirche bereits anerkannt gewesen bzw. unter deren Mitwirkung in das Gesetz aufgenommen worden sein. Es ist möglich, wenn auch nicht unbedingt wahrscheinlich, daß es von Magnus und seinen Ratgebern selbst verfaßt worden ist; denn zu seinen Ratgebern gehörte ursprünglich auch die hohe Geistlichkeit. Wäre es ohne Mitwirkung der Kirche entstanden, dann hätten die auf ihre Eigenständigkeit bedachten Kleriker, allen voran Jon Raude, sofort nach der Aufnahme in nG Protest erhoben, wie es der dänische Klerus gegenüber dem angeblichen Bekenntnis des Erzbischofs Jakob Erlandsen (also eines Mitglieds aus den eigenen Reihen!) getan haben soll. Sonst hätte es auch nicht Arne in sein Christenrecht übernommen[170]; denn eine unbesehene Übernahme durch diesen Bischof aus der *Járnsiða* ist nicht vorstellbar. Durch die Aufnahme eines

169 oben S. 129

170 Gerade die Geringfügigkeit der Abweichungen des Bekenntnisses in *diesem* Gesetz (AKr) spricht, mehr noch als die in den anderen Gesetzen, für die Annahme, daß das Bekenntnis von der Kirche anerkannt war.

Bekenntnisses, welches Allgemeingut der Kirche war, konnte jedoch der König nicht demonstrieren, daß er der eigentliche Herr der Kirche war, oder daß die geistliche Gesetzgebungsgewalt in seinen Händen lag. Das wäre nur bei einem von ihm selbst verfaßten, ohne Mitwirkung der Kirche zustandegekommenen Bekenntnisses möglich gewesen.

V. GESAMTWÜRDIGUNG

Wir haben im Verlaufe dieser Arbeit ein Bekenntnis untersucht, welches uns zunächst sowohl von der Form als auch von der Quellenstelle her befremden mußte. Wir haben gesehen, daß es sich nach Form und Aufbau in eine Reihe uns bekannter Symbole einordnen läßt. Es ist eine Tochterform von T, ein nationales Bekenntnis, also eines jener Symbole, wie sie uns aus jener Zeit häufig überliefert sind. Wie andere altnordische Bekenntnisse, ist es altdeutschen Vorbildern nachgebildet und läßt daher auf ein erhebliches Einwirken der deutschen Kirche auf die norwegische schließen. Das war das erste Ergebnis unserer Bemühungen. Das zweite war, daß unser Bekenntnis weder von Kardinal Nikolaus nach Norwegen eingeführt worden ist, noch daß es wesentlich früher als zu Magnus' Zeiten in Norwegen bekannt war, wie bislang angenommen worden war. Es ist wahrscheinlich nur kurze Zeit vor Magnus entstanden, ein endgültiges Ergebnis dürfte sich, wenn überhaupt, nur unter Berücksichtigung des Einflusses der deutschen Kirche auf Norwegen gewinnen lassen. Für eine Untersuchung dieses Verhältnisses könnte das Glaubensbekenntnis Magnus Lagabøters, neben dem altisländischen Bekenntnis, ein geeigneter Ausgangspunkt sein.

Die ausführliche Untersuchung im ersten Teil der Arbeit hat nicht nur die Abhängigkeit von altdeutschen Vorbildern gezeigt, sondern zugleich auch ergeben, in welchem Maße unser Bekenntnis Stellung nimmt zu Streitfragen, wie sie im Laufe der Geschichte der römischen Kirche aufgetaucht sind. Damit wurde zugleich der Boden bereitet für die nachfolgende Untersuchung der Kenntnis des Credo in Norwegen und vor allem der Gründe, die zu der Aufnahme in das Gesetz geführt haben, denn bei diesen Überlegungen konnten wir uns auf die dort gewonnenen Ergebnisse stützen. Wenn wir eingangs der Arbeit gesagt haben, daß auch wir eine endgültige Klärung dieses Problems der Einstellung in ein weltliches Gesetz nicht zu geben vermögen, so meinen wir doch, dieser im Rahmen des vorhandenen Quellenmaterials ein gutes Stück näher gekommen zu sein. Wir haben dem Bekenntnis einmal einen praktischen Zweck beigemessen, nämlich den Bezug auf die Taufregelung und die Verpflichtung, daß jedermann, insbesondere die Paten, das Credo zu kennen und zu können habe. Besonders die Paten hatten hierin einen guten Anhaltspunkt für ihre katechetische Unterweisung, zu der sie das Gesetz ursprünglich verpflichtete. Zum anderen muß das Bekenntnis auch in Verbindung mit dem gesetzlichen Auftrag für den König gesehen werden, auf die Einhaltung des rechten Glaubens zu achten. Wenn dieser Bezug und auch die Verbindung mit der Taufe und der Kenntnis- und Unterweisungspflicht im Landrecht selbst und in den nachfolgenden Gesetzen nicht mehr so zum Ausdruck kommt wie in nB und in nG, so ändert das an den Gründen der ursprünglichen Einstellung nichts. Magnus ging weiterhin davon aus, daß es zu einer Regelung des Christenrechts – und zwar im Einverständnis mit der Kirche zu einer vollständigen Regelung – kommen würde, schon aus diesem Grund erklärt sich die Einstellung des Christenrechtstorsos und damit auch die Beibehaltung des Glaubensbekenntnisses im Landrecht.

Doch noch ein weiterer Grund ist hierfür maßgeblich: Wir haben nicht nur die praktische Zweckrichtung unseres Bekenntnisses hervorgehoben, sondern auch dessen Grundsatzcharakter betont. Erst diese Eigenschaft vermag einer an sich reflexionslosen Eingangsformel[1] einen konkreten Inhalt zu geben und die Beibehaltung noch verständlicher zu machen. So gilt für dieses Bekenntnis in besonderem Maße, was Curtis für die Religion allgemein ausgedrückt hat: „Religion . . . is not content with the inward realization of the great ideas which it has entered into its secret heart to conceive: it must give them outward form and substance, that all eyes may see them and know what it has known“[2]. Das Bekenntnis soll sichtbarster Ausdruck dessen sein, was der König in seinem Hinweis im Prolog meint, nämlich daß das Christentum und damit vor allem der christliche Glaube die Grundlage und der Beginn aller guten Werke sei, und dazu beitragen, die Forderung zu verwirklichen, die am Schluß des uns erhaltenen Christenrechts von nB steht: *Allir ero skylldughir til at hæghna kristni þæssa hæims*[3].

Letzten Endes kann die Aufnahme in das Gesetz nicht ohne das Wesen von König Magnus verstanden werden. Sie entsprach seiner tiefen Religiosität und seiner Aufgeschlossenheit gegenüber der Kirche. Gerade diese Aufgeschlossenheit hat häufig zu Mißdeutungen geführt. Dieser König hat jedoch durch seine Auffassung der Gleichberechtigung von Bischof und König, von Kirche und Staat, dem Vorbild des Königsspiegels folgend, zu einem neuen Selbstverständnis des Königtums beigetragen[4]. In einer maßvollen Beschränkung, jedoch immer in Wahrung der staatlichen und königlichen Autorität, hat er das Königtum auf sein eigentliches Wesen zurückgeführt, freilich dabei nur in Vollziehung und Anerkennung der bereits bestehenden tatsächlichen Zustände, und damit einer allgemein europäischen Entwicklung entsprechend[5].

---

1 vgl. zu dem Problem der Segensformeln allgemein: Hauck, Kirchengeschichte Deutschlands, IV S. 72 ff. und für die frühen nordischen Formeln, Grönbech, Kultur und Religion der Germanen, II S. 136 ff.

2 History of Creeds and Confessions S. 2

3 nB 27, NgL II S. 306

4 Zur Entwicklung der Königsidee in Skandinavien vgl. Koht, The Scandinavian Kingdoms until the End of the 13th Century, in: The Cambridge Medieval History, VI S. 380 ff. und v. See, Das skandinavische Königtum des frühen und hohen Mittelalters, bes. S. 132 ff. (Berührung mit dem Christentum) und die Zusammenfassung auf S. 150 ff.

5 hierzu allgemein: E. Gilson, History of Christian Philosophy in the Middle Ages, London 1955, und Gaines Post, Studies in Medieval Legal Thought, Princeton 1964

Magnus verstand sich als Schutzherr der Kirche, nicht als deren Oberherr. Er unterscheidet sich hierin von Karl dem Großen und von späteren Königen aus der Zeit des Landeskirchentums, die teilweise recht erheblich in die Interna der Kirche eingriffen[6].

Unter Magnus vollzog sich eine weitere Öffnung Norwegens nach Mitteleuropa, die bereits unter seinem Vater Håkon begonnen hatte[7], und die die verschiedensten Bereiche umfaßte: Handel, Kultur, Theologie.

Noch ein drittes Moment weist Magnus in der gemeineuropäischen Entwicklung stehend aus: seine Gesetzesreform, deren Verbindung zu dieser Entwicklung einer eigenen Untersuchung wert wäre. Eine Welle der Gesetzgebung „swept over Europe" im dreizehnten Jahrhundert (Plucknett). Es setzte geradezu ein „Drang zur Kodifikation ein[8], was Plucknett so beschreibt: „This age had a vocation for legislation"[9]. Mit seinem Landrecht schuf Magnus das erste einheitliche Landesrecht in Europa. Calasso zählt es zu den drei „grandi codificazioni di respiro europeo" des hohen und späten Mittelalters[10]. Nachdem Norwegen durch Harald Hårfagre nach außen geeint worden war, erhielt es durch dieses Gesetz auch seine innere Einheit. Dies ist das bedeutendste Verdienst von Magnus.

Das Landrecht galt mehr als 400 Jahre. Erst 1604 gab Christian IV. von Dänemark eine neue, reformierte Fassung heraus, und 1687 wurde es durch das Gesetzbuch Christians V. abgelöst. In diesem Gesetz sind jedoch viele Vorschriften von Magnus übernommen, und manche gelten sogar noch heute.

Das isländische Jonsbuch hingegen ist bis heute von keinem umfassenden Gesetz abgelöst worden, und so gelten auch in Island noch viele Vorschriften[11] aus diesem Gesetz Magnus' aus dem Jahre 1281[12].

Magnus Lagabøter, den man aufgrund seiner Beziehungen zu Mitteleuropa und der Verflechtung seines Werkes mit der gesamteuropäischen Entwicklung den ersten europäischen Herrscher auf Norwegens Thron nennen könnte, muß daher zu denjenigen gezählt werden, „som gjorde verk som vara"[13].

6 vgl. die erwähnte Kirchenordnung Christians III. in DI X S. 117 ff. und z.B. die Verordnung Christians IV. über die Kindertaufe aus dem Jahre 1646 (Paus III S. 823, 824). Bezüglich Karl d. Gr. vgl. oben passim.

7 vgl. unsere kurzen Hinweise passim, sowie Robberstad, Frå gamal og ny rett, S. 44 ff. und v. See S. 105 ff.

9 Plucknett, Legislation of Edward I. S. 2

8 hierzu Gagnér, Studien S. 288 ff.

10 Medio Evo S. 620. Die beiden anderen waren nach Calasso der *Liber Augustalis* und *Las Siete Partidas*, hierzu Gagnér op. cit. S. 308 ff.

11 Robberstad op. cit. S. 58 nennt ganze 55 Kapitel!

12 Zeitpunkt der Annahme durch das Allthing

13 Robberstad a.a.O.

ANHANG

Die Saga Magnus Håkonssøns

Die Saga Magnus Lagabøters – des Gesetzverbesserers – liegt bis jetzt in keiner deutschen Übersetzung vor. Es erschien daher angebracht, dem Werk als Anhang eine Übersetzung dieser Saga beizugeben. Da selbst der Originaltext hierzulande nur unter großen Schwierigkeiten erreichbar ist, wird dieser – nicht zuletzt auch der Vollständigkeit wegen – mitabgedruckt und der deutschen Übersetzung gegenübergestellt.

Magnus Lagabøters Saga ist die letzte in der langen Reihe der norwegischen Königssagen, von den nachfolgenden Königen existieren keine Sagen mehr. Sie ist von dem Isländer Sturla Þórðarson (Thordsohn)[1], dem Neffen Snorri Sturlasons, auf Anregung von König Magnus selbst geschrieben worden. Die *Islendinga saga* berichtet über die Arbeit Sturlas: *Ok þa í annarri útanferð Sturlu var hann enn með Magnúsi konungi vel haldinn ok mikils metinn. Þá setti hann saman sögu Magnúss konungs eptir bréfum of sjálfs hans ráði*[2]. – „Und auf der zweiten Auslandsreise war Sturla wieder mit König Magnus auf das freundlichste zusammen. Da setzte er die Saga von König Magnus zusammen nach Briefen und dessen eigenem Rat".

Aus den Annalen wissen wir, daß Sturla 1277 zum zweiten Mal nach Norwegen gefahren und 1278 nach Island zurückgekehrt ist[3]. Wir können daher als

1 Geb. am 29.7.1214 od. 1215, gest. am 30.7.1284. Sturla war ursprünglich ein Gegner des norwegischen Königshauses. Nach einer privaten Auseinandersetzung mußte er 1263 aus Island fliehen. Ohne Hilfe und ohne jegliche wirtschaftliche Unterstützung blieb ihm nichts anderes übrig, als sich der Gnade des Königs Magnus auszuliefern. Dieser fand nach anfänglichem Mißtrauen bald Gefallen an den Künsten des Skalden und beauftragte ihn nach dem Tode seines Vaters Håkon, dessen Saga zu schreiben. Vgl. zur Begegnung Sturlas und Magnus' *Isl. saga*, Kap. 331 in Sturl. Saga II, S. 269 ff. Sturla ist dann wahrscheinlich bis 1271 bei Magnus geblieben. 1271 kehrte er zusammen mit Thorvard Thorarinsson und Eindrid Bongul nach Island zurück. Sie brachten dabei das Gesetzbuch *Járnsíða* nach Island, vgl. *Annales regii*, Isl. Ann. S. 138. Vgl. im übrigen zum Leben und zu den Werken Sturlas v.a. Vigfusson, Sturlunga Saga I, S. xcvi ff.

2 *Isl. saga*, Kap. 331, Sturl. Saga II, S. 272

3 Vgl. *Annales regii*, Isl. Ann. S. 140, 141; *Henrik Høyers Annaler*, Isl. Ann. S. 69, 70; *Skáholts-Annaler*, Isl. Ann. S. 195

Entstehungszeit der Saga nach diesen Quellen entweder 1277/78 oder die Zeit zwischen 1277 und 1284, dem Todesjahr Sturlas, annehmen[4].

Die Saga ist in dem bei Sturla üblichen trockenen und nüchternen Stil geschrieben. Er stellt vor allem die Äußerlichkeiten im Leben Magnus' heraus, also Reisen und Aufenthaltsorte. Bei der Ausarbeitung konnte sich Sturla neben den Archiven der Kanzleien auch auf das Zeugnis von Zeitgenossen stützen, darunter auch auf das des Königs, wie obiges Zitat zeigt.

Von der Saga sind uns nur zwei Pergamentblätter erhalten (AM 325 X 4°). Diese Bruchstücke behandeln die ersten beiden und den zehnten Winter von König Magnus' Regierungszeit. Doch auch in den Gottskalks Annalen ist die Saga ganz offensichtlich benutzt worden, und zwar besonders für das Jahr 1276 und die unmittelbar vorhergehende Zeit[5] [6].

Leider wissen wir nicht, wie umfangreich die Saga ursprünglich war und welchen Zeitraum sie umfaßte. Wir wissen nicht einmal, ob die Saga bis zum Tod von König Magnus gegangen ist[7]. Aus dem Umstand, daß uns nur so wenig überliefert ist, läßt sich nur so viel entnehmen, daß die Saga bereits sehr früh verloren gegangen sein muß, denn sonst müßten wenigstens Abschriften davon vorhanden sein.

In folgenden Ausgaben ist die Saga enthalten:

Fornmanna Sögur Bd. 10, S. 155 ff., Kopenhagen 1835 (enthält nur das Bruchstück aus AM 325 X 4°);

---

4 So v.a. Vigfusson, Icelandic Sagas II, S. xi und Hødnebø in Kulturhistoriskt Lexikon, Bd. 11 Sp. 237, 238. Gegen diese Meinung wendet sich mit beachtlichen Gründen Ó. Einarsdottir, Hvornår forfattedes sagaen om Magnus Lagabøter? in HT (Oslo) 46 (1967), S. 59 ff. (62 ff.). Sie schreibt, daß Sturla wahrscheinlich 1265 oder 1266 nach Island zurückgekehrt sei, und daß der zweite Norwegenaufenthalt, von dem die Saga berichtet, nicht in das Jahr 1277, sondern in die Zeit 1267–1271 fallen müsse. In dieser Zeit habe Sturla mit der Arbeit an der Saga begonnen und sie dann nach 1271, seiner Rückkehr nach Island, in seiner Heimat „mehr oder weniger gleichzeitig mit den Ereignissen" (a.a.O. S. 66) fortgeführt. 1278, bei seiner „vermutlich dritten und letzten Norwegenreise", habe Sturla die Möglichkeit gehabt, sein Werk zu ergänzen (a.a.O. S. 67).

5 Storm, Isl. Ann. S. LXXXII, LXXXIII

6 Zur Entdeckung, daß in den Varianten der Gottskalks Annalen AM 410 4° und AM 412 4° die Saga König Magnus' enthalten sei, vgl. Vigfusson, op. cit. S. xxii, xxiii

7 Vgl. hierzu Vigfusson, op. cit. S. xi und Hødnebø a.a.O., der auf eine Arbeit Jakob Benediktssons aufmerksam macht, aus der hervorgeht, daß der Isländer Arngrímur Jónsson gegen Ende des 16. Jahrhunderts die Saga für seine Werke benutzt hat, und dessen letzte Notizen, die wahrscheinlich auf der Saga beruhen, sich auf das Jahr 1279 beziehen. Daher sei, meint Hødnebø, die Saga wahrscheinlich bis 1280 gegangen. Auch Ó. Einarsdottir glaubt, daß die Saga bis zum Tod von Magnus im Jahre 1280 gegangen sei (a.a.O. S. 59 und Studier i kronologisk metode i tidlig islandsk historieskrivning, Bibl. Hist. Lund. XIII, Stockholm 1964 S. 320).

Oldnordiske Sagaer, Bd. 10, S. 118 ff., Kopenhagen 1836 (dänische Übersetzung von Fms X, 155 ff.);
Scripta historica Islandorum Bd. 10, S. 145 ff., Kopenhagen 1841 (lateinische Übersetzung von Fms X, 155 ff.);
Rerum Britannicarum Medii Aevi Scriptores, Icelandic Sagas Vol. II, S. 361 ff. (Rolls Series 88/2), hrsgg. von Guðbrand Vigfusson, London 1887 (enthält auch die Abschnitte aus den Gottskalks Annalen);
Rerum Britannicarum Medii Aevi Scriptores, Icelandic Sagas Vol. IV, S. 374 ff., London 1894 (Übersetzung der von Vigfusson besorgten Ausgabe von G.W. Dasent);
Norges Kongesagaer Bd. 4, S. 296 ff., Kristiania 1914 (norwegische Übersetzung von AM 325 X 4° und Gottskalks Annalen für 1275/76);
Konunga Sögur Bd. 3, S. 467 ff., hrsgg. von Guðni Jónsson, Reykjavík 1957 (neuisländische Bearbeitung von AM 325 X 4°).

Der von uns gewählte Originaltext folgt der Ausgabe G. Vigfussons, da diese den Text am vollständigsten wiedergibt und auch frei von einigen Lesefehlern ist, wie sie zum Beispiel in den Fornmanna sögur zu finden sind. Bei der deutschen Übersetzung wurde darauf geachtet, die der Saga eigentümliche Sprache beizubehalten[8].

8 Die Anmerkungen in der Übersetzung gehen zum Teil auf solche der norwegischen Übersetzung in Norges Kongesagaer Bd. 4 zurück.

Magnús Saga Hakonar Sonar

(Bruchstück)

I. Zwei Pergamentblätter mit je vier Spalten aus der Arnamagnäanischen Sammlung

Das erste Blatt

1264 *. . . man herr sá er vestr hafði farit með Hákoni konungi, ok sögðu þeir heldr ófriðvænt í Vestrlöndunum. Þetta sumar fór Birgir ábóti af Tautru út til páva-garðz; ok höfðu Kórs-bræðr af Níðarósi valit hann til erkibiskups-efnis eptir Einar erkibiskup er þá hafði andaz um haustit. Enn þeir máttu því eigi kjósa hann, at hann var prestz son ok klaustra-maðr. Fann hann Magnús konung í Björgyn, ok áttuz þeir fátt við. Var ábóti i páva-garði um vetrinn.*

2. Eptir andlát Hákonar konungs um várit, sendu barunar ok vildis-menn, þeir sem vóru í Orkneyjum, Heinrek biskup, ok sira Askatin kanceler, upp á Skotland á fund Alexandri, at forvitnaz um friðgörð milli landanna. Enn því var þungliga tekit; ok heitaðuz Skottar at drepa Norðmenn þá sem þar vóru komnir, eðr kasta þeim inn. Kærðu Skotar, at Norðmenn hefði brent ok herjat meirr enn þriðjung af Skotlandi; ok fengu þeir ekki örendi. Fór þá sira Askatin austr til Noregs ok á fund Magnúss konungs, ok sagði hónum um ferð sína, ok hversu þungliga hans örindum var tekit á Skotlandi. Magnús konungr görði þat ráð, at hann sendi Ögmund kræki-danz til Orkneyja; fékk hónum þar vald yfir til landvarnar.

1264 *En Eirik Dufgalsson sendi hann til Suðreyja. Hann hafði áttján-sessu, skipaða hirðmönnum ok gestum ok kerti-sveinum.*

Die Saga Magnus Håkonssøns

(Bruchstück)

I. Zwei Pergamentblätter mit je vier Spalten aus der Arnamagnäanischen Sammlung

Das erste Blatt

... Männer vom Heer, welches mit König Håkon nach Westen gefahren war, und sagten, daß es in den Ländern im Westen nicht sehr friedlich zugehe. Diesen Sommer fuhr Abt Birger von Tautra zum Hof des Papstes; die Chorbrüder in Nidaros hatten ihn für das Amt des Erzbischofs nach Erzbischof Einar bestimmt, der im Herbst gestorben war. Aber sie konnten ihn nicht wählen, weil er Sohn eines Priesters und Mönch war[1]. Er traf König Magnus in Bergen, aber sie hatten wenig miteinander zu tun. Der Abt hielt sich den Winter über am Hof des Papstes auf.

2. Im Frühjahr nach König Håkons Tod[2] sandten die Barone[3] und Amtleute, die auf den Orkney-Inseln waren, Bischof Heinrich und den Kanzler Sira Askatin hinauf nach Schottland, um König Alexander zu treffen und die Möglichkeit des Friedens zwischen den beiden Ländern zu erkunden. Aber dies wurde nicht sehr freundlich aufgenommen, und die Schotten drohten, die Norweger zu töten oder in das Gefängnis zu werfen, falls sie dorthin kämen. Die Schotten klagten darüber, daß die Norweger mehr als ein Drittel von Schottland geheert und gebrandschatzt hatten, und sie mußten ohne Erfolg umkehren. Sira Askatin fuhr daher nach Osten nach Norwegen zu König Magnus und berichtete ihm von seiner Fahrt und davon, wie schlecht sein Vorschlag in Schottland aufgenommen worden war. König Magnus beschluß nun, Ögmund Krückentanz zu den Orkneys zu schicken und gab ihm den Befehl und die Macht, das Land dort zu verteidigen. Aber Erich Dufgalsson schickte er zu den Süderinseln. Dieser

1 Es bedurfte daher der Zustimmung des Papstes. Dieser verweigerte die Zustimmung, und stattdessen wurde Bischof Håkon von Oslo zum Erzbischof gewählt. Er erhielt am 14. April 1267 das Pallium, starb aber bereits am 18. August 1267. Sein Nachfolger wurde Erzbischof Jon.

2 König Håkon starb am 16. Dezember 1263.

3 Die Saga gebraucht bereits den Ausdruck „Barone", obwohl erst 1277 die Bezeichnung *barunar* für *lendir-menn* eingeführt wurde, vgl. z.B. *Skálholts Annaler*, Isl. Ann. S. 195 und *Lögmanns-annál*, Isl. Anm. S. 259.

Með hónum skylldu fara af Orkneyjum Jóann þjóri ok Eirikr bósi, ok hafa sítt skip hverr[1] *þeirra. Enn er Ögmundr kom í Orkneyjar, spurði hann, at Skota-konungr hafði sent her á Katanes. Ok tóku þeir fé mikit af Katnesingum fyrir þat er Hákon konungr hafði lagt gjald á Katnesinga. Var þá mikit orð á, at herjat mundi vera í Orkneyjar; ok því vildi Ögmundr eigi, at liðit færi or Orkneyjum. Vóru þeir Eirikr þar um vetrinn. Sira Askatin kom til Noregs, sem fyrr er ritað, ok vóru þeir Ögmundr þá brott farnir. En þá bjóz Höskulldr Oddzson vestr til Orkneyja. Lét Magnús konungr þá fara með hónum bróður Mauricium, ok annan Berfættan bróður, er Sigurðr hét; ok enn Heinrek skot til þjónostu við þá, ok ...na*[2], *ok fóru þeir sem skjótast upp í Skotland, ok fundu Skota-konung; ok tók hann þeim nökkuru líkligar, enn þeim biskupi var tekit. Bað Skota-konungr þá fara aptr til Noregs, ok segja svá Magnúsi konungi, at hann sendi um sumarit eptir góða sendiboða til Skotlandz, ef hónum væri hugr á at göra frið millum landanna. Fóru þeir þat sama haust aptr til Noregs.*

3. Magnús konungr sat í Björgyn um sumarit. Þetta sumar kom af Íslandi Hallvarðr gullskór. Hann sagði þau tíðendi, at allir Islendigar höfðu þá vikiz undir hlýðni við Magnús konung; ok þá var spurt andlát Hákonar Konungs á Íslandi er hann fór útan. Þár var þá með hónum Þorvarðr Þórarinsson, ok gékk hann á vald Magnúss konungs, ok gaf allt sítt ríki í hans vald, fyrir þá hluti er hann hafði brotið við konungdóminn í aftöku Þorgils skarða ok[3] *Bergs, hirðmanna Hákonar konungs. Hafa síðan Íslendingar*
1264–1265 *aldrigi í móti mælt at hlýða boði ok banni Magnúss konungs. Gengu þeir ok með meiri blíðu undir hann enn Hákon konung föður hans. Magnús konungr bjóz um haustið norðr til Þrándheims, ok varð síð-búinn. Hann lá Allra-Heilagra-messo í Leir-gola,*

---

1 Beginn der 2. Spalte

2 Nicht lesbar; Fms fügt ein: *fleiri sveina*

3 Beginn der 3. Spalte

hatte einen 18-Ruderer[4], der mit Hirdleuten, Gästen und Tafelknappen besetzt war. Mit ihm sollten von den Orkneys Jon Stier und Erich Bose fahren, und jeder sollte ein eigenes Schiff haben. Aber als Ögmund zu den Orkneys kam, erfuhr er, daß der Schottenkönig ein Heer nach Katanes geschickt hatte, welches die Leute von Katanes vieler Güter beraubte, weil König Håkon diese mit einer Steuer belegt hatte. Und es ging das Gerücht um, daß auch auf den Orkney-Inseln geheert werden sollte, deshalb wollte Ögmund nicht, daß das Heer die Inseln verlasse. Erich blieb daher mit den anderen den Winter über dort. Als Sira Askatin nach Norwegen kam, wie vorher beschrieben wurde, da waren Ögmund und sein Gefolge bereits abgereist, aber Höskuld Oddson schickte sich gerade an, zu den Orkneys zu fahren. Da ließ König Magnus Bruder Mauritius und einen anderen Barfuß-Bruder mit Namen Sigurd mit ihm fahren, und er gab ihnen Heinrich den Schotten und andere Knappen[5] als Dienstleute mit. Und sie fuhren so schnell sie konnten nach Schottland und fanden den Schottenkönig, und dieser nahm sie etwas freundlicher auf, als er es mit dem Bischof und dessen Gefolge getan hatte. Der Schottenkönig bat sie, nach Norwegen zurückzufahren und König Magnus auszurichten, daß er im nächsten Sommer gute Sendboten nach Schottland schicken möge, falls er gewillt war, Frieden zwischen den beiden Ländern zu schließen. Sie fuhren noch im gleichen Herbst nach Norwegen zurück.

3. König Magnus saß den Sommer in Bergen. Diesen Sommer kam aus Island Halvard Goldschuh. Er brachte die Nachricht, daß alle Isländer sich nun König Magnus unterworfen hätten, und daß die Kunde von König Håkons Tod Island erreicht hatte, als er abfuhr. Mit ihm war auch Thorvard Thorarinson, der sich und alle seine Güter der Gewalt König Magnus' übergab wegen seiner Verbrechen gegen das Königreich, indem er Thorgil Scharte und Berg, Hirdleute von König Håkon, getötet hatte. Seit jener Zeit haben sich die Isländer nie irgendwelchen Ge- oder Verboten König Magnus' widersetzt. Und sie gingen auch viel williger unter seine Herrschaft als unter die König Håkons, seines Vaters. Im Herbst wollte König Magnus nach Norden nach Trondheim fahren, aber er wurde spät fertig. Zur Allerheiligenmesse[6] lag er in Leirgula

4 Schiff mit 18 Ruderbänken

5 „und andere Knappen" eingefügt gem. Fms *fleiri sveina*

6 1. November

ok fór þaðan til Síldar. þaðan fór hann til Selju, ok svá norðr um Eið. En Margrét dróttning fór hit ýtra með skipum, ok funduz þau í Steina-vági. þá er Magnús konungr lá í Steina-vági, sá menn eld brenna til hafs. Magnús konungr sagði, at bærinn brann í Gizka; ok hét á menn, at til skyldi fara; ok kvað þat eigi standa, at menn lægi svá, ok færi eigi at bjarga bænum eðr mönnum, ef þyrfti. Jón tvískafinn var féhirðir í skipinu, ok fór hann til, ok tveir menn or flestum hálf-rýmum, ok höfðu vant leiði. þeir fengu borgit hinum nýja bænum, er Nicholas hafði göra látit; enn hinn forni brann. þeir Jón fóru þá aptr, ok höfðu at myklu liði komit þeim Gizka-mönnum. Fór Magnús konungr þá norðr til þránd-heims, ok gékk á kertisveina-skútu. Hann fór til Reins, ok Margrét dróttning með hónum. En konungs-skipit fór inn undir Hólm; ok höfðu þar allharða búð um náttina. Magnús konungr sigldi útan um morgininn, ok mátti eigi leggja at Hólminum. Hélt hann þá inn at ár-ósinum út frá Bakka, ok lesti þar skipit, enn menn fóru á land, ok héldu þeir fé öllu. þetta haust andaðiz Nicholas í Gizka; ok þraut þar þá langfeðga-ætt Gizkamanna, þeirra er frá Árna Ar(n)móðssyni vóru komnir; enn þó átti Nicholas[4] *eptir dóttur er Margareta hét; ok var hennar móðir . . .*[5] *þótti sá kostr vera þann tíma einn beztr í landinu, bæði fyrir ættar sakir ok ríkdóms, ok*
1264–1265 *fríðleika. Magnús sat þann vetr í þrándheimi, ok var þessi annarr vetr ríkis hans. Um vetrinn eptir Jól kom til þrándheims bróðir*
1265 *Mauritius, ok þeir sem farit höfðu til Skotlandz með hónum, ok sögðu Magnúsi konungi sín örindi slík sem orðin vóru.*

4. Magnús konungr fór um várit suðr til Björgynjar, ok kom þar eptir Páska. þá sendi hann til Skotlandz Gillibeart biskup, ok sira Askatin, eptir því sem Skota-konungr hafði beidt. þeir fóru fyrst til Englandz suðr í Linn. þá varð strið mikit í Englandi. þat sumar var felldr Simun Múfort. Fóru þeir biskup þá norðr i Jork, ok

4 Beginn der 4. Spalte

5 Name nicht enthalten

und fuhr von dort nach Sild, dann fuhr er nach Selja und von dort nach Norden über Eidet. Aber Königin Margarete[7] fuhr den äußeren Weg mit den Schiffen[8] und sie trafen sich in Steinavåg. Während König Magnus in Steinavåg lag, sah man draußen am Meer ein Feuer brennen. König Magnus sagte, daß es der Hof auf Giske sei, der brannte, und befahl seinen Leuten, dorthin zu fahren, denn es ginge nicht an, daß man hier läge und nicht hinausfahre, um Gut oder Menschen zu retten, wenn es dessen bedürfte. Jon Tviskafinn, der Schatzmeister auf dem Schiff war, fuhr da hinaus mit zwei Leuten aus den meisten Halbräumen[9], und es war sehr schwierig zu rudern. Sie konnten den neuen Hof, den Nikolaus hatte erbauen lassen, retten, aber der alte verbrannte. Dann fuhr Jon mit seinen Leuten zurück, sie waren eine große Hilfe für die Leute auf Giske gewesen. König Magnus fuhr nach Norden nach Trondheim und ging dort an Bord der Schute der Tafelknappen. Er fuhr nach Rein und mit ihm Königin Margarete. Aber das Königsschiff fuhr unter dem Holm hinein, und hatte dort über Nacht einen gefährlichen Ankerplatz. König Magnus segelte am Morgen hinaus, konnte aber am Holm nicht anlegen. Er steuerte dann von Bakke aus in die Flußmündung hinein, und verlor dabei das Schiff, aber die Männer konnten an Land kommen und all ihr Gut retten. In diesem Herbst starb Nikolaus in Giske, er war der letzte aus dem Geschlecht der Leute auf Giske, welches auf Arne Arnmodsson zurückgeht. Er hatte jedoch eine Tochter, die Margarete hieß. Ihre Mutter war . . . . Sie wurde als eine der besten Partien im Lande angesehen, sowohl ihrer Abstammung und ihres Reichtums als auch ihrer Schönheit wegen. König Magnus saß diesen Winter in Trondheim, es war der zweite Winter seiner Herrschaft. Im Winter, nach Weihnachten, kamen Bruder Mauritius und die, die mit ihm nach Schottland gefahren waren, nach Trondheim und berichteten König Magnus von dem Ausgang ihres Auftrages.

4. König Magnus fuhr im Frühjahr nach Süden nach Bergen und kam nach Ostern dorthin. Da sandte er Bischof Gilbert und Sira Askatin nach Schottland, wie der Schottenkönig gebeten hatte. Sie fuhren zuerst nach England, südlich von Lynn. Damals war großer Streit in England. In diesem Sommer war Simon von Montfort

---

7 Mutter von König Magnus

8 außerhalb des Schärengürtels

9 Mit *halfrymi* – Halbraum – wird eine der Hälften bezeichnet, in die jeder Schiffsraum zwischen den Ruderbänken aufgeteilt ist.

vóru þar um hríð. Um haustit þat er þeir Ögmundr kræki-danz kómu til Orkneyja, ok Skotar höfðu farit at taka gjöld af Katnesingum, kom at þeim herra Dufgall, þá er þeir fóru aptr, ok drap af þeim mart fólk, en tók stór-fé þat er þeir fóru með. Hann drap þar lögmann Skota. Þat sumar fóru Skotar út í Suðreyjar með her; ok gékk þá undir Skota Engus i Íl, ok margir þeir sem Hákoni konungi höfðu fylgt þá er hann var í Suðreyjum. Þeir fóru allt suðr í Mön, ok kúguðu Magnús, herra þeirra, til eiða við sik. Enn herra Dufgall gætti sín á skipum, ok fengu þeir ekki fang á hónum. Enn um várit eptir kom hann til Orkneyja, ok bað liðs. Var þá með hónum Eirekr son hans ok Eirekr bósi, ok Jón þjóri. Þeir höfðu þrjú skip. Fóru þeir þá . . .[6]

Das zweite Blatt

1271–72 *5. . . . vetrinn eptir Jól. Þenna vetr i Jólum setti Magnús konungr prófast at Postula-kirkju ok Kórs-bræðr i Björgyn með ráði Askatíns biskups, ok lagði þar til próvendur ok mikit fé. Magnús*
Jan. 1272 *konungr varð sjúkr eptir Jólin svá mjök, at hann lét olea sik. Á þessu sama ári var vigðr Gregorius pávi. Á þessu ári önduðuz margir ágaetir höfðingjar: Heinrekr Engla-konungr, ok Ríkardr konungr bróðir hans af Alimannia, ok hertogi Eirikr fyrir sunnan*
1272–73 *á. Um sumarit eptir bjó Magnús konungr ferð sína ór Björgyn austr til Elfar, ok ætlaði at finna Valdimar Svía-konung, sem þeir höfðu mælt. Hann kom í Konunga-hellu nær Máríu-messo hinni*

6 Ende des 1. Blattes

erschlagen worden. Der Bischof und sein Gefolge fuhren da nach Norden nach York und blieben dort für eine Zeit. In jenem Herbst, als Ögmund Krückentanz zusammen mit den anderen zu den Orkney-Inseln gekommen war, und die Schotten ausgezogen waren, um von den Leuten auf Katanes Steuern einzutreiben, überfiel Herr Dufgall[10] sie auf ihrem Rückzug und tötete viele Männer von ihnen und raubte viele Güter, die sie bei sich hatten. Er tötete auch einen schottischen Lagmann. Diesen Sommer fuhren die Schotten mit einem Heer hinaus zu den Süderinseln. Angus von Islay unterwarf sich ihnen und mit ihm viele andere, die sich König Håkon ergeben hatten, als dieser auf den Süderinseln war. Die Schotten fuhren im Süden bis nach Man und zwangen den dortigen Herrscher Magnus, ihnen Gehorsam zu schwören. Aber Herr Dufgall konnte sich an Bord der Schiffe retten, so daß sie ihn nicht fangen konnten. Aber im Frühjahr danach kam er auf die Orkneys und bat um Hilfe. Sein Sohn Erich, Erich Bose und Jon Stier folgten ihm da. Sie hatten drei Schiffe. Sie fuhren da . . .

Das zweite Blatt

5. . . . im Winter nach Weihnachten. Diesen Winter setzte König Magnus mit Bischof Askatins Rat an Weihnachten an der Apostelkirche einen Probst und Chorbrüder in Bergen ein und fügte eine große Pfründe und viel Besitz hinzu. König Magnus wurde nach Weihnachten so schwer krank, daß er sich die letzte Ölung geben ließ. Im selben Jahr wurde Gregor zum Papst geweiht[11]. In diesem Jahr starben viele bekannte Herrscher: Heinrich, König von England[12] und Richard, sein Bruder, König von Deutschland[13] und Herzog Erich von Südjütland[14]. Im Sommer danach fuhr König Magnus von Bergen nach Osten zum Elf hinauf[15], um König Waldemar von Schweden zu treffen, wie

10 König der Süderinseln

11 Gregor X., gewählt am 1.9.1271 und geweiht am 27.3.1272

12 Heinrich III., gest. am 15.11.1272

13 Richard von Cornwall, gest. am 2.4.1272

14 Eirik Abelsson, gest. am 27.5.1272. Eigentlich: Herzog südlich von Å, gemeint ist Skodborg-å.

15 Gemeint ist nach Süden, zur Mündung des Götaflusses.

siðarri, ok dvalði þar fram um Matheus-messo. En Valdimarr konungr kom ekki til mótz við hann, ok fór hann at leik sínum upp í Svía(ve)lldi. Magnús konungr nennti þá eigi at bíða hans, (ok) fór hann norðr til Túnsbergs, ok efnaði þar til vetr-setu.

Í þenna tíma þurru mjök vinsældir Valdimars konungs í Svía-ríki, ór því sem var meðan Birgir jarl lifði. Vóru þeir þá fjórir bræðr á lífi skilgetnir: Valdimarr konungr, ok hertogi Magnús, junkherra Eirikr, ok Bendict, ok var hann klerkr. Var þat(t)eáð fýrir hónum, at hann skyldi verda erkibiskup. En junkherra Eirikr þóttiz ekki hafa, ok kallaði sik Eirek allz-ekki. Hann hafði farit út í Danmörk, ok dvaliz þar um hríð með Dana-konungi. En í þenna tíma var hann aptr kominn, ok hafði konungrinn, bróðir hans, á hónum nokkurn grun. Valdimarr konungr hafði þá ok taka látit Jón Philippus-son í kirkju, ok hafði[7] hann í geymslu. Valdimarr konungr sendi þá orð norðr til Túnsbergs Magnúsi konungi, ok vildi fyrir hvern mun hitta hann þar sem Magnúsi konungi líkaði at koma til mótz við hann. En Magnús konúngr vildi eigi fara lengra enn í Borg; ok þar var fundrinn lagðr. Þat var einn dag áðr Valdimarr konungr fór til fundarins, at junkherra Eirikr bað, at hann skyldi leyfa hónum at ríða út ok skemta sér. Enn er konungrinn leyfði þat, þá reið hann norðr i Noreg, ok fáir sveinar með hónum. Hann fann Magnús konung austr á Vörnu, þá er hann fór til fundarins í Borg. Magnus konungr tók vel við hónum, ok fylgði junkherra Eirikr hónum til fundarins. Átti þá Magnús konungr hlut at, at sætta þá bræðr; ok svá görði hann Jón Philippusson sáttan við Valdimar konung. Þeir skyldu finnaz í Skörum, ok skyldu tólf menn sverja eiða at sættum þeirra. Þá var ok tekinn í frið Bói galinn, er þá hafði verit með Magnúsi konungi um hríð. Magnús konungr tók við Valdimar konungi með hinni mestu blíðu, ok sendi Árna biskup af Skálaholti móti hónum, ok fleiri góða menn. Var Valdimarr konungr með Magnúsi kónungi alla þá stund, er þeir vóru ásamt; ok var þar hin ágætazta veizla.

7 Beginn der 2. Spalte

es zwischen ihnen abgesprochen worden war. Er kam zur Königsklippe etwa zur Zeit der späteren Marienmesse[16] und blieb dort bis zur Matthäusmesse[17]. Aber König Waldemar kam nicht zu dem Treffen mit ihm, sondern vergnügte sich auf einer Fahrt in Schweden. König Magnus wollte da nicht länger warten und fuhr nach Norden nach Tönsberg und bereitete sich dort auf seinen Wintersitz vor.

In dieser Zeit war König Waldemar in Schweden nicht mehr so beliebt wie zu jener Zeit, als Jarl Birger lebte. Es waren da vier ehelich geborene Brüder am Leben: König Waldemar und Herzog Magnus, Junker Erich und Benedikt, der ein Priester war und Aussicht hatte, Erzbischof zu werden. Und Junker Erich glaubte, gar nichts zu besitzen und nannte sich daher Erich Gar-nichts. Er war nach Dänemark gefahren und hatte sich eine Zeit bei dem Dänenkönig aufgehalten. Aber jetzt war er zurückgekommen, und sein Bruder, der Schwedenkönig, hegte gegen ihn einen gewissen Verdacht. König Waldemar hatte damals auch Jon Philippusson in der Kirche ergreifen und in das Gefängnis werfen lassen. König Waldemar schickte da eine Botschaft nach Tönsberg zu König Magnus und wollte ihn unter allen Umständen treffen, an jedem Ort, an dem König Magnus bereit war, sich mit ihm zu treffen. Aber König Magnus wollte nicht weiter als bis Borg fahren, und das Treffen wurde dort angesetzt. Einen Tag bevor König Waldemar zum Treffen fuhr, bat Junker Erich, daß er ihm erlaube, ein bißchen auszureiten und sich zu vergnügen. Als der König dies erlaubte, ritt er mit ein paar Knappen nach Norwegen. Er traf König Magnus östlich von Varna, als dieser gerade zu dem Treffen in Borg fuhr. König Magnus nahm ihn gut auf, und Junker Erich begleitete ihn zu dem Treffen. Dort tat König Magnus alles, um die Brüder auszusöhnen, und es gelang ihm darüberhinaus auch, Jon Philippusson mit König Waldemar auszusöhnen. Sie sollten sich in Skara treffen, und zwölf Männer sollten deren Vergleich beschwören. Da wurde auch Bo der Tolle, der eine Zeitlang bei König Magnus gelebt hatte, wieder in Gnaden aufgenommen. König Magnus nahm König Waldemar mit größter Herzlichkeit auf und sandte ihm Bischof Arne von Skalholt und andere gute Männer entgegen. König Waldemar war immer mit König Magnus zusammen, und es wurde ein großes Gelage abgehalten. Alles wurde in herzlichster Eintracht verhan-

16 8. Sept.

17 21. Sept.

*Fóru allir hlutir sem blíðligast með þeim; ok vóru þar margir
merkiligir hlutir talaðir, þeir er vér ritum eigi. Magnús konungr
gaf Valdimar konungi ágætar gjafir er þeir skildu; ok sendi Óláf
af Steini, ok fleiri góða menn, með Valdimar konungi austr á
Skarir, at seá eiða þá sem þar skylldu fram koma um sætt þeirra*[8]
*bræðra ok Jóns Philippus-sonar, er Magnús konungr hafði þá
tekit til handa þeim, at vilja Valdimars konungs. En eiðar þeirra
fluttuz eigi sem þeim líkaði er sjá skyldu; ok dró þá enn til
sundrþykkju með Svíum. Magnús konungr fór af fundinum or
Borg til Túnsbergs, ok sat þar þat er eptir var vetrarins. þessi var*
1272–1273 *inn tíundi vetr einvalldz hans. þenna vetr var ófriðr mikill í
Danmörk með Eireki Dana-konungi ok þýðeskum mönnum.
Görði Dana-konungr þá sendiboða til Magnúss konungs, at leita
mjök eptir vináttu ok trúskap við hann; en hann tók því vel, ok
görði sendiboða í móti. Fóru allir hlutir vel í orðsendingum
konunganna. Eirekr Danakonungr fékk þá hæra hlut or skiptum*
1273 *við þýðeska menn á þeim vetri. Konungr fór um várit or
Túnsbergi, þá er hann hafði, lokit örendum sínum . . .*[9] *Liðandis-
nes, kom eptir hónum Jón Philippus-son með nökkurri sveit; ok
sagði svá, at Valdimarr konungr hafði flæmðan hann út; ok þat*
1273 *hélzt ekki er hann hafði heitið Magnúsi konungi í Borg. Fór hann
þá til Björgynjar með konunginum.*

*6. Magnús konungr sat um sumarit í Björgyn; ok lét hann fylla þá
ráða-görð sem hann hafði haft í Túnsbergi áðr um vetrinn. þá
hafði hann stefnt til sín öllum sýslu-mönnum í Víkinni at
Pétrs-messu*[10]*, ok hafði samtal við þá. Skipaði hann þá, hvat
hverr þeirra skyldi fá af hverri sýslu, þann tíma er hann*[11] *. . . .
ma þeir menn sem héldu leen hans. þá var kominn til Björgynjar
Jón erkibiskup, ok allir lýðbiskupar þeir sem í vóru landinu. þar
vóru ok baronar ok lendir menn flestir allir. Tveim nóttum eptir*

8 Beginn der 3. Spalte

9 Die folgenden Worte sind nicht lesbar.

10 Der Text ist undeutlich. Es heißt vermutlich *Pétrsmessu*, Fms fügen stattdessen ein: *Pálsmessu*

11 Beginn der 4. Spalte

delt, und es wurden viele bedeutende Sachen besprochen, über die wir hier nichts schreiben. König Magnus gab König Waldemar beim Abschied herrliche Geschenke und sandte Olaf von Steine und andere gute Männer mit König Waldemar nach Osten nach Skara, um Zeugen der Eide zu sein, die bei dem Vergleich zwischen den Brüdern und Jon Philippusson abgelegt werden sollten, und die König Magnus diesen mit Zustimmung König Waldemars auferlegt hatte. Aber diese Eide wurden nicht zur Zufriedenheit derer abgelegt, die darüber zu wachen hatten, und so entstand auf's neue Zwist unter den Schweden. König Magnus fuhr von dem Treffen in Borg nach Tönsberg und saß dort den Rest des Winters. Es war dies der zehnte Winter seiner Alleinherrschaft. Diesen Winter war großer Unfrieden in Dänemark zwischen Erich dem Dänenkönig und den Deutschen. Der Dänenkönig sandte da Boten zu König Magnus und machte große Anstrengungen, um dessen Freundschaft und Vertrauen zu erlangen. Und dieser nahm das Ansinnen wohl auf und schickte seinerseits Sendboten. Und es ging in jeder Hinsicht gut mit diesen Botschaften zwischen den Königen. Erich der Dänenkönig gewann auch die Oberhand in dem Streit mit den Deutschen in diesem Winter. Der König fuhr im Frühjahr von Tönsberg, nachdem er all seine Angelegenheiten dort erledigt hatte ... Lindesnes, kam Jon Philippusson zu ihm mit einem Teil Gefolgschaft und berichtete, daß König Waldemar ihn außer Landes gejagt habe, und daß er nichts von dem einhalte, was er König Magnus in Borg versprochen hatte. Er fuhr dann nach Bergen zusammen mit dem König.

6. König Magnus saß den Sommer über in Bergen. Und er setzte da den Beschluß, den er in Tönsberg im vorangegangenen Winter gefaßt hatte, in die Tat um. Er hatte da alle seine Sysselleute[18] zur Petersmesse[19] in Viken einberufen und hatte eine Aussprache mit ihnen. Er ordnete da an, was jeder aus seinem Bezirk erhalten solle, wenn er ... desgleichen die Leute, die ein Lehen von ihm erhalten hatten. Da waren Erzbischof Jon und alle Suffraganbischöfe, die im Lande waren, nach Bergen gekommen. Und es waren auch die Barone da und die meisten Lehensleute. Zwei

18 *sysla* (nnorw. = syssel): Amt, Bezirk

19 29. Juni. Fms: Paulsmesse (25.1.). Denkbar ist, daß das Treffen an Peter und Paul (29.6.) stattgefunden hat, aber wahrscheinlicher ist der Termin der Paulsmesse (25.1.). Hierauf deuten auch die Angaben in Hirdskrå, Kap. 36. Dann bezöge sich der Satz „Beschluß, den er . . . im Winter gefaßt hatte" auf dieses Treffen im Januar.

Pétrs-messu hafði Magnús konungr hirð-stefnu í sumar-hallinni, ok görði þá bert um þá ráða-görð, er hann vildi vera láta um höfðingja-nöfn sona sínna. Skirði hann þá ok sinum mönnum um þá siðsemd sem hann vildi at þeir hefði um vápnaburð ok aðra hluti. Um morgininn eptir var kirkju-messudagr í konungs-garði at Postula-kirkju[12], *ok hafði Magnús konungr þar tíðir snemma um morguninn ok messu; en junkherrarnir út-messu at Kristzkirkju de Spiritu Sancto. En eptir þat var þing sett i Kristz-kirkju-garði, ok svá skipat sem konungrinn sagði fyrir á fundinum... ok fagnaði konunginum. Siðan talaði Vígleikr stallari af hendi hirðarinnar. Eptir þat talaði erkibiskupinn; ok hóf hann af þeim hryggleik er allir Noregs-menn báru eptir andlát junkherra Óláfs, sonar Magnúss konungs; ok lýsti hvern fagnað almáttigr Guð hafði nú veitt öllu Noregs-fólki ok... eign þeirri sem hann hafði erft... gi ok talaði þar um langt eyrendi ok snjallt. Eptir þat talaði konungrinn fagra tölu; ok lauk með því, at hann gaf Eiriki syni sínum konungs-nafn, en Hákoni hertoga-nafn. Gengu þeir þá at skríni hinnar heilagu Sunnifu, ök lögðu sínar hendr...*[13]

II. Fragmente der Magnus Saga aus einer isländischen Annalenkompilation etwa von 1570. Holm. Nr. 5 8vo

Das 1. Fragment

1275 *7. Fór Magnús konungr af Björgyn til Níðaróss, ok með hónum Ingilbjörg dróttning, ok synir þeirra; ok var á Frosta-þingi, ok fór síðan inn í Þróndheim til Liðangrs. Hann kom fyrir Pétrs-messu til Níðaróss; ok á Sviptuns-vöku-dag hafði hann Eyra-þing; ok lét þar lýsa tignar-nöfnum sona sínna. Á Óláfs-messu-dag síðarri byrjaði Magnús konungr ferð sína ór Níðarósi, ok suðr í Björgyn, (ok var*

---

12 Fms hat für *kirkju – messu dagr... Postulakirkju: kanúka messudagr Jesú ok guði at postulakirkju.*
Vgl. zu den verschiedenen Lesarten Fms X, S. 162 Anm. 2; Vigfusson S. 367 Anm. 3; Munch IV, 1, S. 541 Anm. 1.

13 Ende des zweiten Blattes

Nächte nach der Petersmesse hielt König Magnus ein Hirdtreffen in der Sommerhalle ab, und er gab da seinen Beschluß bekannt, den er in bezug auf die Ehrentitel seiner Söhne getroffen hatte, und den er angenommen wissen wollte. Gleichsam gab er seinen Leuten seinen Willen kund in bezug auf deren Waffenrüstung und andere Dinge. Am Morgen danach wurde der Tag der Kirchenmesse im Königshof in der Apostelkirche gefeiert, und König Magnus war dort früh am Morgen in der Messe und im Gottesdienst, aber die Junker hörten die Heilig-Geist Messe am Nachmittag in der Christuskirche. Danach wurde ein Thing im Hof der Christuskirche abgehalten und alles wurde so ausgeführt, wie es der König auf dem Treffen vorher gesagt hatte .... und grüßte den König. Danach sprach der Stallmeister für die Hirdleute. Danach sprach der Erzbischof. Er begann mit der Trauer, die alle Norweger ergriffen hatte, als Junker Olav, der Sohn König Magnus' gestorben war[20], und erzählte, welche Freude nun Gott dem Norwegervolk gegönnt habe, und .... den Besitz, den er geerbt hatte .... und er hielt eine lange und gute Rede darüber. Danach hielt der König eine schöne Rede und er schloß damit, daß er seinem Sohn Erich den Königsnamen und Håkon den Herzogsnamen gab. Sie gingen dann alle zum Schrein der heiligen Sunniva und legten ihre Hände .....

*II. Fragmente der Magnus Saga aus einer isländischen Annalenkompilation etwa von 1570. Holm. Nr. 5 8vo*

Das 1. Fragment

7. König Magnus fuhr von Bergen nach Nidaros und mit ihm Königin Ingeborg und ihre Söhne[21]. Und er war auf dem Frostathing und er fuhr später hinein nach Lidangr[22]. Er kam vor der Petersmesse nach Nidaros und am Tag vor St. Svitun[23] hielt er das Eyrathing ab, und ließ da die Titel seiner Söhne verkünden. Am Tag der späteren Olavsmesse[24] begann König Magnus seine Reise von Nidaros nach Süden nach Bergen (und war dort) im

20 Olav, der erste Sohn von Magnus,wurde 1262 geboren und starb 1267.

21 Erich und Håkon, die Söhne von Ingeborg und Magnus

22 Gemeint ist wohl Lifangr. Lifangr ist der altnordische Name von Levanger.

23 3. Juli. Svitun war Bischof von Winchester.

24 3. August. Die frühere ist am 29. Juli.

þar) um vetrinn. Á Laurentius-messu-dag kom hagl í Skauni milli Orkadals, (svá mikit) at sumir hagl-steinar stóðu fimtán aura vegna. Þat hagl kom víðara i Þrændalögum. Á þessu ári um Miðsumars-skeið stríddu upp á Valdimar Svía-konung bræðr hans, hertugi Magnús ok junchherra Eirikr, við nökkurn styrk Eireks Dana-konungs. En sem Valdimarr konungr hafði fengit slag á sínum mönnum, flýði hann til Noregs með juncherra Eiriki syni sínum þriggja vetra gömlum, ok kom í Borgar-sýslu til Erlings Álfssonar; ok fór lítlu síðarr austr til Svía-ríkis; en lét eptir við Erlingi juncherra Eirik. Varð þá Valdimarr konungr fanginn, ok Sofía dróttning. Gékk þá Svíaríki undir bræðr hans, hertuga Magnús ok Eirik. Nokkuru siðarr andaðiz juncherra Eirekr Birgisson. En Valdimarr konungr ok Sofía dróttning kómuz til (sic) flótta af Svía-ríki í Ragnhildar-hólma við Konungahellu . . .

1276 *8. Þetta sumar fór Magnús konungr af Noregi til Landzenda, ok hafði þá fyrsta sinni nökkurar nefningar til leiðangrs úti at liði, síðan hann varð einvaldzkonungr í Noregi; ok þat fyrir þá sök, at hann vildi leggja ráð á, at sætta þá Valdimar konung ok hertuga Magnús bróður hans. Sú var ok sök til þessarra útboða, at Magnús konungr vildi gæta ríkis síns, at öngir ófriðar-gneistar mætti fljúga af missætti Svía-höfðingja, þeirra sem hans ríki fengi skaða gört.*

Á þessu sama sumri sigldi Magnús konungr með her sínn til Konunga-hellu. Hann kom þar in Festo Albani Martiris. Þar var fyrir Valdimarr konungr, ok Sofía dróttning, ok junkherra Eirikr son þeirra fimm vetra gamall í Ragnhildar-hólma; ok sat Magnús konungr þar þrjár nætr. Ingilborg dróttning var eptir i Túnsbergi, ok Eirikr konungr, ok hertugi Hákon. Á þórsdaginn eptir Jóns-messu baptiste sigldi Magnús konungr með her sínn af Konunga-hellu til Horsa-bergs, hann hafði nær cxx.skipa. Þar var þá i föruneyti hans, Jón erkibiskup, ok Andrés biskup af Osló,

Winter. Am Tag der Laurentiusmesse[25] war in Skaun zwischen dem Orkatal ein (so starkes) Hagelwetter, daß einzelne Hagelkörner fünfzehn Öre wogen. Dieses Hagelwetter breitete sich in ganz Tröndelag aus. In diesem Jahr, etwa zur Mittsommerzeit, erhoben sich gegen den Schwedenkönig Waldemar seine Brüder, Herzog Magnus und Junker Erich, mit einiger Unterstützung des Dänenkönigs Erich. Und als König Waldemar von seinen Mannen geschlagen worden war, flüchtete er mit Junker Erich, seinem drei Winter alten Sohn, nach Norwegen und kam nach Borgarsyssel zu Erling Alfsson, und fuhr wenig später nach Osten nach Schweden zurück, aber Junker Erich ließ er bei Erling zurück. Dort wurden König Waldemar und Königin Sofia[26] gefangengenommen. Da kam das Schwedenreich unter seine Brüder, die Herzöge Magnus und Erich. Etwas später starb Junker Erich Birgerson. Aber König Waldemar und Königin Sofia konnten entkommen und flüchteten aus Schweden nach Ragnhildsholmen bei der Königsklippe[27]....

8. Diesen Sommer fuhr König Magnus von Norwegen nach Osten nach Landende und hatte dort zum ersten Mal, seitdem er Alleinkönig in Norwegen war, um Heervolk ausgesandt, und dies tat er deswegen, weil er König Waldemar und seinen Bruder Herzog Magnus zu einem Vergleich bringen wollte. Er tat dies auch deswegen, weil er sein Reich schützen wollte, und keine Funken des Streites zwischen den Herrschern Schwedens überspringen sollten, was seinem Land nur Schaden gebracht hätte.

Im gleichen Sommer segelte König Magnus mit seinem Heer zur Königsklippe. Er kam dort am Fest Albans des Märtyrers[28] an. Vorher waren bereits König Waldemar und Königin Sofia und deren Sohn Junker Erich, der jetzt fünf Winter alt war, zum Ragnhildsholmen gekommen. Und König Magnus blieb dort drei Nächte. Königin Ingeborg blieb in Tönsberg zusammen mit König Erich und Herzog Håkon. Am Donnerstag nach der Messe Johannis des Täufers[29] segelte König Magnus mit seinem Heer von der Königsklippe nach Horsaberg, er hatte fast 120 Schiffe. In seiner Begleitung waren Erzbischof Jon, Bischof Andreas von Oslo und Bischof Askatin von Bergen und diese Lehensleute:

25 10. August

26 Sofia, die Frau Waldemars, war eine Schwester der norwegischen Königin Ingeborg.

27 beides an der Mündung des Götaflusses

28 21. Juni

29 24. Juni, der Donnerstag war der 25. Juni

Askatín biskup af Björgyn; ok þessir lendir menn: Erlingr Álfsson, Álfr son hans, Finnr son hans, Eilífr af Naustdali, Andres Pálsson plyttr, Bjarni í Gizka, Gauti í Tólgu, þórir kanceler; ok þessir stallarar: Óláfr af Steini, Vígleikr Auðunnarson, Auðunn Hukleiksson, prior provincialis Áki af Predicara-húsi, Ormr merkis-maðr; ok margir aðrir mætir menn, lærðir menn ok ólærðir. Valdimarr konungr sigldi upp með Magnúsi konungi ok hans föruneyti. þá fylgdu ok upp Magnúsi konungi sendiboðar Eireks Dana-konungs: Jón biskup af Börglum, Jacob biskup af Árús, prior Henrek af Andverðz-skóg, Jón lítli af Skáni son Jóns Reginmoðu sonar, Uffi[14] *drottseti. þenna tíma kvômu til fundar við Magnús konung*
1276 *greifi af Rafenzborg; ok junkherra Jacob, son greifa Nikolas af Hallandi, Valdimars sonar Dana-konungs. Skip þat er Magnús konungr kallaði Kristz-súð, ok Hákon konungr faðir hans hafði vestr um haf, lá nú eptir í Konunga-hellu við Ragnhildar-hólma; því at hættiligt þótti at stýra henni í gegnum Bága-straum, fyrir sakir mikileika skipsins. Á Frjádaginn kom hertugi Magnús til Horsa-bergs á fund Magnúss konungs, ok með hónum Fólki erkibiskup af Uppsölum, Heinrekr biskup af Lyng-kaupangi, Eirekr biskup af Skörum, Önundr biskup af Neriki; ok mart annat stórmenni Svía-höfðingja. Var þá talat um sætt þeirra bræðra í landtjöldum. Valdimars konungs ok hertuga Magnúss. þenna hertuga Magnús kölluðu nú Svíar konung sínn; hafði Fólki, erkibiskup nú kórónað hann á Hvítasunnu-dag. Á Pétrs-messu-dag fór Magnús konungr, ok jungherra Eirikr, Valdimars son konungs, yfir Elfi til Hnýðinga-bergs; þvíat hertugi Magnús vildi eigi koma til pallimentz, nema jungherra Eirikr væri með. Ok var þá enn sett palliment, ok kom Valdimarr konungr þar til. Funduz þeir hertogi, bróðir hans, ok horfði þá sáttvænliga með þeim af tillögum Magnúss konungs. Nefndu þeir þá menn í dóm at göra sætt ok skipan. Nefndu þeir fyrst báðir Magnús konung til jafnaðar ok réttvísi. Síðan nefndi átta menn hvárr þeirra til léttis við Magnús konung, at rannsaka ok prófa þeirra mál, at sem fyrst*

---

14 In der von Storm besorgten Ausgabe der *Gottskalks Annaler*, Isl. Ann. S. 334 heißt es: *Ulfs*, der damalige dänische Marschall, hieß aber *Uffe*, vgl. Munch IV, 1, S. 658 Anm. 1. Storms Ausgabe liegt ebenfalls die Stockholmer Handschrift Nr. 5 8vo der isl. Abteilung zugrunde, sowie AM 412 4° und AM 429 4° 2 A

Erling Alfsson, Alf, sein Sohn, dessen Sohn Finn, Eilif von Nausttal, Andreas Palsson Klumpfuß, Bjarne von Giske, Gaute von Tolga und Kanzler Tore, und diese Stallmeister: Olaf von Steine, Vigleik Audunnarsson, Audun Hugleikson, der Provinzialprior Åke vom Haus der Predigerbrüder und Orm der Zeichenträger, und viele andere edle Männer, gelehrte und ungelehrte. König Waldemar segelte zusammen mit König Magnus und dessen Begleitung. Und es folgten auch mit König Magnus die Sendboten von dem Dänenkönig Erich: Jon, Bischof von Börglum, Jakob, Bischof von Århus, Prior Heinrich von Andverdswald, Jon der Kleine von Schonen, der Sohn von Jon Reginmodsson, und Uffe der Marschall. Es kamen zu dieser Zeit zum Treffen mit König Magnus auch der Graf von Ravensburg und Junker Jakob, der Sohn des Grafen Nikolaus von Halland, welcher der Sohn von Waldemar dem Dänenkönig war. Das Schiff, das König Magnus „Christus-Schiff" nannte, und mit dem König Håkon, der Vater von König Magnus, nach Westen über das Meer gefahren war, lag nun hinter der Königsklippe beim Ragnhildsholmen. Sie dachten nämlich, es sei zu gefährlich, es durch den Baga-Strom zu steuern, wegen der Größe des Schiffes. Am Freitag kam Herzog Magnus nach Horsaberg, um König Magnus zu treffen, und mit ihm Erzbischof Folke von Uppsala, Bischof Heinrich von Linköping, Bischof Erich von Skara, Bischof Anund von Nerike und viele andere bedeutende Männer aus der schwedischen Führung. In den Landzelten wurde da über den Vergleich zwischen den zwei Brüdern, König Waldemar und Herzog Magnus gesprochen. Diesen Herzog nannten die Schweden nun ihren König, Erzbischof Folke hatte ihn am letzten Weißen Sonntag gekrönt.

Am Tag der Petersmesse fuhren König Magnus und Junker Erich, der Sohn von König Waldemar über den Fluß nach Hnydingaberg[30], denn Herzog Magnus wollte nicht zur Aussprache kommen, wenn nicht Junker Erich dabei wäre. Und es wurde dort das Treffen zur Aussprache bestimmt, und König Waldemar kam dorthin. Er traf dort seinen Bruder, den Herzog, und dank der Hilfe von König Magnus sah es nach einem Vergleich zwischen den beiden aus. Sie ernannten da Männer als Richter, zur Herbeiführung eines Vergleichs und einer festen Regelung. Zuerst nannten sie beide König Magnus, damit dieser einen Ausgleich anstrebe und Rechtsweisheit übe. Danach nannte jeder von ihnen acht Männer, damit diese König Magnus bei seiner Aufgabe

30 an der Mündung des Götaflusses

mætti á koma réttr dómr, ok staðfastlig sætt þeirra í milli bræðra. Valdimarr konungr nefndi þessa menn í dóm af sínni hendi: Jón erkibiskup, Askatín biskup. Jón biskup af Börglum, prior Henrik af Andverð-skóg, herra Jón lítli, Erling Álfsson, Álf son hans, Óláf af Steini. Hertugi Magnús nefndi þessa menn: Fólka erkibiskup, Heinrek biskup af Lyng-kaupangi, Eirik biskup af Skörum, Önund biskup af Neriki, herra Jón Philippus son, Algauta lögmann, Ulf Kar(l)sson[15] *bróður-son Ulfs fasa, Karl*
1276 *marskalk. Nú svá sem þessir formenn ok höfðingjar vóru í dóm nefndir, tóku þeir tal sítt um þessi stór-mæli ok vanda-mál. Þá var beðizt af hendi Valdimars konungs, at hann væri tekinn aptr sæmiliga í ríki sitt, með því at hann var rangliga ór rekinn, at óprófuðu máli eðr sökum á hann. Skyldi hann ok í þann tíma sem hann væri aptr kominn í ríki sítt, svara sökum ef nokkurar prófaðiz á hann, ok göra hvárir öðrum rétt. Ok þeir sem ríki tóku af hónum, ok þeir sem vóru af hendi hertoga Magnúss í dóminum, vildu eigi þessu samþykkjaz. En buðu þeir, at Valdimarr konungr hefði Helsingjaland ok Vermaland, ok allt þát er Svía-konungr á fyrir vestan Væni, ok Sticka-borg, ok þar með ccc. marka til inngjaldz um hverja jafnlengd. En þat sýndiz Magnúsi Noregs-konungi með öngu móti mega vera samþykkt af hendi Valdimars konungs, at þeir fengi hónum eigi aptr ríki sítt allt, ok svá skatt; er þeir höfðu rangliga áðr með stríði ok manndrápum rekinn hann or ríki sínu, at óprófuðum málum, án*[16] *nökkurum tilgörðum af hans hendi; einkanliga er þeir áttu engan dóm (á hónum), eðr yfir hann at bjóða, þar sem hann var þeirra herra ok höfðingi. Hér eptir höfðu þeir handtekit hann, ok dróttning hans, ok tóku af hónum ríkit, ok báðum þeim; ok rændu hann allri konungligri tign ok sæmð með mikilli nauðung ok afar-kostum; ok görðu þeim margar svívirðingar aðrar ok skapraunir i orðum ok verkum. Þar ofan á tóku Svíar sér annan konung, ok kórónuðu, sem fyrr var getið; ok buðu hónum eigi meiri sæmd ok yfirbætr fyrir allt*

15 Isl. Ann. S. 335 *Kars son*, vgl. aber Munch IV, 1, S. 659, Anm. 1

16 Isl. Ann. S. 335 *mali eda*

unterstützten, ihre Angelegenheit zu untersuchen und zu prüfen, so daß schnellstmöglich ein rechtes Urteil gefällt und ein Vergleich zwischen den Brüdern geschlossen werden konnte. König Waldemar nannte von seiner Seite aus diese Männer als Richter: Erzbischof Jon, Bischof Askatin, Bischof Jon von Börglum, Prior Heinrich von Andverdswald, Herrn Jon den Kleinen, Erling Alfsson, dessen Sohn Alf, Olaf von Steine. Herzog Magnus nannte diese Leute: Erzbischof Folke, Bischof Heinrich von Linköping, Bischof Erich von Skara, Bischof Anund von Nerike, Herrn Jon Philippusson, den Lagmann Algaute, Ulf Karlsson, den Brudersohn von Ulf Fase, und den Marschall Karl. Als nun diese Führer und Leiter als Richter genannt worden waren, begannen sie, über diese großen und schwierigen Dinge zu reden. Von König Waldemars Seite wurde verlangt, daß er unverzüglich wieder in sein Reich aufgenommen werde, weil er zu Unrecht daraus vertrieben worden sei, ohne daß irgendwelche Vorwürfe oder Dinge gegen ihn bewiesen waren. Er wollte denn auch, wenn er erst wieder in sein Reich zurückgekommen war, dafür Rede und Antwort stehen, wenn ihm jemand etwas nachweisen könnte, und jedem sollte Recht geschehen. Aber die, die das Reich von ihm genommen hatten, und die, die auf Herzog Magnus' Seite Richter waren, wollten dem nicht beistimmen. Sie boten dafür an, daß König Waldemar Hälsingland und Värmland und alles, was dem schwedischen König westlich des Vänersees gehört, und Stickaborg und darüberhinaus jedes Jahr ein Einkommen von 300 Mark erhalten sollte. Aber da meinte König Magnus, daß von seiten König Waldemars dem auf keinen Fall zugestimmt werden könne, daß sie ihm nicht sein ganzes Reich und seine ganzen Einkünfte zurückgeben wollten, nachdem sie ihn vorher zu Unrecht mit Streiten und Morden aus seinem Reich vertrieben hätten, ohne daß irgendetwas gegen ihn untersucht und bewiesen worden sei, und er auch keinerlei Anlaß dazu gegeben hätte, und außerdem hätten sie ja gar kein Recht, über ihn zu richten oder ihm etwas zu gebieten, da er doch ihr Herr und Führer sei. Sie hatten ihn und seine Königin gefangengenommen und ihnen beiden das Land weggenommen, ihn aller königlichen Ehre und Würde beraubt mit großem Zwang und schlechter Behandlung; und hatten ihnen manche andere Scham und Versuchungen angetan, in Worten und Taten. Und zuallerletzt hatten die Schweden sich einen anderen König genommen und diesen gekrönt, wie früher schon erzählt wurde. Und nun boten sie ihm kein größeres Entgelt und keine größere Buße für all den Raub

þetta mikla rán ok ódæmiligar vanvirðingar, er þeir höfðu gört sínum eigin-konungi kórónuðum, sem fyrr var sagt. Ok þótti öllum þetta eins-vegar þeim er í dóm vóru nefndir af hendi
1276 *Valdimars konungs, at þetta var heldr spott ok fá-heyrðr ójafnaðr en sæmilig sætt, eðr skylduligar yfirbætr. er Svíar buðu þá sínum yfir-konungi eptir svá gört, sem nú var sagt. Varð af því eigi sætt gör at því sinni þeirra í millum. Ok skilduz við svá búit. Á þórsdaginn fór Valdimarr konungr or Magnús konungr með Svía föruneyti ofan í Ragnhildar-hólma. Á Dróttins-daginn hafði Magnús konungr þing í Konunga-hellu. Á Týrsdaginn fóru konungar út til Ekreyja.*

Nökkuru síðarr sigldi Magnús konungr með liði sinu norðr til Túnsbergs, ok með hónum Sofia dróttning Valdimars konungs, ok jungherra Eirekr son þeirra; ok dætr peirra, Ingibjörg er átti Geirarðr son greifa Geirfarðar af Hollseta-landi, ok jungfrú Katrín. Valdimarr konungr sigldi lítlu síðarr til Danmerkr. Á Óláfsmessu-dag gaf Magnús konungr jarls-nafn Magnúsi syni Magnúss jarls ok jarldóm. In Festo Clare sigldi Magnús konungr til Oslóar, ok var þar in Assumptione Beate Marie Virginis; ok fór síðan upp um Krókaskóg, Ringaríki, Haðaland ok þótn, ok svá til Ringisakrs; þaðan til Hamars, ok síðan til Húsabæjar, ok þaðan út eptir Mjörs, ok síðan út eptir ánni Vermu til Eiðs-vallar ok hafði þar lögþing. Af Eiðs-velli fór hann út eptir Rauma-riki, ok svá til Oslóar. Á Máriu-messu-aptan kom hann til Túnsbergs. Á

und die unerhörte Behandlung, die sie ihrem gekrönten König angetan hatten, wie früher gesagt wurde. Und so dachten auch alle, die als Richter von seiten König Waldemars benannt worden waren, daß das eher der reinste Spott und eine unerhörte Ungerechtigkeit als ein annehmbarer Vergleich und schuldige Buße waren, was die Schweden da ihrem Oberkönig anboten, nach all dem was geschehen war, wie es nun erzählt worden war. Und so kam es damals zu keinem Vergleich zwischen ihnen[31]. Und sie gingen auseinander, wie die Dinge standen. Am Donnerstag fuhren König Waldemar und König Magnus mit einem schwedischen Gefolge hinunter zum Ragnhildsholmen. Am Sonntag hielt König Magnus Thing an der Königsklippe. Am Dienstag fuhren die Könige hinaus zu den Ekerinseln.

Etwas später segelte König Magnus mit seinem Heer nach Norden nach Tönsberg und mit ihm Sofia, die Königin König Waldemars, und Junker Erich, deren Sohn, und deren Töchter, Ingeborg, die Frau von Gerhard, dem Sohn des Grafen Gerhard von Holstein, und Jungfer Kathrin. König Waldemar segelte etwas später nach Dänemark. Am Tag der Olavsmesse[32] gab König Magnus an Magnus[33], dem Sohn des Jarls Magnus, den Jarlsnamen und das Jarltum. An St. Klara[34] segelte König Magnus nach Oslo und war dort an Maria Himmelfahrt[35]. Danach fuhr er über Krogswald, Ringerike, Hadeland und Toten nach Ringsaker; dann nach Hamar, später nach Huseby und von dort nach Mjösen und später am Fluß Verma entlang nach Eidsvoll und hielt dort ein Lagthing. Von Eidsvoll fuhr er nach Raumarike und von dort nach Oslo. Am Tag vor der Marienmesse[36] kam er nach Tönsberg. Am Tag

31 Zu einem gewissen Ausgleich scheint es dann 1278 gekommen zu sein, vgl. z.B. *Annales Reseniani* in Storm, Isl. Ann. S. 29: *Tekinn Valldimar Svia konongr aptr i riki sitt* – „Wurde der Schwedenkönig Waldemar wieder in sein Reich aufgenommen". Kritisch zu dieser Annalstelle: Strinnholm, Medeltids Historia II, 1 S. 545 ff. (A.M. Strinnholm, Svenska Folkets Historia från äldsta till närvarande Tider, Bd. 4: Medeltids Historia, II. Afd., 1, Stockholm 1852).
Ein endgültiger Ausgleich wurde allerdings nie erreicht, denn zehn Jahre später, 1288, wurde Waldemar gefangen genommen und blieb bis zu seinem Tod im Jahre 1302 im Gefängnis.

32 29. Juli

33 Magnus, Sohn des Magnus Gilbertsson, Jarl auf den Orkney-Inseln

34 12. August

35 15. August

36 Der Tag der Marienmesse war der 8. September.

Michaelis-(messu)-aptan fór hann austr yfir fjörð, ok kom til Sarpsborgar, ok hafði þar lögþing. Á Dróttins-daginn eptir var þar brúðlaup síra þóris kanceleris. In Festo Reliquiarum kom Magnús austr aptr til Túnsbergs, ok settizt þar. Lítlu áðr hafði Sofia dróttning siglt af Túnsbergi til Dammerkr ok junkherra Eirikr sonr hennar, ok með þeim Auðunn Hugleiksson stallari, ok Guthormr Gyðuson, sendiboðar Magnúss konungs; en dætr Sofíu dróttingar vóru eptir með Ingilborgu dróttningu á Túnsbergi. (Á þessu sama sumri áðr var fullkominn Tigl-kastalinn fyrir sunnan Breiða-stofu í Túnsbergi)[17] *Um haustið eptir ok um vetrinn var ófriðr milli Svía ok Dana*[18]. *Frilluson*[19] *var vígðr til biskups í Túnsbergi til Suðreyja*[20].

III. Kleinere Eingänge aus der gleichen Annalschrift, die wahrscheinlich der verlorengegangenen Magnussaga entnommen sind.

1267 *Fékk Jörundr biskup leyfi at göra kórsbræðr at Hólum. þann vetrinn sama at Jólum var þat ráðit með þeim Jörundi biskupi ok Gizuri, at jarl skyldi fara um sumarit næsta eptir til Viðeyjar, ok taka þá þegar við kanuka-klæðum.*

1269 *Sat Magnús konungr í Túnsbergi um vetrinn.*

1270 *Magnús konungr sat um vetrinn í Björgvin.*

1272 *Magnús konungr fékk svá mikla sótt, at hann lét Askatín biskups olea sik (sic), ok sat í Túnsbergi um vetrinn.*

1273 *Á Páskadegi kom blóð af fótum róðu einnar at þingeyrum. Andrés skjaldar-band andaðist í Jórsala-hafi. þa lét Magnús konungr (þá) þorvarð ok Hrafn sverja hvárn öðrum trúnaðar-eiða ok félagskap í Björgyn at hjáveranda Jóni erkibiskupi ok mörgum öðrum mætum mönnum; ok fékk þeim allt Ísland til stjórnar undir hans valdi. Sat Magnús konungr um vetrinn í Björgyn. Var þá búin kapella konungsins í kastalanum við sæinn í Konungsgarði . . .*

17 *Á þessu . . . Túnsbergi* fehlt in der Pergamenthandschrift, ist aber in den Papierabschriften enthalten.

18 In Isl. Ann. S. 336 ist vor *Frilluson* ergänzt: *Θ Gregorius son Birgis Jarls.*

19 Isl. Ann. a.a.O. ergänzen vor *var*: *Markus*

20 Ende des Fragmentes

vor der Michaelsmesse[37] fuhr er nach Osten über den Fjord und kam nach Sarpsborg und hielt dort ein Lagthing. Am Sonntag danach war dort die Hochzeit von Sira Thore, dem Kanzler. An Allerheiligen kam Magnus zurück nach Tönsberg und blieb dort. Kurz zuvor waren Königin Sofia und ihr Sohn Junker Erich von Tönsberg nach Dänemark gesegelt und mit ihnen Stallmeister Audun Hugleiksson und Guttorm Gyduson als Sendboten König Magnus'. Und die Töchter von Königin Sofia blieben mit Königin Ingeborg in Tönsberg. (Bereits früher im gleichen Sommer war das Ziegelschloß südlich der Breidastube in Tönsberg fertiggebaut worden.) Im Herbst danach und im Winter gab es Streit zwischen den Schweden und den Dänen ......[38] Frillensohn. ...[39] wurde in Tönsberg zum Bischof der Süderinseln geweiht.

III. Kleinere Eingänge aus der gleichen Annalschrift, die wahrscheinlich der verlorengegangenen Magnussaga entnommen sind.

1267 Bischof Jörund bekam die Erlaubnis, Chorbrüder in Hola einzusetzen. Im gleichen Winter wurde an Weihnachten zwischen Bischof Jörund und Gizur beschlossen, daß der Jarl im nächsten Sommer nach Vidö fahren sollte, um dort sofort die Priesterkleider entgegenzunehmen.

1269 Saß König Magnus im Winter in Tönsberg.

1270 König Magnus saß im Winter in Bergen.

1272 König Magnus wurde so schwer krank, daß er sich von Bischof Askatin die letzte Ölung geben ließ, und saß im Winter in Tönsberg.

1273 Am Ostertag floß Blut aus den Füßen eines Kruzifixes in Thingeyrir. Andreas Skaldeband starb in Jerusalem. Da ließ König Magnus Thorvard und Rafn gegenseitig den Treueid und den Freundschaftseid in Bergen schwören, im Beisein von Erzbischof Jon und vieler anderer würdiger Männer; und gab ihnen ganz Island, damit sie es unter seiner Oberherrschaft regieren sollten. König Magnus saß im Winter in Bergen. Die Königskapelle im Schloß an der See im Königshof wurde da vollendet ....

---

37 29. September

38 *Gottskalks Annaler*, Isl. Ann. S. 336 ergänzen:
„Es starb Gregorius, der Sohn von Jarl Birgers Frillensohn."

39 Isl. Ann. a.a.O.: „Markus wurde ..."

Jón erkibiskup kom heim af Curia, ok braut skip sitt næsta Dróttins dag eptir Allra-heilagra-messu í Eiðs-vági fyrir norðan Björgyn[21]. *Ok á Frjádaginn eptir in Festo Theodori lét Magnús konungr göra processionem af Postula-kirkju í móti helgum dómunum, ok söng Jon biskup messu hátíðliga.*

21 Isl. Ann. S. 332 fügen nach *Björgyn* ein: *hann hafði með at fara part de spinea corona domini, er Philippus Fracka kongr sendi Magnusi kongi.*

Erzbischof Jon kam heim von der Kurie und zerbrach sein Schiff am Sonntag nach der Allerheiligenmesse bei Eidsvåg nördlich von Bergen[40]. Und am Freitag danach, an St. Theodor[41] ließ König Magnus eine Prozession von der Apostelkirche aus machen, um dem heiligen Herrn entgegenzugehen[42], und Bischof Jon sang eine feierliche Messe.

40 Einfügung bei Gottskalks Annaler, Isl. Ann. S. 332: „Er hatte auf seiner Fahrt bei sich einen Teil der Dornenkrone des Herrn, den Philippus der Franzosenkönig König Magnus schickte."

41 9. November

42 Mit „heiliger Herr" ist also der von Erzbischof Jon vom Konzil zu Lyon als Geschenk des Königs von Frankreich an König Magnus mitgebrachte Splitter der Dornenkrone Christi gemeint.

NAMEN- UND SACHVERZEICHNIS

FSC
www.fsc.org
MIX
Papier | Fördert
gute Waldnutzung
FSC® C083411

Kolibri 360 GmbH
Ferdinand-Jühlke-Straße 7
99095 Erfurt, Deutschland
produktsicherheit@kolibri360.de